教育部人文社会科学重点研究基地重大项目
案资源建设与服务研究》（项目批号2009）

U0590414

公文管理教程

周耀林　叶　鹏　黄川川　编著

GONGWEN
GUANLI
JIAOCHENG

辽宁大学出版社

图书在版编目（CIP）数据

公文管理教程/周耀林，叶鹏，黄川川编著. --沈阳：辽宁大学出版社，2013.4

新体系档案学系列规划教材/丁海斌总主编

ISBN 978-7-5610-7221-9

Ⅰ.①公⋯　Ⅱ.①周⋯②叶⋯③黄⋯　Ⅲ.①公文－管理－高等学校－教材　Ⅳ.①C931.4

中国版本图书馆 CIP 数据核字（2013）第 073383 号

出　版　者：辽宁大学出版社有限责任公司
　　　　　　（地址：沈阳市皇姑区崇山中路66号　　邮政编码：110036）
印　刷　者：鞍山新民进电脑印刷有限公司
发　行　者：辽宁大学出版社有限责任公司
幅面尺寸：170mm×240mm
印　　张：18
字　　数：330 千字
出版时间：2013 年 4 月第 1 版
印刷时间：2013 年 6 月第 1 次印刷
责任编辑：祝恩民
封面设计：邹本忠　韩　实
责任校对：李　佳

书　　号：ISBN 978-7-5610-7221-9
定　　价：36.00 元

联系电话：024－86864613
邮购热线：024－86830665
网　　址：http://www.lnupshop.com
电子邮件：lnupress@vip.163.com

本书编委会

内 容 提 要

公文作为"经国之枢机"、"政事之先务"，具有很强的现实意义。尤其是面临当前纸质公文与电子公文共存的新局面以及实施《党政机关公文处理工作条例》新标准的新形势，如何科学地、有效地管理公文，既是当前公文管理工作实践提出的要求，也是研究工作者需要关注的问题。

本书立足于当前我国公文管理的新特点、新标准和新要求，以科学发展观为指导，紧密结合当前公文管理的需求，重点解答了纸质公文、电子公文共存环境下公文管理问题。全书共分九章，以分析公文管理研究现状为基础，从公文管理相关概念着手，介绍了公文类型、公文结构、纸质公文处理程序、电子公文流转系统、纸质公文与电子公文的相互转化、办毕公文处理以及公文安全管理等。全书通过理论结合实践，比较全面地介绍了公文管理相关理论、工作流程与方法，突出了当前公文管理的实践性、科学性、标准性以及可操作性。

本书可作为高等学校文书学、文件管理、秘书学课程教材，也可为各级机关、企事业单位的公文管理工作提供参考，为办公室、档案馆（室）的文件（档案）管理工作提供借鉴。

"新体系档案学系列规划教材"编写者单位

辽宁大学

国家档案局档案教育中心

武汉大学

吉林大学

南开大学

河北大学

山东大学

北京航空航天大学

黑龙江大学

上海大学

辽宁科技学院

上海师范大学

郑州大学

安徽大学

湘潭大学

广西民族大学

天津师范大学

扬州大学

南昌大学

福建师范大学

郑州航空工业管理学院

西藏民族学院

档案学的生机在于创新（丛书总序）

中国改革开放初期，流行着小平同志的一句话："发展就是硬道理"。对任何国家或一项事业来说，停滞就是倒退，停滞就是死亡，一切事物的生机都在于发展。改革开放以来，中国各项事业都在迅猛的发展之中，档案学研究也是如此。近30多年，无疑是中国档案学自产生以来，最为辉煌的黄金发展期。

学术研究的发展，在于创新。中国档案学的发也来源于创新。创新在不断进行中，创新也在不断探索中。我们在探索中不断深化对学术创新的认识，我们在探索中不断回答如下问题：我们为什么创新？我们怎样创新？我们创新什么？这也是本套丛书的基本任务。

一、我们为什么要创新？

事有必至，理有必然。对于中国档案学者来说，学术创新来源于两个基本动因：

第一，创新是中国档案学发展的历史要求。

按照我的理解，中国档案学经历了三个发展阶段：发生时期（近代）的片面中国化、机关化阶段、建国初期的片面苏联化和实践催发阶段、改革开放后的从中西混杂到全面发展阶段。

第一个阶段的片面性是指学科研究对象的单一性——机关文书档案管理、学科取向的单一性——解决操作问题和学术来源的单一性——单纯本土化。其中，第一个特征影响深远，它始终是中国档案学的主要研究对象，以至于我们的"档案管理学"实际上是"文书档案管理学"；解决操作问题，是档案学研究的基本动因，所以，它必然是档案学研究初期的基本取向；而本土化一方面源于中国人要解决中国的问题，另一方面也源于早期对外联系的匮乏（这个方面在这一阶段的后期有所改观）。

第二阶段的片面性是指学术来源的单一性——苏联档案学，这种片面性使建国初期的档案学理论与蓬勃发展的中国社会主义实践之间发生了严重悖离。但实践的发展给中国档案学创新以巨大的推动力，新中国自己的档案学在前苏联课本之外的实践中找到了发展的肥沃土壤，形成了一些基本概念和观念。但小苗青青在"文革"的热浪中枯萎了，停止了成长。这一时期对苏联档案学的引进，其重要功劳是部分理性成果的输入，如"全宗理论"。它使档案学不仅仅停留在操作层面，我们也开始接触了一种叫做"理论"的东西。

第三阶段是改革开放时期的中国档案学。改革开放已经 30 多年了，这是一个中国发展的黄金时期，也是中国档案学发展的黄金时期。开放初期，中国档案学就如同改革开放的中国一样，开门迎客，来者蜂拥。同时，我们也开始了较大规模地向相近学科学习的阶段，模仿、移植比比皆是。中国档案学的研究者们一时不辨良莠，眼花缭乱，消化不良，一时间也不觉有些迷失了自我。但是，对自我的寻找和确立是主体与生俱来的主体意识。在经历了一段"烟红露绿晓风香"、"乱花渐欲迷人眼"之后，必然是进入寻找自我的阶段，然后渐趋达到"途我自在"的境界。21 世纪以来，中国档案学渐渐进入具有独立自我意识、具有独立主体内涵的全面发展阶段。

中国档案学界曾给人一种归属感和主体性较差的感觉。这与中国档案学曾经的不成熟、不成型（缺乏具有自身体系特点的科学范式）有关。经过以上三个阶段，特别是改革开放 30 多年的发展，中国档案学到了解决这些问题的时候了。新的整合、新的体系，必须也必将逐步建立起来。

第二，创新是中国档案工作实践发展的时代要求。

当今的时代，有两大基本特征：一个是中国的特征，即中国正处于改革开放后的大发展时代；另一个是世界性的特征，即信息时代的到来。这两大时代特征，强力地影响着中国档案工作的实践，也强烈地影响着中国的档案学研究。它们极大地改变了中国档案事业的面貌，也正在改变并将更大、更深入地改变中国的档案学研究。实践要求我们不得不拓展我们的研究范围，从国家战略到虚拟理论、电子文件管理系统，再到云计算等等，它们无法回避地渐次走进我们的研究视野中，它们是时代赋予我们这一代档案学人的使命。

二、我们怎样创新？

要回答这个问题，首先要回答"我们是谁？"的问题。即我们是由那些人组成的？我们秉承什么样的学术传统？我们在学术创新上有什么优势和不足？

我们这支队伍人数众多，但学术爱好者居多，专业研究者不多，而具有较高学术修养和实践基础的专业研究者则更是少得可怜。我们这支队伍还存在着先天不足——中国档案学的开创者们多来自实践部门，严重缺乏学术修养和哲学理性，使我们的学术体系和学术方法在形成期就缺乏严密性、规范性，更遑论形成独具特色的学术范式。在我主持或参与的研究生课堂讨论、学术会议讨论等过程中，我发现各种错误大面积地出现在档案界所谓的学术文章、学术话语甚至正式文件中，一些违背基本科学原理的低级错误也比比皆是。缺乏良好的学术训练、缺乏丰富的实践基础，是这些文本作者的通病。

在以上情形之下，中国档案学的创新要着重强调以下三点：

第一，学术理性的统领。

在经历了三个阶段近百年的发展之后，中国档案学应更加强调学术理性的统领。新世纪的中国档案学应不再是对其他学科、其他国家相关理论的模仿、引进甚至移植，而是在哲学理性的统领下的独立创新；不再是不符合学术规范的粗制滥造。

无须讳言，中国档案界很少使用"科学精神"、"科学理性"之类的词汇，多数作者也不能真正明了它们的实质内涵。未经验证的假说、没有事实依据的猜想，甚至信口雌黄的胡说，充斥了我们所看到的刊物版面。如果您进行一次关于理性准则的调查问卷，能回答出的人一定寥寥。

学术的真实，来源于正确的逻辑和准确的事实，来源于遵守正确的理性准则。作为理性准则的方法论原理体现了理性活动的本质特征，它们反映了科学认识的基本性质。

在所有的理性准则中，我认为在中国档案学术界尤其要强调两点：

一是要普及理性信念，即普及普遍的哲学原理和科学原理，它是我们遵循基本学术研究规律、不犯常识性错误和提高理论高度的前提。正如爱因斯坦所说："物理上的真实的东西一定是逻辑上简单的东西，也就是说，它在基础上具有统一性。"（《爱因斯坦文集》第一卷，商务印书馆1977年版，第380页）。理性信念构成了科学世界观，没有这种世界观的统领，我们就有可能犯试图发明"永动机"一类的错误。

二是可检验性原则。科学假说在原则上应当是可检验的，即它与某种或某些经验现象相关联。无法与经验现象相关联的假说都只是一种想象。档案学是一种实践指向很强的学问，可检验性原则的运用意义重大。

结合运用理性信念和可检验性原则，是本丛书学术创新的重要出发点。比如：笔者从哲学的基本问题出发，探讨了档案世界中的物质与意识，并将其与档案管理的具体实践相结合，总结出"档案的物理管理和逻辑管理"的理论，为研究和认识档案管理提供了一种新颖的符合哲学基本原理的学术视角和理论体系。

第二，实践——事实与需求的指引。

社会活动的具体事实是学术发展的基本养料，实践需要是学术进步的基本动力源泉。中国作为一个历史悠久的大国，在经济起飞、社会发展之后，需要也必然出现学术的繁荣。社会实践的跨越式发展为中国学术形成新观点、新学说、新理论提供了难得机遇，档案学界亦然。中国档案学术界有必要就中国档案事业的快速发展给出一个富有说服力的"说法"。如果能够给出这样一个"说法"——具有充分解释力和理论高度的理论和学说，那么，不仅意味着中国档案事业的继续发展具有了理论支撑，而且意味着中国档案学获得了新的生机。

第三，提倡百花齐放、百家争鸣。

中国档案学经历了一个从单一来源到多元化的过程。目前，虽然多元化的特征已经存在，但单一来源的影响还很大。加之科学精神的匮乏，使得我们的学术研究较少争鸣和交流，应有的学术批评也很少见，偶有的争鸣也大多缺少学术规范，使得学术研究缺乏生机盎然的局面。

讲求科学理性、积极参与实践、加强交流和争鸣，是本丛书写作的初衷之一。所谓：所述或然简陋，但求蕴涵生机。

三、我们创新什么？

在经历了近百年的发展之后，在蓬勃发展的时代背景下，中国当代档案学的创新，应强调提升理性和贴近实践。

第一，要提升理性，重点要创新具有本学科独特性的知识体系和逐步形成本学科的学术范式，它们决定了中国档案学的理论高度，可以使档案学成为独立于中华学术之林的学术奇葩。

本丛书中的《档案学的哲学与历史学原论》、《档案学概论》、《档案管理学教程》（上、下册）、《电子文件管理基础教程》等，以档案世界的物质与意识的组成与作用为基本出发点，以档案世界的空间和时间理论为重要理论基础，以档案的物理管理和逻辑管理为基本理论内涵，并贯穿了档案虚拟理论、档案事业体系论等档案学新思想、新理念，欲达到提升档案学体系之理性水平的目的。在某些方面，我们的创新具有革命性。《档案学的哲学与历史学原论》一书是本丛书中纲领性的著作，它是上述理论创新的集中阐述者；《档案学概论》在框架上虽然仍保持了传统"档案学概论"的模式，但其主要内容做出了较大的更新；特别本丛书的《档案管理学教程》，采取了笔者所提出来的逻辑管理、物理管理的体系，它按照档案管理活动中的物质工具和意识工具，对档案管理活动进行了新的分类与梳理，新角度、新视野、新体系，这个新角度不是认识问题唯一的角度，但它在传统的过程论角度外，开辟了一个全新的有益的角度，实现了档案管理学的多元视角；《电子文件管理基础教程》是笔者主编（或独著）的第四部关于电子文件管理的高等学校教材，保持和提升了原有的创新体系；《档案学名著导读》则是由一支年轻化、高学历的写作团队编写的中国第一部中外档案学名著导读著作。

第二，要贴近实践，就是要使我们的研究来源于实践、检验于实践并能够指导实践，它决定了档案学的生命力。

结合科学理性，本丛书强调了贴近实践，加强了教材的实用性，特别是《档案管理学教程》、《电子文件管理基础教程》、《秘书学教程》、《公文管理教程》、《档案开发利用教程》等教材，我们尤其强调了它们的实际操作意义，力求更加贴近实践。如：《公文管理教程》以政府以及企事业单位的公文管理为视角，以公文形成、流转与管理的流程为线索，对电子政务环境下的公文管理进行系统研究，为读者提供具有较强操作性的实践工作指南；《档案开发利用教程》除通过对档案开发利用的理论阐述、方法介绍和专题强化外，还特别强调案例的分析和探讨，加强专业知识的适用性，使读者进一步提高实践操作能力；《档案编纂实用教程》则注重操作方法的指导。

认识是不断建构的产物。本丛书编写过程中，在档案界同仁大量有价值的成果中吸取了丰富养料。在此，特向这些学者表示敬意和感谢。

2011 年 8 月

目　录

第一章　绪　论

公文管理在我国历史悠久，从商周时期开始，公文管理便开始了，成为国家管理的重要工具。公文一经产生，便成为国家管理的重要工具而备受重视。以此为基础，公文管理研究也逐渐引起实践工作者和理论工作者的关注。

我国自春秋战国时期《尚书》开始，公文研究论著时有出现。20世纪30年代后，国民政府开展的行政效率运动推进了公文的研究，形成了公文研究的热潮，并产生了近代史上具有广泛影响的公文研究巨著——徐望之的《公牍通论》和许同莘的《公牍学史》。20世纪80年代后，由于信息技术的推进，电子公文大量产生，于是形成了以电子公文为对象的研究热潮。简要地梳理公文研究的历史不难发现，我国关于公文管理的研究源远流长，当前的公文管理已经发生了新的变化。认识这种变化，分析这种变化带来的影响，并以此构建新的公文管理秩序，是当代文书学研究不可忽视的重要方面。

第一节　纸质公文管理研究

"纸质公文"，简言之就是指以纸张作为载体的公务文书。纸张一直是使用最普遍、使用时间最长久的公文载体。"纸质公文"实物可以追溯到汉代，但作为一个专门术语，它是20世纪90年代"电子公文"一词产生以后，作为"电子公文"的对应概念物而存在的。事实上，电子公文产生之前，公文研究的对象即为纸质公文；电子公文产生之后，公文研究才有了纸质公文和电子公文的区分。为此，笔者检索时特别注意了检索方式的选择，以甄别研究对象的全面性和专指性，从而准确地把握纸质公文研究的文献变化趋势、著者分布、著者机构、研究主题、期刊分布等规律。

一、纸质公文著作统计分析

按照既定检索方法，在读秀数据库中以"公文"为检索词，"题名"、"主题词"为检索项，精确检索后，得到该方面著作共1044本，除去专论电子公文的 7 本著作，最终得到 1037 本著作。

（一）研究趋势分析

在这 1037 本著作中，最早出版的著作年份为 1922 年，在 1922 年～1980 年及以前出版的著作共有 152 本，年均出版量为 2.58 本。可见在 1980 年及以前，公文研究处在较为平淡、低产的时期，在此不作详细分析。笔者着重统计了 1980 年及以后的历年著作数据，见图 1—1。

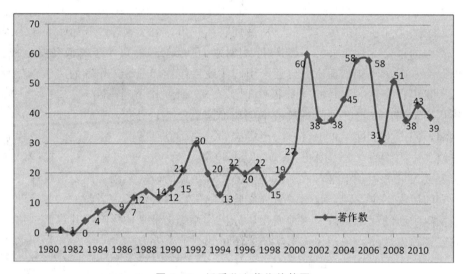

图 1—1　纸质公文著作趋势图

如图 1—1 所示，自 1980 年以来，纸质公文著作数一直处于波动状态。1980～1992 年间，纸质公文著作量增长较快，而 1992～1998 年间，纸质公文著作量经历了短暂的波动下滑期。1999～2002 年是纸质公文研究的高速攀升期，在 2002 年达到出版数量的峰值 60 本，纸质公文的著作成果十分丰富。而在 2002 年之后，纸质公文著作有缓慢的下行趋势，究其原因是电子公文代替纸质公文成为日渐盛行的研究主题。总体来说，纸质公文研究经历了从低产到高产，再到缓慢下行的过程。

（二）著者分布分析

将写作 3 本及以上著者名单列出并排序，形成表 1—1。

表 1—1 著作主要著者分布表

著者	数量	著者	数量
张保忠	29	王凯	4
岳海翔	26	周帆	4
李和忠	17	梅敬忠	4
张浩	12	萧枫	4
柳新华	8	闫庚尧	4
孙乃沅	7	王东	4
董坚志	7	姚乃麟	3
姬瑞环	6	董浩	3
陈功伟	5	文忠	3
赵国俊	4	师尼罗	3

以上著者均为纸质公文研究的主要著者统计。在公文管理方面著述 10 部以上的作者有 4 人。以张保忠为例，在党政公文管理方面做了不少开拓性研究工作，成果丰硕，包括 500 多篇论文以及《党政公文写作》等专著①。这些权威著者与主要著作一起，共同构成了纸质公文研究的贡献力量。

（三）研究学科分类分析

公文研究著作涉及多种学科，这些文献主要分布学科见表 1—2。

———————————

① 世界优秀专家［EB/OL］. http：//www. worldexperts. org/web/Z23/Z23－6495. htm，2012－09－02.

表1—2 著作学科分类表

学科	数量	学科	数量
语言、文字	665	文学	12
社会科学总论	90	艺术	9
军事	42	综合性图书	6
政治、法律	41	工业技术	5
文化、科学、教育、体育	36	马克思主义、列宁主义、毛泽东思想、邓小平理论	2
经济	24	哲学、宗教	2
古籍	22	生物科学	1
历史、地理	15	医药、卫生	1

利用"读写"自带的学科分类分析工具，发现纸质公文著作主要以"语言、文字"类书籍为主，占全部著作的63.7%。这些著作多研究公文写作技巧与规范，如张保忠的《公文写作与公文处理全书》和《公文写作技巧与实用例文》、岳海翔的《公文写作培训教程》和《党务公文写作》、张浩的《新编公文写作技巧与范例评析》等。

其次，也有一些"社会科学总论"类著作，它们主要研究各机关或各类公文处理、办公室秘书工作、公文辞典及其他个别主题，如李旺明的《党政机关公文处理》、张庆儒的《公文处理学》、刘祁宪的《国家行政机关公文处理办法执法手册》、姚祥栋的《公文工作者的修养》等。

"军事"类著作与"政治、法律"类著作数量相当。"军事类"顾名思义，就是与军队、武警等相关的公文著作，如李和忠的《军队和武警机关公文写作与处理》和《军队机关公文写作通论》、赵泽民的《新编司令机关公文写作示范》、艾文的《军用公文新规范实务》等。"政治、法律"类著作主要涉及事业机关公文和法律文书，如张继同《纪检监察机关信访文书与业务流程规范》、栾照钧的《法律及涉法公文法律文书病例与评改》以及赵飞《公务员报考与公文写作实战》等。

二、纸质公文研究论文统计分析

为了保证较高的检全率和检准率，论文检索以"电子公文"研究文献出现时间——1998 年为界。在进行文献检索时，笔者先将"公文"作为检索词，时间限定在 1900 年至 1997 年；其次以"传统公文"、"纸质公文"作为检索词，时间限定在 1998 年至今。由此，初步检出 1997 年以前的 1554 条结果和 1998 年以后的 12 条结果，共计 1566 条（检索时间为 2012 年 8 月 28 日）。

上述检索结果中，部分记录，如国内外标准、决议、通知、办法、专利、科技成果展示、古事趣闻、读后感、新闻稿等非学术研究成果以及若干重复记录，一一剔除后，最终得到 1032 条有效记录。系统地剖析这些有效记录，可以探索我国纸质公文研究的历史与现状。

（一）研究趋势分析

将上述有效记录进行逐年统计，形成了纸质公文研究的年度变化趋势，如图 1—2 所示。

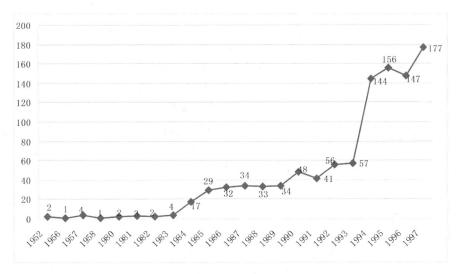

图 1—2 文献数量各年度分布走势图

如图 1—2 所示，我国纸质公文研究从 1952 年开始，历经 60 年之久。总体来说，纸质公文研究得到学术界持续而长久的关注，从未间断。但随着 1998 年以后电子公文的普及应用，电子公文取代纸质公文成为更热门的主题，纸质公文的研究成果也随之减少，从上图曲线可以明显看出。限于检索的难度和方式，上图曲线波动程度可能会与实际情况有一定的误差，但不影响趋势的反应。

1952 年至 1997 年间是纸质公文研究的上升期，在此期间保持了稳定的增长态势。1952～1980 年是纸质公文研究的萌芽期，发文数量较少。笔者选取 1980～1997 年发文情况作进一步量化分析，详见表 1—3。

表 1—3　　　　　　　　文献数量年度分布及比重表

年份	1980	1981	1982	1983	1984	1985	1986	1987	1988
数量	2	3	2	4	17	29	32	34	33
比重	0.19%	0.29%	0.19%	0.39%	1.65%	2.81%	3.10%	3.29%	3.20%
增长率		50.0%	−33.3%	100.0%	325.0%	70.6%	10.3%	6.3%	−2.9%
年份	1989	1990	1991	1992	1993	1994	1995	1996	1997
数量	34	48	41	56	57	144	156	147	177
比重	3.29%	4.65%	3.97%	5.43%	5.52%	13.95%	15.12%	14.24%	17.15%
增长率	3.0%	41.2%	−14.6%	36.6%	1.8%	152.6%	8.3%	−5.8%	20.4%

在此期间，纸质公文研究年均发文量约为 56 篇。其中，1980~1982 年发文量最少，1997 年达到峰值。在 1984 年至 1994 年间，纸质公文研究处于稳定攀升状态，发文数保持年均 30 篇之上。而 1994 年至 1997 年间是纸质公文研究最热门的时期，发文数高达 140 篇之多，达到了研究的鼎盛期。结合历年的增加率来看，电子公文研究波幅在 −33.3%~325.0% 之间，整体上波动较大，但在某阶段的连续期内呈现出平稳状态。

（二）著者分布分析

1. 核心著者群

普赖斯定律指出，写作 $0.749(Nmax)^{0.5}$ 篇以上论文的著者为核心著者，其中，"Nmax"表示最高产著者发文数。[①] 使用 Excel "透视表"工具进行著者词频统计发现，领域内研究著者发文量最高为 15 篇，故本次研究中"Nmax＝15"。通过公示计算，"$0.749(Nmax)^{0.5} \approx 2.90$"由此可取 3 篇及以上的著者为核心著者。经排序统计，核心著者共计 49 人，见表 1—4。

---

① 邱均平. 信息计量学 ［M］. 武汉：武汉大学出版社，2007.

表 1—4 核心著者发文统计表

发文量	著者名及其数量
15	张保忠
13	岳海翔、李树信
7	王启和、张德森
6	立华峰
5	黄跃辉、李维江、卢绪元、潘连根、石心、杨其达
4	王传宇、黎培荣、李明、林克春、邱丽梅、王聚训等 10 人
3	孔庆君、董继超、董信泰、郭方忠、郭苏青、何坦野等 27 人

在 49 位核心著者中，发文量最多的是张保忠、岳海翔等，他们的论文成果数量远超其他著者，同时他们出版的著作相对应也最多，因而他们是纸质公文研究的核心力量。核心著者群中，既有成果丰硕的学术泰斗，也有年轻有为的中青年学者。然而，核心著者数量十分有限，仅占所有著者数的 5.70%，该比例说明纸质公文研究还没有形成相当规模的核心著者群。核心著者发文量共 212 篇，仅占总发文数的 18.81%（除去没有注明著者的文章），这是由核心著者数偏小造成的。

2. 合著情况

为衡量著者的合著规模，本文引用了期刊著者的"合作度"和"合作率"两项指标。其中，合作度是指某学科学术期刊在一个确定的时间里每篇论文的平均著者数，合作率是指某学科学术期刊在一定时期内合著论文占全部论文总数的比例。这些指标是反映论文著者团队协作和整体智力的重要依据。合作度和合作率的值越高，则合作智能发挥得越是充分[①]。据此，纸质公文研究的合著情况，见表 1—5。

---

① 沈双洁. 近 10 年我国电子文件研究的文献计量分析 [J]. 云南档案，2010 (1).

表 1—5 论文合著情况表

项目		数据（篇）	衡量指标	比例
著者总数		859	合作度	0.85
论文总数		1015	—	—
独著		921	独著率	90.74%
合著	2 人合著	77	合作率	7.59%
	3 人合著	15	合作率	1.48%
	3 人以上合著	2	合作率	0.2%
	合作总篇数	94	总合作率	9.26%

根据表 1—5，由 859 位著者撰写了 1015 篇论文，平均每位著者为 1.18 篇；其中，921 篇论文为独著，独著率高达 90.74%。由此可知，一方面，大部分论文是由一名著者撰写的；另一方面，也存在相同的著者撰写多篇论文的情况。此外，94 篇为合著，占 9.26%；其中又以 2 人合著为主要形式，共 77 篇，占 7.59%；3 人及以上的合著形式极少。

总体来说，纸质公文研究论文的合作度低于 0.85，并且 90% 以上的独著率也表明了目前独著仍是纸质公文研究的主要著作方式。我国纸质公文研究虽在一定范围内开展合作，但合作度与合作率不高，不利于学术成果的交流，合作智能发挥有待进一步挖掘与推进。

（三）文献来源分布分析

通过统计著者的单位来源及其发文情况，可以掌握纸质公文研究机构的分布情况，揭示纸质公文研究的核心力量和主力军。通过对上述论文的著者单位进行统计，发文量在 3 篇以上的机构，见表 1—6。

表 1—6 文献来源分布表

来源单位	发文数	比例
中国人民大学、唐山市人民警察学校	8	1.46%
中国公文写作研究会	7	1.28%
四川省档案学校、山东省审计厅、山东滨州地区医药管理局	6	1.09%
吉林省政府办公厅、安徽大学	5	0.91%
中国公文学研究所	4	0.73%
国务院办公厅、中国人民公安大学、上海空军政治学院、郑州大学、四川大学、人民银行、武钢公司、山东省滨州地区医药管理局等共 16 家	3	0.55%

除去未标明文献来源的文章，剩余的 549 篇论文分别来自 424 所研究机构。424 所研究机构中，25 所机构发表了 3 篇及以上数量的论文，占机构总数的 6%，发文总量为 103 篇，占论文总数的 19%。此外，只发表了 1 篇论文的机构多达 352 所，占机构总数的 83%，可见目前各机构的研究成果偏少，研究力度不够。纸质公文研究的力量仍较为分散。

进一步分析 25 所主力研究机构的性质，可以发现其中 15 所为高校，6 家为政府部门，2 家为公司，2 家为研究组织，可见高校仍是我国纸质公文研究的主要力量。但政府机关和企事业单位也是不可忽视的研究力量。这些机构的办公人员在日常工作中能够直接并深入地接触、产生或利用纸质公文，研究的实操性更强，对公文实践的体会更深，因而此类机构的研究非常值得重视。

（四）主题分布分析

主题分析主要是为了掌握学科研究的热点。笔者收集了论文所有关键词，对关键词出现的频次进行了统计，并对相同关键词作合并处理，得出文献主题分布表。限于篇幅，笔者将出现频次为 20 及以上的高频关键词进行统计，形成表 1—7。

表 1—7　　　　　　　　　　　文献主题分布表

关键词	频次	比率	关键词	频次	比率
公文写作	222	4.93%	公文主题词	35	0.78%
《国家行政机关公文处理办法》	183	4.07%	成文时间	32	0.71%
公文处理工作	188	3.24%	通知	32	0.71%
公文	141	3.13%	文件	28	0.62%
公文格式	86	1.91%	公务活动	26	0.58%
公文标题	80	1.78%	国务院	26	0.58%
公文文种	80	1.78%	主送机关	25	0.56%
发文机关	71	1.58%	古代公文	24	0.53%
规范化	70	1.56%	联合行文	24	0.53%
公文语言	66	1.47%	行文关系	24	0.53%
上级机关	63	1.40%	办公厅	22	0.49%
机关公文	59	1.31%	国家机关	22	0.49%
文秘人员	54	1.20%	企事业单位	22	0.49%

关键词	频次	比率	关键词	频次	比率
处理条例	53	1.18％	抄送机关	21	0.47％
公文质量	52	1.16％	党政机关	21	0.47％
发文字号	50	1.11％	公文程式	21	0.47％
国务院办公厅	40	0.89％	公文语体	21	0.47％
行政公文	36	0.80％	主题词表	21	0.47％
			秘书部门	20	0.44％

注：以上表格内关键词出现的总频次为 2061，占所有关键词总频次的 44.86％

整理以上的关键词并将它们归类可以发现，纸质公文的研究主题主要包括了公文写作及其要素研究、公文主体研究、公文政策研究、公文处理工作研究、公文文种研究以及行文关系研究等。公文写作及其相关要素是纸质公文研究核心的主题，这包括了"公文写作"、"公文格式"、"公文标题"、"公文语言"、"公文主题词"、"主题词表"、"公文程式"、"公文语体"、"发文字号"等，占全部关键词数的 12.28％。这些关键词与公文的准确性、权威性相对应。

公文主体（含单位和个人）则包括"发文机关"、"上级机关"、"国务院办公厅"、"国务院"、"主送机关"、"办公厅"、"国家机关"、"企事业单位"、"抄送机关"、"党政机关"、"秘书部门"、"文秘人员"，占 9.06％。

学者们对于公文政策及规范研究也十分关注，"《国家行政机关公文处理办法》"、"公文质量"、"处理条例"、"规范化"，共占 7.97％。

另外，公文处理工作及流程也是较为重要的方面，反映在上表"公文处理工作"、"公务活动"中，占到了 3.28％；"公文文种"的研究则包括了"机关公文"、"行政公文"、"通知"、"文件"、"古代公文"等类型公文的研究，占 3.98％。而对于"行文关系"、行文方式等，学术界也有一定的研究。

这些主题表明纸质公文研究注重围绕公文实践工作中出现的现实问题，与电子公文研究注重技术、安全等主题的情况截然不同（详见本章第二节）。纸质公文研究具有自身的基础性和传统性等特点。

（五）期刊分布分析

根据布拉德福定律计算，纸质公文的核心区期刊有 2 种，相继区期刊有 31 种，边缘区期刊有 250 种。通过统计每种期刊刊载的论文数，选取核心区和相继区的 33 种期刊，制成表 1—8。

表 1—8　　　　　　　　　　　期刊分布表

期刊名	发文量	期刊名	发文量
秘书之友	266	渤海学刊	
秘书	104	档案 *	5
办公室业务	57	中国金融 *	
秘书工作	52	成都大学学报（社会科学版）	4
档案学通讯 *	35	成都师专学报	
四川档案 *	16	地方政府管理	
写作		江汉大学学报（社会科学版）	
浙江档案 *	15	开封大学学报	
湖南档案	13	领导科学 *	
档案工作	11	逻辑与语言学习	
档案与建设 *		特区理论与实践	
山西档案 *	10	乌鲁木齐职业大学学报	
北京档案 *	9	武汉交通管理干部学院学报	
江汉大学学报	8	语言与翻译	
行政论坛 *		标准化报道	3
行政人事管理	7	档案天地	
山东审计	6		

注：带 * 为北京大学 2008 年版《中文核心期刊要目总览》所指定的中文核心期刊①

　　从总体来看，纸质公文的研究论文通常发表在办公室秘书工作、行政、档案研究三种类型的刊物上。上表排名最前的《秘书之友》、《秘书》、《办公室业务》、《秘书工作》、《写作》等期刊，说明纸质公文研究成果通常是基于办公室秘书工作的实践，其著者通常是企事业的工作人员而非高校学者。

　　由上表，纸质公文的核心区期刊只有两种——《秘书之友》和《秘书》，它们的发文量比其他期刊占有绝对优势，这说明纸质公文研究成果的聚合性较高，但这两种期刊都不属于核心期刊。在相继区中，档案学核心期刊占所列期刊的 30.3％。这种情况表明，纸质公文研究成果的权威性和参考性有待商榷。

---

① 　朱强. 中文核心期刊要目总览［M］. 北京：北京大学出版社，2008.

（六）被引情况分析

被引频次是评价论文质量及学术影响力的重要统计指标，反映了论文的学术价值、参考价值和实用价值。笔者将所有论文被引情况按频次由高到低排列，选取被引次数为 100 及以上的数据，详见表 1—9。

表 1—9　　　　　　　　　　　　论文被引数据表

被引频次	论文数	比例	被引频次	论文数	比例
503	1	0.10％	131	1	0.10％
258	1	0.10％	129	1	0.10％
252	1	0.10％	126	1	0.10％
239	1	0.10％	124	1	0.10％
206	1	0.10％	123	2	0.19％
199	1	0.10％	121	1	0.10％
187	1	0.10％	118	1	0.10％
171	1	0.10％	116	1	0.10％
163	1	0.10％	115	2	0.19％
160	1	0.10％	114	1	0.10％
158	1	0.10％	113	2	0.19％
150	3	0.29％	111	1	0.10％
148	1	0.10％	106	1	0.10％
146	1	0.10％	105	1	0.10％
145	1	0.10％	102	1	0.10％
141	1	0.10％	101	1	0.10％
140	1	0.10％	100	3	0.29％
135	2	0.19％			

在统计的 1032 篇论文中，总引用次数为 9956 次，篇均引用次数多达 9.65 次，仅 2 篇论文尚未被引，这些数据高于管理学平均被引次数（约 2.22）① 的四倍之多，这是由纸质公文研究开展较早、研究成果受积累效应所得。进一步分析，纸质公文论文被引数分布在 0 次和 503 次之间，被引差异较

————————

① 中国知网引文数据库［EB/OL］．http：//ref. cnki. net/knsref/index. aspx，2012－09－07．

大，这说明纸质公文研究论文成果存在着一定的两极分化现象，即一部分论文具有公认的学术价值与参考价值，另一部分论文则质量平平。

总体看来，纸质公文论文的被引情况较为可观，研究成果的认可度较高。

第二节　电子公文管理研究

电子公文是一种新载体型公文，它是指"各地区、各部门通过由国务院办公厅同意配置的电子公文传输系统处理后形成的具有规范格式的公文的电子数据"①。我国电子公文起步虽落后于发达国家，但随着 1999 年"政府上网工程"的实施，电子公文开始在各级政府及大型企事业单位得到大规模应用。电子公文的应用，使得日常公务突破时空的限制，公文流转周期大大缩短，办公效率得以提升。目前，电子公文已经成为电子政务不可或缺的工具。

电子公文的广泛应用带动了电子公文的研究。文献统计表明，最早研究电子公文的文献出现在 1998 年，截至目前的研究成果比较分散，难以窥探该方面研究的全貌。为此，笔者以电子公文研究产生至今为时间跨度，以电子公文统计为手段，以研究文献变化趋势、著者分布、著者机构、研究主题、期刊分布等为重点，比较系统地揭示了我国电子公文研究的现状。

一、电子公文著作统计分析

在读秀数据库中以"电子公文"作为"题名"、"主题词"为检索项，得到该方面著作 7 本，如表 1—10 所示。

表 1—10　　　　　　　　　电子公文著作一览

书名	著者	出版时间	内容编排
实用电子公文传输与处理	柳新华等	2002 年 5 月	电子公文概论、电子公文的写作基础、电子公文的技术与设备基础、电子公文的制作、电子公文的处理
公共管理写作与电子公文处理	李兴民	2004 年 4 月	电子公文的撰写、传输和处理

---

① 国家档案局. 电子公文归档管理暂行办法 GB/T18894—2002 [S].

续表

书名	著者	出版时间	内容编排
电子公文写作实训教程	张江艳	2009 年 1 月	电子公文写作基础、电子公文的格式和写作模板，文本电子公文，图表电子公文，多媒体电子公文和电子文件处理
实用电子公文处理教程	柳新华	2009 年 8 月	国内外电子公文的发展历程与现状，电子公文制作、传输、处理、归档的基本知识、操作方法与技巧
电子公文制作与传输	傅祥、郑珺露	2009 年 9 月	电子公文的基本理论、电子公文的制作、电子公文与办公自动化系统、电子公文远程传输的基础
电子政务环境下电子公文流程分析与设计	赵屹等	2009 年 11 月	电子公文流程分析、电子公文流程设计、电子公文流程控制
电子公文写作：制作、传输与处理	柳新华	2010 年 7 月	系统介绍了电子公文的理论体系和操作技术

表 1—10 中，从作者看，柳新华所著约占全部著作的 43%；从出版时间看，一半以上的著作为近三年出版，表明电子公文的主题不断得到学者关注；从内容上看，著者对电子公文理论和实际操作均有涉及，涵盖了电子公文产生到归档的各个流程。

需要专门提及的是，有些著作尽管没有使用"电子公文"作为主题或关键词，但部分章节仍涉及电子公文内容。这些著作的主题分布在公文写作、公文处理、办公室实务以及文书学四类之中。其中，公文写作类著作，如王桂森等的《最新实用公文规范写作》（2001 年）、张保忠的《最新公文写作解答疑惑350 题》（2004 年）、刘梅的《现代公文写作教程》（2005 年）以及刘日的《公文写作》（2005 年）、岳海翔的《公文写作培训教程》（2010 年）等；公文处理类著作，如赵国俊的《公文处理基础》（2002 年）、郭方忠等的《现代公文处理规范》（2005 年）、中国公文协作研究会的《公文处理实用手册》（2009 年）等；办公室实务类著作，包括汪岩的《秘书文案高手》（2007 年）、赵华等的《办公室规范管理实务》（2009 年）等；文书学类著作，有郑彦离的《文书与档案工作》（2009 年）、周耀林等的《文书学教程》（2009 年）等。但从内容上考察，这些著作只是将电子公文作为某一章（节）或从某个层面来阐述，只涉及电子公文形成、处理、流转、归档的部分内容，没有构成比较完整的体系。

此外，关于电子文件研究的成果，如国家档案局的《电子文件归档与电子档案管理概论》（1999 年），刘家真的《电子文件管理导论》（1999 年）、冯惠玲的《电子文件管理教程》（2001 年）、《政府电子文件管理》（2004 年），丁海斌、赵淑梅的《电子文件管理基础》（2007 年），金波、丁华东的《电子文件管理学》（2007 年）等著作，内容大都比较宽泛，基本涵括了电子公文的管理的内容、特征与要求。限于该方面研究的宽泛性，笔者未做统计分析（下同）。

二、电子公文论文统计分析

为了保证较高的检全率和检准率，文献检索时，笔者将原始（性）公文、转化（性）公文、数字（化）公文、虚拟公文等都纳入检索标识中。检索标识定为"TI＝电子公文＋数字公文＋数字化公文＋电子化公文＋虚拟公文"。通过该检索式，共检出 487 条结果（检索时间为 2012 年 3 月 20 日）。上述检索结果中，笔者采用 CNKI 自带的类别标签法，去掉刊登在《上海信息化年鉴》上的 84 篇年鉴，《中国档案报》、《中国计算机报》等报刊上的 74 篇报道，6 项国家标准和 2 项世界标准共计 8 项标准，10 项专利说明和 13 条科技成果介绍和宣传，通知及办法等 14 条，最终得到 284 条有效记录。系统地研究这些有效记录，可以探索我国电子公文研究的历史与现状。

（一）研究趋势分析

将上述有效记录进行逐年统计，形成了电子公文研究的年度变化趋势，如图 1—3 所示。

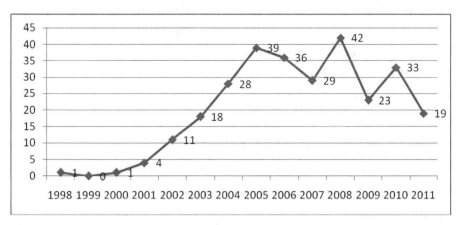

图 1—3　文献数量各年度分布

图 1—3 表明，我国电子公文发文量总体上呈上升趋势，表明了电子公文的研究不断在引起研究工作者的兴趣。高位段也呈现出一定的起伏，说明了此

阶段的研究工作并不稳定，仍处于探索研究和进一步发展阶段。

如果进一步量化分析，可以发现 1998～2011 年我国电子公文研究的数量分布及比重情况，见表 1—11。

表 1—11 　　　　　　　　文献数量年度分布及比重表

年份	1998	1999	2000	2001	2002	2003	2004
数量	1	0	1	4	11	18	28
比重	0.35%	0	0.35%	1.4%	3.87%	6.33%	9.85%
增长率	—	—	—	300%	175%	63.6%	55.6%
年份	2005	2006	2007	2008	2009	2010	2011
数量	39	36	29	42	23	33	19
比重	13.7%	12.6%	10.2%	14.8%	8.10%	11.6%	6.69%
增长率	39.3%	−1.0%	−19.4%	44.8%	−45.2%	43.5%	−36.3%

表 1—11 表明，电子公文研究年均发文量为 20 篇。其中，发文量最少的是 1999 年，为 0 篇；最多的是 2008 年，为 42 篇。1998～2005 年是电子公文研究的重要上升期，发文量一直高速攀升，呈现正增长态势；2005 年以后论文增长速率逐渐变缓，呈现大小年变换的趋势，但发文章基本保持在平均数量 20 篇之上。2006～2011 年间则呈现正负增长交替现象，电子公文研究出现较强的波动，波幅介于 60%～90% 之间。

（二）著者分布分析

1. 核心著者群

普赖斯定律认为，撰写全部论文一半的高产著者的数量等于全部科学著者总数的平方根，计算公式表示为 $\sum_{m+1}^{I} n(X) = \sqrt{N}$，其中 $n(X)$ 表示撰写 X 篇论文的著者数，$I = N_{max}$ 为该领域内最高产著者的论文数，N 为全部著者的总数。最终的演算结论是写作 $0.749(N_{max})^{0.5}$ 篇以上论文的科学家所发表的论文数等于论文总数的一半。[①]

进行著者姓名词频统计后发现，电子公文研究发文量最高为 7 篇，故本次研究中 $N_{max} = 7$，通过普赖斯定律公式计算出 m≈1.98，取邻近整数值 2。

---

① 邱均平. 信息计量学［M］. 武汉：武汉大学出版社，2007.

由此可取发文在 2 篇及以上的著者为核心著者，共 46 人，共发文 118 篇，占发文总量的 41.5%，见表 1—12。

表 1—12　　　　　　　　　　核心著者发文统计表

著 者	发文量	著 者	发文量	著 者	发文量	著 者	发文量
陈 勇	7	刘家真	3	祝胜林	2	丁卫平	2
赵 屹	7	刘 涛	3	范 柯	2	林丕源	2
柳新华	4	赵任方	2	袁 礼	2	孙玉洁	2
董相志	4	王 楠	2	曹瑞森	2	喻建平	2
陈晓晖	4	谢维信	2	刘 瑞	2	颜 勇	2
巨 珺	4	濮永革	2	许盛伟	2	梁俊明	2
王东海	3	郑远民	2	邵明媚	2	杨 霞	2
孙厚军	3	张文浩	2	侯整风	2	王良城	2
李 忠	3	曹 声	2	李亮亮	2	熊静波	2
肖德琴	3	王 玥	2	郝并寿	2	吴云志	2
邓飞其	3	高 泳	2	许凌峰	2	赵 霁	2
姜 岚	3	曾凡智	2				

表 1—12 表明，发文量最多是陈勇和赵屹，他们的论文多发表在档案学核心期刊，侧面反映出其较高的质量。陈勇在《档案学通讯》、《档案学研究》、《档案管理》上以第一著者身份发表了多篇论文，赵屹则在《档案学通讯》、《中国档案》、《档案与建设》发表其成果。此外，柳新华、董相志等著者，均是领域内的主要研究力量之一。

46 位高产著者中，发文量为 2 篇的著者达 33 人，占到了核心著者群的 71.7%，这说明核心著者群的大部分著者发文量偏低。除了少部分的核心中枢著者外，大部分著者的学术产出力相当，这部分学者存在很大的学术上升空间，同时在该领域内较易形成新的学术主力或学术权威。

2. 合著情况

同前文纸质公文合著情况的研究一样，笔者仍引用了期刊著者的"合作度"和"合作率"两项指标。其公式为：

合作度＝（某期刊一定时期内）著者总数÷论文总数；

合作率（某期刊一定时期内）＝合作论文数÷论文总数。

统计结果见表1—13。

表 1—13   论文合著情况表

项目		数据（篇）	衡量指标	比例
著者总数		384	合作度	1.39
论文总数		276	—	—
独著		159	独著率	57.60％
合著	2人合著	70	合作率	25.36％
	3人合著	35	合作率	12.68％
	3人以上合著	12	合作率	4.35％
	合作总篇数	117	总合作率	42.39％

（注：284篇论文中，有《省直机关电子公文归档面临的问题》、《电子公文解决方案》等7篇论文未标明具体著者，无从统计著者情况，另有1篇论文的著者为机构，非个人著述，不便统计，因而这8篇论文未包含在内）

表1—13表明，276篇论文集合的著者总数达384位，平均每篇论文的著者数为1.39。其中，独著论文159篇，占全部论文的57.6％，表明了独著仍是电子公文研究的主要方式。合著方面，2人合作率为25.36％，3人合作论文恰好占2人合作的半数规模，3人及以上的合作偏少，表明了2人合作是合著的主要方式。统计表明，我国关于电子公文的研究有一定的合作规模和合作倾向，但是合作的比例和合作团队都偏小。

（三）著者机构分布分析

通过统计著者的单位来源及其发文情况，可以掌握电子公文研究机构的分布情况，揭示电子公文研究的核心力量和主力军。通过对上述论文的著者单位进行统计，发文量在3篇以上的机构，见表1—14。

表 1—14　　　　　　　　　　　著者机构分布情况表

单位	发文量	发文比重	单位	发文量	发文比重
鲁东大学	8	3.04%	安徽工程科技学院	3	1.14%
中国人民解放军南京政治学院上海分院	7	2.66%	黑龙江省政务信息化管理服务中心	3	1.14%
广西民族大学	7	2.66%	北京邮电大学	3	1.14%
四川大学	6	2.28%	国防科技大学	3	1.14%
武汉大学	6	2.28%	北京电子科技学院	3	1.14%
中国矿业大学档案馆	5	1.90%	华南农业大学	3	1.14%
湖南大学	4	1.52%	黄河水利委员会	3	1.14%
华南理工大学	4	1.52%	山东大学	3	1.14%
西安电子科技大学	4	1.52%	上海交通大学	3	1.14%
中国人民银行	4	1.52%	苏州大学	3	1.14%
中南大学	4	1.52%	武汉理工大学	3	1.14%
东华大学	4	1.52%	浙江大学	3	1.14%
东南大学	4	1.52%	浙江省人民政府	3	1.14%
合肥工业大学	4	1.52%	中国海洋大学	3	1.14%

注：本文统计的 284 篇论文中，有 21 篇论文未标明著者机构，故实际统计的论文量为 263 篇。

参与统计的 263 篇论文共来自 177 个机构。其中，发文量达到 3 篇及以上的机构有 28 家，占全部机构 12.42% 的比例，但这 28 家机构发文量为 133 篇，占统计的 50.57%，由此可以认为，它们是电子公文领域研究的主力研究团队。这些机构中，发文最多的是鲁东大学、中国人民解放军南京政治学院和广西民族大学。中国人民解放军南京政治学院 7 篇论文中，4 篇发表于 CSSCI 来源刊，其发文质量较高。

深入分析发现，28 家机构中有 23 所高校、3 家事业单位、1 家高校档案馆、1 家央企，说明高校是电子公文研究的绝对主力，这与高校良好的研究环境、人才基础是紧密相关的。从地域分布上看，研究机构来自北京、江苏、山东、黑龙江、海南等不同省市，说明了电子公文研究有着广泛的地域性特征。

（四）主题分布分析

主题分析主要是为了掌握学科研究的热点。笔者收集了上述 284 篇论文的关键词，并对关键词出现的频次进行了统计。其中，出现频次最高的 22 个关键词及其频次见表1—15。

表 1—15 　　　　　　　　　　关键词分布及频次统计

关键词	频次	比率	关键词	出现次数	比率
电子公文	193	67.96%	传输系统	11	3.87%
电子政务	44	15.49%	公文处理	11	3.87%
数字签名	34	11.97%	加密	11	3.87%
XML	24	8.45%	安全	10	3.52%
办公自动化	22	7.75%	公文系统	9	3.17%
纸质公文	21	7.39%	安全性	8	2.82%
电子文件	16	5.63%	标准化	8	2.82%
公文传输	15	5.28%	数字水印	8	2.82%
电子印章	14	4.90%	电子公文交换	7	2.46%
工作流	12	4.23%	电子政务建设	7	2.46%
公文流转	12	4.23%	归档管理	7	2.46%

透过表1—15，可以通过进一步总结归纳各关键词所在上位类，找到所属的研究主题。其中，关键词"电子公文"太过宽泛，难以判断其侧重点，故本文不将其单列分析。从统计来看，电子公文研究的主要主题表现在：

（1）"电子政务"、"电子政务建设"。该主题共占全部论文的17.95%。电子公文是顺应电子政务及其建设的需要，学者们将电子公文置于电子政务系统下进行研究，有利于把握电子政务的动态，满足电子政务建设的理论需要。

（2）"数字签名"、"XML"、"电子印章"、"数字水印"。该方面的论文表现了学界对于电子公文技术的重视，占研究论文的35.21%，即平均3篇论文就有1篇在研究电子公文技术。

（3）"加密"、"安全"、"标准化"、"安全性"。这些关于电子公文安全的论文占13.03%，反映了研究工作者对于电子公文安全保密性能以及格式规范标准方面的关注，也是保证电子公文真实、完整、有效性的重要方面。

（4）"公文传输"、"工作流"、"公文流转"、"公文处理"、"公文交换"、"归档管理"。这些有关电子公文流程管理流程与操作的论文占22.53%。与传统纸质公文管理流程进行比较，研究电子公文的流转平台问题，成为学者研究的一个重点。

（5）"办公自动化"、"传输系统"、"公文系统"。这是关于电子公文管理系统的研究，占论文的14.97%，大都是围绕电子公文系统及其子系统的设计、实施、应用而开展的。

（6）"纸质公文"。这一关键词出现在探讨电子公文的基础理论（如属性、发展演变、应用模式、利弊分析等）以及纸质公文与电子公文的异同等问题的论文中，仅占 7.39％，反映了早期的研究工作者对于电子公文理解方面不断深化扩展的思辨过程。

（五）期刊分布分析

期刊分析可以揭示哪些期刊倾向于刊登这一主题，有助于指导读者的选用期刊阅读以及学者的投稿工作。通过统计每种期刊刊载的论文数，选取载文 3 篇以上的期刊，制成表 1—16。总体来看，电子公文的研究论文通常发表在行政办公、计算机科学和档案研究三种类型的刊物上。

表 1—16　　　　　　　　　　期刊分布情况表

期刊	篇数	比例	期刊	篇数	比例
信息化建设	11	3.87％	福建电脑	3	1.06％
办公室业务	10	3.52％	硅谷	3	1.06％
办公自动化	10	3.52％	黑龙江档案	3	1.06％
档案学通讯 *	7	2.46％	湖北档案	3	1.06％
计算机工程与设计	6	2.11％	计算机工程	3	1.06％
兰台世界 *	6	2.11％	计算机应用研究	3	1.06％
秘书	6	2.11％	科技情报开发与经济	3	1.06％
浙江档案 *	5	1.76％	秘书之友	3	1.06％
档案学研究 *	4	1.41％	软件导刊	3	1.06％
现代电子技术	4	1.41％	微计算机信息	3	1.06％
中国档案 *	4	1.41％	中国行政管理	3	1.06％
档案与建设 *	3	1.06％	电脑知识与技术	3	1.06％

注：带 * 为北京大学 2008 年版《中文核心期刊要目总览》所指定的档案学核心期刊①。

布拉德福定律认为，若将期刊按其登载某学科论文数量的大小，以渐减顺序排列，那么可以将期刊分为专门面向这个学科的核心区和包含着与核心区同等数量论文的几个区，这时，核心区与相继各区的期刊数量成 $1 : a : a^2$ 的关

① 朱强. 中文核心期刊要目总览［M］. 北京：北京大学出版社，2008.

系。① 根据该定律，将刊登上述论文的 173 种期刊划分三个区，使每个区论文数量大致相等，均为 94～95 篇，这样核心期刊共有 18 种期刊、相继区 60 种期刊、边缘区 95 种期刊。三个区域的期刊数量比为 1：3.3：5.28，通过布拉德福定律衡量，电子公文领域的相关期刊区论文数量偏大。发文量在 3 篇的期刊既分布在核心区，又分布在相继区，这是导致期刊比差异的原因。另外，在 18 种核心区期刊中，有 6 种期刊是档案学的核心期刊，核心期刊仅占到核心区期刊的三分之一，电子公文发文质量有待提高。

（六）被引情况分析

被引频次是评价论文质量及学术影响力的重要统计指标，反映了论文的学术价值、参考价值和实用价值。笔者将所有论文被引情况按频次由高到低排列，见表 1—17。

表 1—17　　　　　　　　　　　文献被引情况统计

被引频次	论文数	比例	被引频次	论文数	比例
49	1	0.35%	7	4	1.40%
38	1	0.35%	6	12	4.23%
23	1	0.35%	5	5	1.76%
14	1	0.35%	4	10	3.52%
12	1	0.35%	3	15	5.28%
10	2	0.70%	2	32	11.27%
9	2	0.70%	1	44	15.49%
8	5	1.76%	0	148	52.11%

被引次数最高的论文有 3 篇，均为技术类论文，依次是 2002 年发表在《计算机应用》上的《用 XML 实现电子公文的签名和加密》、2001 年发表在《计算机应用研究》上的《电子公文中数字签名的设计与实现》以及 2005 年发表在《计算机工程与设计》上的《RSA 数字签名技术在电子公文流转中的应用》。笔者统计的 284 篇论文中，高达 52.11% 的论文目前尚未存在被引记录，占到了全部论文的一半以上。此外，上述论文总被引频次为 532 次，平均被引次数约为 1.87。这一数据低于管理学平均被引次数 2.22（89869/40562）和图书情报与数字图书馆学科的平均被引次数 2.53（676775/267425）②。

---

① 邱均平. 信息计量学 ［M］. 武汉：武汉大学出版社，2007.
② 中国知网引文数据库 ［EB/OL］. http：//ref. cnki. net/knsref/index. aspx，2012－04－07.

第三节 公文管理研究的基本特征

透过以上统计分析，可以总结出我国公文研究的基本特征。

（一）成果丰富，起伏有变

总体来说，我国公文研究的成果较为丰富。从 20 世纪上半叶开始，纸质公文研究开始升温，20 世纪 80 年代达到了一个高峰。电子文件出现后，纸质公文研究热度有所降低，电子公文研究热度则不断呈现上升趋势。

纸质公文研究历史久远，积累起来的研究成果十分丰富，已包括千余本著作和千余篇学术论文，充分反映了我国纸质公文研究的成绩。在我国，电子公文研究数量总体呈上升趋势，目前年均论文发文量已达 20 篇，保持着一定的发展态势，表明电子公文也成为学界较为稳定的一个研究主题。

从研究道路与趋势上分析，纸质公文研究著作和学术论文数量都经历了从低产到高产，再到缓慢下行到逐渐稳定的过程。从统计情况看，纸质公文的研究热度正在慢慢削减，而电子公文的研究也经历了从快速增长到高位起伏的转变，表明现阶段仍是我国电子公文领域探索研究和进一步发展的阶段。这种趋势是信息化办公过程的必然，反映了办公自动化发展的趋势，但可以肯定的是，在相当长的时间内，纸质公文的研究是不可能被完全取代的，这也是由当代公文管理的实践决定的。

（二）高校为主，合作较少

我国公文研究的核心团队以高校为主，著作模式以独著为主，合作偏少。

从研究团队上看，我国纸质公文研究以高校团队为主力，政府机关和企事业单位也是不可忽视的研究力量。同样，电子公文研究中高校团队是绝对主力，其研究团队有着广泛的行业、地域和人力基础。

从著作模式看，公文研究领域虽有一定的合作倾向，但合作团队规模偏小、比率偏低，大规模的跨地区、跨行业的合作尚未实现。纸质公文和电子公文成果的独著模式占到了绝大多数，合著度与合著率均较低，不利于学术界的共同进步，不利于前辈学者与青年学者的学术交流。因此，公文研究还需大力加强共同合作，争取研究的继承与创新。

（三）主题多样，指导实践

从研究内容上看，公文研究的主题呈现多样化的特征。纸质公文研究主题包括"公文写作"、"公文主体"、"公文处理工作及流程"、"公文政策及规范研究"等，电子公文研究主题包括"电子公文技术"、"电子公文流程管理"、"电子政务及其建设"、"电子公文系统"、"电子公文基础理论"、"电子公文特性"、"纸质公文与电子公文比较研究"等。

其中，纸质公文研究内容相对集中，一半以上的著作和论文都着重研究公文写作及其各要素，因为公文写作是公文工作的主要实践内容，其他主题研究也很好地服务于公文管理的实践。而电子公文研究主题较为多样化，这些主题都与电子公文实践密切相关，为实际工作提供支撑。

（四）被引差异，高低分化

从研究质量上看，总体上纸质公文研究成果质量良好，电子公文研究成果质量欠佳。纸质公文成果的平均被引次数 9.65 远高于电子公文的 1.87，公文领域内研究存在着被引的差异化现象。一方面，纸质公文研究成果的平均被引次数高，研究成果得到广泛认可。另一方面，电子公文研究一半以上的论文被引次数为零，平均被引次数低于管理学、图书情报学，且该方面的研究论文发表于档案学核心期刊的论文数仅占论文总数的十分之一，期刊的刊载量和等级也不够理想，表明了我国电子公文的研究总体质量欠佳问题。

此外，纸质公文研究也存在着内部的两极分化现象，因纸质公文研究成果的被引次数分布在 0 次和 503 次之间，被引方差数较大，纸质公文研究成果存在着一定的两极分化现象。

第四节　双轨制下公文管理研究的走向

我国纸质公文研究时间久远，积累了丰硕的研究成果和众多的研究学者，为我国公文实践提供了良好的理论指导。然而，随着社会信息化、网络化进程的不断深入，纸质公文研究逐渐"失宠"，其研究成果不断减少，而电子公文的研究"异军突起"，研究成果不但增加，越来越成为当代研究的热点。

目前，国内不少单位开始使用 OA 系统形成电子公文，并在 OA 系统中流转、公布、应用、保存电子公文，但涉密的公文，或者涉及高科技材料与产品的公文，仍然使用纸质文件进行传递。也有些单位，即使是使用 OA 生成、传递、利用电子公文，但这些文件归档时，仍然采用硬拷贝（打印出纸质公文）进行归档整理。事实上，完全采用电子公文取代纸质公文使用并归档的情形尚还未见。从我国目前公文管理的实践看，普遍应用的仍然是纸质公文。因此，纸质公文在今后相当长的一段时间内仍然存在，依然将是公文管理领域的重要载体，也是今后研究的重要主题。因此，加强纸质公文的研究是不可忽视的。

在当今的信息社会，随着国家行政机关、公司企业信息化工作的进一步展开，电子公文管理已经成为政府机关、企事业单位一个战略性课题。在这种背景下，电子公文的广泛应用指日可待。因此，加强电子公文管理的研究非常紧迫。"十一五"期间，我国电子公文研究取得了一定的成绩，不仅形成了稳定的研究方向，凝聚了研究主题，而且形成了具有一定影响力的研究团队、研究机构，这为今后的研究奠定了基础。"十二五"期间，随着国家对电子政务和档案信息化工作日益重视，电子公文的研究必将在克服上述不足的基础上，进一步从管理理论、管理方法、管理技术、法规标准等方面进行着力，确保电子公文的真实性、完整性、可读性、安全性，推动电子公文管理走向新的台阶，以适应当代信息技术发展的要求。

总而言之，当前纸质公文、电子公文使用和归档管理各有优势，共存互补，共同担负着传达政令、推动政务活动开展的任务，发挥凭证与参考的作用，形成了公文管理的双轨制。在这种情况下，不仅需要加强双轨制下纸质公文、电子公文的研究，而且需要在实践过程中充分利用它们的特性，做到优势互补、综合利用，实现公文资政、存史的作用。

第二章　文书、文件与公文

文书、文件和公文是三个相互关联的概念。了解它们的基本含义、特征及相互关联，是公文管理的基础。

第一节　文　书

文书作为一种记录事物的材料，是长期以来人们进行社会管理的工具和手段，在人类文明进程中发挥着重要的作用。文书的起源、发展和逐渐成熟经历了一个漫长的过程。截至目前，文书作为信息交流的工具和载体，在国家机关、社会团体、企事业单位和个人在处理事务的过程中发挥着重要作用。

一、文书的定义

"文书"的概念可以追溯到《说文解字》中《说文·文部》将"文书"解释为："文，错画也，象交文。"段玉裁注："象两纹交互也。"徐灏注笺："文象分理交错之形。"可见，"纹"即"文"之本义，持"刻画成纹"之义，后引申为"纹理或花纹"、"礼乐仪制"、"法令条文"和"文章"等。[①]

《说文·聿部》的阐释："害（书），箸也。从聿，者声。"箸即著，取"书写"之义。"古者书只三义，书写其本义也。因而所写之字谓之书。《尚书》者，史所书也，亦谓之《书》。"[②] 自《易传》始，"书"始为典籍之通称。从"书写"到"书"、从"《尚书》"再到"典籍之通称"，书的词义源流演变清晰可见。

《中华大字典》中，"文"的释义主要有：错画也；修饰也；条件也；节奏也；威仪也；祀典也；卜也；勉也；成也；犹动也；犹美也；引兴也；篇章也；书册之总名也；六艺之泛称也；法律案牍也；等等。"书"的释义主要有：

---

①　许慎. 说文解字［M］. 北京：中华书局，2004.

②　许慎. 说文解字［M］. 北京：中华书局，2004.

著也；文字也；五经六籍之总名也；经部之一种也；如也；记也；舒也；庶也；实录也；函信也；计账也；诏——谕旨也；简——戒命也；刑——法律也，等等①。据此，"文"和"书"在《中华大字典》中的含义大体与《说文解字》一致，但更为具体，已接近今天我们对于文书的理解。

《辞海》之"文书"词条释义为：①各种文件的统称。人们在社会实践活动中，以文字的方式，在一定的书写材料上表述思想意图的一种书面记录。有公务文书和私人文书两种。前者产生于机关、团体、公共事业单位等在公共事务活动中，为上传下达、联系各方、洽商问题、指导工作的一种工具。后者指个人或者家庭、家族在实践活动中形成的书信、著作、契约和家谱等。②指从事文书工作的人员②。将文书工作人员纳入了"文书"的释义之中，进一步丰富和完善了"文书"的含义，体现了文书为文书工作的核心。

《辞源》之"文书"词条释义为：①诗书古籍；②公文案卷；③契约；④文章与书法。③ 对文书内涵的简要概括，将与"文书"相关的语义尽悉阐明，全面阐述了"文书"涵义。

另外，还有一些词典对"文书"一词进行了阐释，如：《辞海·语辞分册》"文书"辞条解释为："机关、企业、事业单位、人民公社等在工作或生产活动中形成的各种文件的统称"④；王云五认为："所谓文书，系指处理公务有关之全部文件；故又名为公文。"⑤ 着重强调了文书的来源和公务属性，初步指出文书与公文之间的密切联系。

除了上述工具书中关于"文书"的界定外，早期学者对于公文的内涵也进行了研究。徐望之的《公牍通论》从公牍释义、类别、体例、储养、撰拟、结构到公文之叙法、用语、程式进行了系统的研究，系统地论述了公文的含义、种类、历代公文的名称、民国文书的体例和程式、撰拟方法和处理手续。他认为："人类有政治之组织，即有法令。有文字之法令，即有公牍。"所谓"公文者，国家及地方机关相互间及任命或团体相互间，为意思表示于一定程式之文书也"⑥。许同莘的《公牍学史》是我国第一部比较系统研究文书产生、发展及演变历史的文书学著作。著中，作者首次明确提出"公牍学"这一概念，将

---

① 陆费逵，欧阳溥存. 中华大字典 [M]. 北京：中华书局，1915.

② 夏征农，陈至立. 辞海 [M]. 上海：上海辞书出版社，2009.

③ 广东、广西、湖南、河南辞源修订组，商务印书馆编辑部. 辞源 [M]. 北京：商务印书馆，2009.

④ 辞海编辑委员会. 《辞海》下册 [M]. 上海：上海人民出版社，1977.

⑤ 《云五社会科学大辞典》第七册 [M]. 台北：台湾商务印书馆股份有限公司，1976.

⑥ 中国人民大学历史档案系翻印. 公牍通论 [M]，1958.

其作为一个独立领域来展开了比较系统的研究，由此引发了学者们对文书、文书学方面的系统探讨，并为后世学者深入研究文书学、文书史提供了重要的参考和借鉴。

中华人民共和国成立后，随着办公的需要，学者们进一步探讨了文书的基本概念。例如，徐积成认为："文书乃人类日常生活过程中使用之文字，以应付人事、表示意思、传达意见、记录事实而制作的各种不同记载之文件，如公文、应用文、备忘录、报告书、账单、收据、发票等等。近代科学上所发明保留语言之录音带、留声片（唱片）等，亦得称为文书。"①

20世纪80年代是一个研究文书学的高峰。我国涌现出一批具有一定水平的文书学著作，系统地阐述了文书工作的理论、原则和技术方法，并对文书的定义和种类的划分进行了深入探讨。

郑崇田阐明了自己对文书的理解："我们平常所说的文书，就是各种机关、团体、企事业等单位在其实践活动中以一定形式形成的文件、讲话稿、记录、电报、简报和报表等各种文字材科，又统称文书材料，有时也简称为文件。"②

张清明认为："所谓文书，是指政党和国家各级机关、群众团体、企事业单位及个人在现行工作活动中，为进行管理、联系事项、记载活动所形成使用的体式完整、内容系统的文字材料。前者称作公务文书，即公文；后者则称私人文书。"③

朱佳林等提出："在党政机关、团体和企事业单位，作为传递各种信息、处理公务、记载活动开展工作重要工具的有一定格式要求的文字材料，统称机关文书，也称为公文，或称文件。为了区别于个人或家庭在自己生活中形成和使用的书信、日记、家谱、著作手稿、房地契等私人文书，又把机关文书称为公务文书。"④

阮方等认为："所谓文书，是党政机关、人民团体、企业事业等单位，在其工作实践活动中，按一定形式形成的文字材料，用以传达贯彻党和国家的方针、政策、发布法规，请示和答复问题，指导和商洽工作，报告情况，交流经验。它是党政机关、人民团体、企业事业等单位进行工作的重要工具；它是通用公文、专业公文和机关常用公文如总结报告、调查报告、会议纪要等文种的

① 徐积成. 文书管理实务［M］. 台北：台湾黎明文化事业公司. 1978.
② 郑崇田. 文书学入门［M］. 长春：吉林人民出版社，1981.
③ 张清明. 文书学及实用公文［M］. 武汉：武汉大学出版社：1984.
④ 朱佳林，姚启和，马耀东. 机关文书学概论［M］. 武汉：华中工学院出版社，1984.

总称。"①

松世勤等提出："文书这个概念，包括公务文书和私人文书，范围很广。公文文书（以下简称文件），它是各类机关在进行工作活动、处理公务当中形成和使用的，即机关日常发出和收进的各种文件，如指示、通知、命令、报告、公函等。"② 作者在后来的著作中认为，"人们利用书面方式来表达意图，进行联系，记述情况和作为依据，这种书面材料，称为文书"③。

潘佳认为："文书包括公务文书和个人文书。公务文书，统称为公文。它是统治阶级在管理国家、处理政务时用来颁布法律、传达政策法令、请示问题、报告情况、联系工作、商洽事务、制订计划以及记载各种活动等的一种工具。"④

上述代表性界定相对而言比较复杂，有学者进行了简单的界定。例如，梁毓阶认为："文书是人们在社会实践活动中为了凭证、记载、公布和传递的需要，以文字的方式在一定书写材料上表达思想意图的一种书面记录。"⑤ 达清提出："文书是一个总称。包括公务文书和私人文书两大类。"⑥ 王铭提出："文书是代表作者对所述实际事务活动推动过程中形成的程式成文性文字书面记载。"⑦

20世纪80年代末，国家档案局教育处编写的《文书学概要》中提出："文书是人类在社会实践中记录和传达自己意图时所形成的文字材料。"⑧ 这种简洁的认识，集中反映了当时对文书的基本认识。

进入20世纪90年代后，一方面，传统的关于"文书"的界定，尤其是以"文字材料"、"书面记载"的认识，在学界仍然得到了一定的沿袭和发展。例如，郝全梅将文书看做是"一个概括性的名词，指的是一种记录信息、表达意图的文字材料"⑨。另一方面，随着信息技术的发展及其在办公系统中的广泛应用，对于文书的理解逐渐扩大到电子文书领域。例如，王健提出："历史上形成的文件称为'文书'，由于'文书'一词使用较早，因而产生出一些引申

---

①　阮方，等. 文书学概要 [M]. 武汉：江汉大学出版社，1984.

②　松世勤，薛美珍. 文书工作基本知识 [M]. 北京：中国档案出版社，1985.

③　松世勤. 文书学基础 [M]. 北京：中国人民大学出版社，2002.

④　潘佳. 中国文书工作史纲要 [M]. 北京：中国档案出版社. 1985.

⑤　梁毓阶. 文书学 [M]. 北京：中国档案出版社，1985.

⑥　达清. 文书工作基本知识 [M]. 石家庄：河北人民出版社，1986.

⑦　王铭. 文书学理论与文书工作 [M]. 武汉：武汉大学出版社，2000.

⑧　国家档案局教育处. 文书学概要 [M]. 北京：中国档案出版社，1987.

⑨　郝全梅. 实用文书学 [M]. 北京：语文出版社，1997.

含义，如可指代从事相关工作的人员。"① 并在其著作中系统提出了 OA 平台上公文处理的基本流程。周耀林等认为："文书是人类在社会活动中，由于处理事务的需要而形成和使用的、依据特定程序制作而成的各种记录材料。"② 正是因为电子公文的兴起，有些学者在公文界定的基础上，开始探讨电子公文的概念。例如，倪丽娟提出："电子公文是指以电子形式表现并通过网络传送的，用于政府机关相互之间联系事物的具有规范格式的公文。"③

从上述界定看到，尽管学者们对"文书"概念的表述有所差异，但主要是从以下几个方面进行阐释的：

（1）文字材料。"文书"就是指党政机关、人民团体、企事业单位、个人在社会活动中，为了一定的目的而形成并使用的具有应用性的和特定格式的文字材料。这种定义将文书局限在"文字材料"范畴内，具有一定的局限性。当然，这种以"文字材料"为属概念的定义方法大多出自 20 世纪 90 年代以前、电子公文尚未大规模兴起时的界定。

（2）记录材料。"文书"是人类由于处理事务的需要而形成和使用的、依据特定程序制作而成的各种记录材料。从记录材料看，这种"记录材料"涵括的范围更广，不仅包括纸质文书，也包括电子文书。

（3）文书工作。"文书"是行为主体通过文字材料传达贯彻党和国家的方针、政策、发布法规，请示和答复问题，指导和商洽工作，报告情况，交流经验、报告情况、联系工作、商洽事务、制订计划以及记载事项等各种活动与工作。

（4）文书工作人员。从事文书工作的人员。

可见，学界对于文书的认识经历了一定历程。尤其是，在信息技术应用于办公系统之前，文书的概念现定于纸质文书；信息技术开始应用后，电子文书成为文书的一个重要方面，纳入了文书的定义。这表明，"文书"的定义与文书工作的环境有着很大的关系。伴随文书工作环境的变化，"文书"的定义也有所改变。简言之，文书是行政机关、企事业单位、社会团体和个人在工作和生活中用以传达意图、处理问题、反应情况、记录事项的，具有规范格式的信息记录。

二、文书的特点

对于文书的特定，不同的学者有不同的认识。例如，国家档案局教育处编

---

① 王健. 文书学 [M]. 北京：中国人民大学出版社，2005.

② 周耀林，张煜明，任汉中. 文书学教程 [M]. 武汉：武汉大学出版社，2009.

③ 倪丽娟. 文书学 [M]. 北京：高等教育出版社，2010.

写的《文书学概要》提出文书具有物质性、延续性两个特点①；于正心认为，文书具有政治性、权威性、程式性、时效性②；王铭提炼出文书必须具有的三个基本属性：实用性、代表性、书面成文性，并由此引申出若干个别属性③；周耀林等认为文书的基本特点有：功能突出、表意明晰、讲究实效、责任明确、体式固定等④。综合以上观点，结合文书的定义，文书的主要特点包括：

（一）物质性

早期将文书界定成为"文字材料"，文字信息的传递依附于一定的物质载体。通过对信息实现"物化"，达到信息传递的目的，文书就是一种物化了的信息，具有物质性。本书将文书界定为"信息记录"，需要依附于一定的物质载体而存在。总体看来，早期的文书是通过物化的文书，即物流的管理，完成对文书的管理；在信息环境下，这种信息记录的管理手段仍然离不开物流管理，而文书信息流的管理显得更加重要。

（二）程式性

文书是个人和社会交际的一种工具，这就需要有统一的通用格式要求，以便实现其交际功用。在内容上，一般而言，文书需要表达一个明确的、完整的思想和意图。此外，文书从用语到内容要素的编排与结构安排，再到用纸规格、书写格式、用印形式、传递方式、封装方法等都有统一的规范，这是一种程式。只有符合了固定的程式，文书才具有法定的效力。

（三）时效性

主要是指文书内容的时效性。行为主体通过文字材料传达贯彻党和国家的方针、政策发布法规，请示和答复问题，指导和商洽工作，报告情况，交流经验、报告情况、联系工作、商洽事务、制订计划以及记载事项等工作均有一定的时间期限，只在特定的时间范围才能发挥应有的作用，过期则可能失去法律效力。所以，文书结尾一般会注明落款日期，有些文书还要对实施日期、生效日期和废止日期等予以特别说明。⑤ 这些都是文书时效性的具体体现。

（四）应用性

文书的功用主要是应用性，它是个人处理公私事务和进行社会交际活动的一种工具，用来推动实际事务活动的开展，不仅在推动实际的具体事务活动过程中形成，也因此留下了各种具体事务活动的痕迹，形成了文书的凭证性，是

---

① 国家档案局教育处. 文书学概要［M］. 北京：档案出版社，1987.
② 于正心. 文书学知识及公文撰写［M］. 长春：吉林大学出版社，1986.
③ 王铭. 文书学理论与文书工作［M］. 武汉：武汉大学出版社. 1988.
④ 周耀林，张煜明，任汉中. 文书学教程［M］. 武汉：武汉大学出版社，2009.
⑤ 周耀林，张煜明，任汉中. 文书学教程［M］. 武汉：武汉大学出版社，2009.

体现了文书的应用性。

（五）目的性

文书作为一种处理公私事务的工具，具有一定的目的性。在个人或社会交际活动中，文书以待解决的事务为内容，一事一文，传达作者意图或主张，以求达到某种特定的目的。

以上是文书的主要特点。从形式上看，文书具有权威性；从内容上看，文书具有政治性、指导性、机要性；从时空上看，文书具有越地性、越时性、普遍联系性的特点。

三、文书的种类

因为文书是行政机关、企事业单位、社会团体和个人在工作和生活中产生的。因此，它可以简单地区分为公务文书和私人文书两大类。

（一）公务文书

公务文书，简称公文，是统治阶级在管理国家、处理政务时用来颁布法律、传达政策法令、请示问题、报告情况、联系工作、商洽事务、制订计划以及记载各种活动等的一种特定的专门工具。这种工具具有如下特点：

（1）内容和程序的合法性。公文的具体内容和制发程序必须符合法律法规和制度、标准的规定；缺乏法规、制度与标准的规约，任何机关、组织或个人所形成的公文都是无效的。

（2）形式和格式上的规范性。公文有着特定的形式、格式，是国家机关、组织机构、企事业单位通过规范执行的。缺乏这种特定的格式和形式，公文不仅缺乏严肃性，往往也是无效的。

（3）公文语体的简明性，往往不需要复杂的或华丽的辞藻。尽管公文表述简明，但文字需要庄重，观点必须严谨，主张必须明确。

（4）对机关工作的依赖性。机关工作是公文形成的基础，公文是机关工作的专用工具。

当前，公文以文字型文书为主体。此外，还有其他类型的文书，例如声像文书（录音、录像为主）、图形文书（以图表为主、伴以简要文字说明）等。当然，从载体的形式上看，纸质的公务文书占据主导地位，电子公文也不断地得到应用。尤其是随着电子计算机的广泛使用，机关开始运用各种办公自动化工具，而且还利用计算机组成机关管理自动化系统。电子计算机集数据、文字、影像和音讯处理于一身，使办公进入一个快速、准确的崭新阶段，因而公文处理需要更高的技术。①

（二）私人文书

私人文书指个人、家庭或家族在社交活动中形成并使用的如手稿、证书、信件、契约及家谱等文字材料、声像材料等不同载体类型的文书，是作者当时意志和意图的体现。

随着社会的发展以及对历史事件真实性的诉求，私人文书的发掘不仅是史学界研究的一个热点，也是当前档案馆收集工作的一个重要方面。

此外，公文文书与私人文书是两个相对的概念范畴，各自的性质比较明确，但有时候，也存在公务性质的私人文书。② 简单地理解，私人文书中，包括信函、日记、自传、家谱、著作手稿等，含有与公务相关的信息，这对于挖掘公务文书的内容而言，具有一定的作用。

四、文书的作用

文书自产生以来，一直充当着记录和传递信息工具的角色。现代办公室工作中，文书更是以记录信息、沟通信息、传播信息、保存信息为主要目的，信息成为文书的核心要素。此外，文书也通过记录的信息反映当时的人物、事件和活动，由此产生了文书的证据作用。

总体来说，文书的作用主要体现在如下方面：

（一）事务指导作用

文书是一种特殊的信息载体，是社会联系的有效方式，不仅是对信息的记录，同时也是指导事务实施的有效途径。文书内容是对社会现象的反应，由文书的形成过程决定，对社会事务起到记录作用。同时，文书的形式、内容，尤其是日期、印章等，无可辩驳地表明了文书的权威性、指导性，构成了各项具体事务处理的基本依据。

（二）历史凭证作用

文书所记载下来的内容，作为对当时事务最真实的记载，在以后的工作、生活中可起到裁判与证据的作用。依据和凭证作用来源于文书的原始、直接的记录性。文书既是作者对外传达信息的途径，同时也是文书具有依据和凭证作用的来源。

（三）信息参考作用

随着不同社会主体之间的联系和交流日趋频繁，文书成为人们处理事情、

---

① 范浩明，阳晴等. 最新公务文书写作全编（第二版）[M]. 北京：气象出版社，1999.

② 林章豪. 试论公务性质的私人文书 [J]. 秘书之友，1994（5）.

解决问题重要的第一手资料。事务处理后，文书内容对于人们查考既往情况、掌握特定信息，有针对性地制定策略方法等仍具有重要作用，这决定了文书具有参考作用。

第二节 文 件

"文件"是与"文书"密切相关的一个概念。事实上，两者相比较，"文件"离现实的工作与生活的距离更近，是一个广为使用的名词。

一、文件的定义

（一）国外的文件定义

国外关于"文件"概念的表述，主要有 document、record、file、dossier 等词汇。对这些词汇解释，反映了国外关于文件内涵的认识的过程。

1. 国外相关法规的定义

马来西亚在 1971 年修改的《国家档案法》中，定义"公共文件"为"任何公共机构在进行公务活动中正式收到的或产生的文件、证件、记录、登记册、印刷材料、账簿、地图、图样、图表、照片、缩微胶片、影片、录音带等。"①

1973 年，斯里兰卡颁布的《国家档案法》则是这样表述的："公共文件或文件，指政府机关在公务活动中产生或收到的原稿、证件、函件、登记册、报告、账簿、地图、图表、计划书、图样、照片、影片、录音带等，包括原件或复制件。"②

1976 年 10 月 21 日，美国在其颁布的《美利坚合众国联邦文件管理法》中第 2901 条规定，"文件是指美国政府各机关根据联邦法律或在开展公务活动中产生或接收的，或者由机关（或其合法的继承者）作为政府的组织、职能、方针、决议程序、工作或其他活动等证据，或者其本身有情报价值而进行保存或适于保存的，包括各种形式和特点的簿册、证件、地图、照片、机读材料和其他公文材料口"③。

---

① 中国档案学会. 外国档案法规选编［M］北京：档案出版社，1984.

② 中国档案学会. 外国档案法规选编［M］北京：档案出版社，1984.

③ 美利坚合众国联邦文件管理法［EB/OL］. http：//dag. ruc. edu. cn/103655/103669/103677/28665. html，2012－12－24.

1979 年，加拿大发布的《加拿大内阁关于开放公共文件的指示》规定："公共文件，指通讯文件、工作文摘或其他文件、地图、图样、照片、影片、缩微胶卷、录音磁带或其他各种形式或制成材料的文件。包括：①由各个政府部门或机关建立或收到的或专门保存的；②包含涉及组织、职能、管理规划，或者涉及政府部门或机关活动的情报，或包括过去、现在和将来对加拿大政府有一定价值的其他材料，但不包括只为参考而收集的和保存的业务资料、库存的出版物或印刷资料，或图书馆和博物馆的材料。"①

2. 国外学者的定义

德国布伦内克指出："文件是数量无限的总体名词'案卷'的单数形式，它的广义概念指的是记录公务活动过程中发生的一切事件的所有书面文件、图表、印信、照片、影片、录音文件，甚至还包括文件登记簿、目录清单、案卷目录等。"②

美国谢伦伯格对"文件"的认识是这样的："文件是任何公私机构，在履行其法定职责的过程中，或者在其本职业务过程有关的情况下所制作或收到，并且作为其职能、政策、决定、程序、行动或者其他活动之证据，或者由于其所含内容具有情报价值，而被该机构或该机构之合法继承者所保存或指定加以保存的一切簿册、证件、地图、照片和其他记录材料，而不论其物质形式和特征如何。"③

前苏联多尔吉赫和鲁捷尔松将"文件"解释为："是用文字、图表、照相、录音或其他方法把客观事物及人类思维活动的信息固定在任何载体上的产物。"④

阿根廷路易斯·费·比阿萨利认为："从广义上说，凡是文字或图形记录下来的，无论是遗嘱、签署过的合同、簿册、信函，还有照片、图表，也不论用于书写绘制的是什么载体材料、任何一切用来阐明某个问题的凭证或物证、以及一切可以证实某个历史事件的文字、公文、铭文、陈述等，它们都是文件。"⑤

---

① 朱育平，徐拥军. 世界各国文件定义评述 [J]. 档案天地，1999 (6).

② (德) 布伦内克. 档案学——欧洲档案工作的理论与历史 [M]. 北京：中国人民大学档案系印，1985.

③ (美) T·R·谢伦伯格. 现代档案——原则与技术 [M]. 北京：档案出版社，1983.

④ (前苏联) И. 多尔吉赫，К. И. 鲁捷尔松著，韩玉梅，译. 苏联档案工作理论与实践 [M]. 北京：档案出版社，1980.

⑤ (阿根廷) 路易斯·费·比阿萨利 (Luis Fernando Piazzali) 著，何嘉苏，曹家驹，译. 档案管理技术实用手册 [M]. 北京：档案出版社，1986.

英国迈克尔·库克在其 1985 年出版的著作——《档案信息管理》中指出："文件是一个行政系统所产生的信息材料，它们包括来源于机构外部的数据（data），但主要的还是一种内部信息材料。"①

3. 国外相关标准的界定

有些国家对"文件"也进行了界定，例如，前苏联 1985 年生效的《苏联国家标准：文书工作于档案工作的术语与定义》中规定："文件是为了在任何时间和空间传递而由人们用创作方法加以固定的信息资料实体。"② 1997 年澳大利亚档案馆颁布的《澳大利亚标准 A3490：文件管理》中关于"文件"定义，提出："为了起到文件的作用，电子信息要求保存其结构，上下文和内容。"③

国际标准中，关于"文件"的界定包括以下一些界定。

1979 年，联合国教科文组织和国际档案理事会共同制订的《文件与档案管理规划》（RAMP）中，将"文件"定义为："文件是一个机构或组织在从事其工作中形成或收到并保存的全部被记录下来的信息，不论其物质形式或特点如何。"④

1983 年，国际标准化组织 T46（第 46 技术委员会）制订的《文献与信息——词表》中，确定"文件"的定义为："由某自然人、法人或公共组织在履行其法定义务或在处理任何一种事物中形成或收到并加以保存的任何形式或实体特征的文献。"⑤

1984 年，国际档案理事会出版的《档案术语辞典》，对"文件"的定义包含两层含义："一是指由机关、团体、组织或个人，在履行其法定职责或处理事务中所形成、收到并保存的记录下来的信息（文献），其形式和载体不论。二是指自动数据处理中，构成文件基本单位的数据单位，它本身又由若干相关数据字段所组成。"⑥

1996 年，国际档案理事会制定的《电子文件管理指南》中将"文件"定义为："由机构或个人在其活动开始、进行和结束过程中所产生或接收的记录

① Michecel Cook. The management of Information from Archives［M］. London：Gower Publishing Company Limited，1999.

② 靳云峰. 苏联国家标准文书工作与档案工作的术语和定义［J］. 档案学通讯，1987（4）.

③ 周阿江. 析电子文件时代的文件定义［J］. 山西档案. 2000（3）.

④ 联合国教科文组织总部. 综合情报计划处召开的文件与档案管理规划专家协商会议工作文件［M］，1979.

⑤ 国际标准化组织. 文献与信息——词表［S］，1983.

⑥ 国际档案理事会. 档案术语词典［M］. 慕尼黑：K. G. Saur 出版社，1984.

信息，该记录信息足以为其活动提供凭证的内容、背景和结构，而不管记录的形式或载体如何。"①

2001 年，国际标准《信息与文献—文件管理》（ISO15489—2001）中，"文件"被界定为："机构或个人为履行法定义务或处理事物而形成、接收和妥善保存的具有证据价值和情报价值的信息"。②

不难看到，从 20 世纪 50 年代起欧洲开始探讨"文件"的内涵以来，关于"文件"内涵的认识基本趋于一致。上述三类界定的主体不同，对"文件"内涵的认识也存在一定的差异：如，基于法规与标准的界定，视角集中在文件的法律效应，大都是将文件作为法律性质的解释性依据；从学术角度界定，则具有较强的理论色彩，富有时代气息，将"文件"范畴扩展到当代社会活动中形成的信息记录材料；国际组织的定义基于各国对"文件"的最新认识，概括性较强，具有普遍性和应用性，致力于建立学术探讨和法律准则相结合。

（二）国内的文件界定

我国对"文件"的定义有很多表述，观点差异较大。学者们从不同的角度入手，得到不同的定义。有的从文书学角度看待文件，有的则从秘书学角度进行表述，也有的是在引入国外观点的基础上提出与之接轨的界定，呈现出百家争鸣的现象。经过归纳，国内关于"文件"的定义主要从以下三个方面展开：

1. 基于文书职能角度的理解

"文件就是人们在社会活动中，为了相互联系、记载事物、处理事务、表达意志、交流情况而制作的记录材料。"③ 这种"文件"定义也有人把它进一步简化为："文件是机关或个人在社会活动中直接形成和使用的各种信息记录材料。"④ 例如，《中国大百科全书档案学分册》将"文件"界定为："国家机关社会组织、企事业单位或个人在社会活动中为处理事务、交流信息而使用各种载体的文字、图表、声像等记录材料。它是人们社会交往的工具，也是档案的前身。"⑤ 2000 年颁布的中华人民共和国档案行业标准《档案工作基本术语》（DA/T 1—2000）对"文件"给出的定义为："国家机关、社会组织或个

---

①　国际档案理事会. 电子文件委员会. 电子文件管理指南［S］，1997.

②　安小米，焦红艳. 文件管理国际标准 ISO15489［J］. 城建档案，2002（2）.

③　卫建萍. 浅谈文件与档案一体化管理［J］. 厦门科技，2007（6）.

④　徐萍，侯生军. 谈谈文档一体化理论指导下的文件工作与档案工作实践［J］. 山东档案，1997（4）.

⑤　档案学编辑委员会. 中国大百科全书档案学分册［M］. 北京：中国大百科全书出版社，1993.

人在履行其法定职责或处理事务中形成的各种形式的信息记录。"① 陈兆祦教授将"文件"定义为："文件是机关、组织和个人在社会活动中直接形成并使用的文字、图像、声音及其他各种形式的信息记录材料。"② 曹润芳认为，文件"是为处理各种事务而按着规范的体式直接形成的具有法定效用的信息记录。"③

2. 基于大、小文件观角度的理解

大文件概念最早由陈兆祦、和宝荣提出。1986 年，《档案管理学基础》提出的"要确定档案属于文件"的论断，奠定了大文件概念的基础。④ 1987 年，陈兆祦进一步指出，"文件是一个大概念"。⑤ 后来，学术界有大文件概念⑥、"大文件观"⑦、"大文件"观念⑧、"大文件理论"⑨ 等提法。

在 1994 年出版的《档案学词典》中，"文件"被概括为"狭义的文件"和"广义的文件"两种。"广义指组织或个人为处理事务而制作的记录有信息的一切材料，是人类记录、传递和贮存信息的一种工具。"⑩ "狭义仅指法定机关、团体、企事业单位等形成的具有完整体式和处理程序的公文。"⑪

傅荣校在《文件管理——现代档案工作者的新观念》一文中表述更简洁：文件论"主张档案是文件的特殊部分，档案均来自于现行文件。"⑫

何嘉荪在《应当如何看待中外"文件"、"档案"概念的不同——再论文件生命周期理论完全适用于中国》一文中明确指出："广义的文件概念，即大文件概念。"⑬

潘连根在《"大文件观"与档案学基础理论问题的研究》一文中提出："狭

① 中华人民共和国国家档案局. DA/T1−2000 档案工作基本术语 [S]，1992.

② 陈兆祦，和宝荣. 档案管理学基础 [M]. 北京：中国人民大学出版社，1986.

③ 曹润芳. 公文写作与处理 [M]. 长沙：湖南科学技术出版社，1992.

④ 陈兆祦，和宝荣. 档案管理学基础 [M]. 北京：中国人民大学出版社，1986.

⑤ 陈兆祦. 再论档案的定义——兼论文件的定义和运动周期问题 [J]. 档案学通讯. 1987 (2).

⑥ 何嘉荪. 文件生命周期理论完全适用于中国——与王茂跃等同志商榷 [J]. 山西档案，1998 (5).

⑦ 张昌山. 略论"大文件学科"[J]. 档案学通讯，1997 (3).

⑧ 肖文建. "文档一体化"，想说爱你不容易——兼谈文件、档案管理体制 [J]. 档案时空，2004 (2).

⑨ 陈兆祦. 谈谈"文件论"[J]. 档案管理，2004 (3).

⑩ 吴宝康，冯子直. 档案学词典 [K]. 上海：上海辞书出版社，1994.

⑪ 吴宝康，冯子直. 档案学词典 [K]. 上海：上海辞书出版社，1994.

⑫ 傅荣校. 文件管理——现代档案工作者的新观念 [J]. 档案学通讯，1996 (增刊).

⑬ 何嘉荪. 应当如何看待中外"文件"、"档案"概念的不同——再论文件生命周期理论完全适用于中国 [J]. 浙江档案，1998 (1).

义的文件仅指现行文件，即正在使用的文件。广义的文件则指文件整个运动过程中不论其价值形态如何的各种记录材料。这种广义的文件概念，也就是本文所说的'大文件观'。"①

王健的《文书学》一书中指出："文件是指社会组织或个人在各项活动中形成的、具有特定效用的凭证性信息。"据此，作者进一步将文件定义为狭义型文件和广义型文件。其中，狭义型文件包括两部分：第一，专指公务文件，将文件的形成者限定为"政府部门"或"公共机构"，将私人文件排除在外，强调文件县有法律约束力，强调文件的"证据效力"或"行政效力"。第二，专指现行文件，将文件限定在整个文件生命周期中的第一阶段，即发挥现行效用的阶段，将其后续的档案阶段摒除在外。广义的文件定义涵盖所有的公私机构、组织和个人；文件的外延覆盖了文件的整个生命周期，既包括现行文件也包括已转化为档案的历史文件；文件的类型和载体几乎无所不包，表述更为抽象，概括；文件定义的属概念大多采用"信息"或"信息记录"。突出文件的信息属性，将文件管理纳入更为广泛的信息管理领域。②

简单地理解，大文件概念强调，文件是一个大概念，既包括现行文件，也包括档案；小文件概念，其实指的就是现行文件。

3. 基于"文件"、"文书"、"公文"外延角度的理解

（1）将文件的定义等同于公文的定义。这种观点认为："所谓文件，一般是指党政领导机关制定和颁发的各种法规性公文。"③这种理解强调文件是机关公务活动中形成和使用、具有规范格式的书面文字材料；至于机关内无正规格式、非法规性的书面材料，如会议记录等，均不包括在内，而其他非书面文字形式的记录材料，也被摒除于外。

（2）将文件理解为介于公文与文书之间的事物。这种观点认为，从外延上应是公文＜文件＜文书。持有该种观点在不少相关教科书中有比较明确的阐述。例如，"文件包括各机关向外发出和收进的公文，也包括机关内部使用的文件，但不包括内部使用的其他书面材料，如簿册、账本、表格之类。"④这一理解并没有把私人形成的记录材料，即私人文书归入文件类型。还有人认为，文件包括私人形成的文字材料，但簿册、账本、表格之类的文字材料不称为文件。

---

① 潘连根. "大文件观"与档案学基础理论问题的研究 [J]. 兰台世界，2001（4）.

② 王健. 文书学 [M]. 北京：中国人民大学出版社，2005.

③ 陈鸿滨. 文书学概论 [M]. 沈阳：辽宁大学出版社，1987.

④ 潘连根. "大文件观"与档案学基础理论问题的研究 [J]. 兰台世界，2001（4）.

（3）把文件的理解与文书等同起来，认为文件与文书是同义词，"文件或文书是人们为解决某一特定的具体问题，用文字、图形、音像或其他技术方式制成的，正在用来传递思想、记录和反映情况的一种工具"①。这里，作者是将文件与文书的界定是等同的。

（4）认为文件的概念大于文书的概念，"文书是文字的材料，是书面方式的文件。文件的范围很广，它可以用语言、图像等方式直接记录和传递信息。如用语言和图像方式记录信息的材料，我们可以称为录音文件、图像文件，或合称为音像文件。文书必须是文字材料，它的概念范围较文件要小些，文书只是文件的一种"②。"文件是所有档案材料的总称，包括公文、私人文书及其他档案材料"③。

简言之，基于不同的理解角度，文件定义的表述存在着不同的理解。这些不同的理解，包括文件等于公文，或认为文件等于文书，或认为文件介于公文与文书之间，其出发点是一样的，都是为了认清文件的本质属性，适应日常文书处理、文件办理的需要。在具体的理解方面，都希望通过长期使用的"文书"概念，和当代工作中密切联系的"公文"概念进行比较，揭示文件的内涵，概括其外延，从而科学地认识文件的本质特征。

二、文件的种类

按照不同的标准，文件可以分为以下种类：

（1）按文件来源分，文件分为机关内部文件、发文文件、来文文件。机关内部文件是由于机关本身的工作需要而产生的文件，如工作总结、工作计划、会议记录、值班制度和机构编制表等；发文文件是机关为向其他机关联系、布置、汇报、请示有关事宜，专门为发出而形成的文件，如报告、请示、通知、命令（令）、批复、函等；来文文件是其他机关为通知、请示、联系有关事宜而发来的文件，如通知、请示、函等，其中多系正件，有时是复制件或书写件。

（2）按文件形成者分，文件分为上级文件、下级文件、同级文件、自身文件以及个人文件。上级文件是指中共中央、国务院等上级机关和上级主管业务部门为指导、布置工作而发来的文件，如命令、通知、批复等；下级文件是下级机关和所属部门为汇报工作和请示事宜而发来的文件，如报告、请示、函

---

① 潘连根. 关于"文件"、"文书"、"公文文书"、"公文"关系的探讨［J］. 2001（2）.

② 潘连根. 关于"文件"、"文书"、"公文文书"、"公文"关系的探讨［J］. 2001（2）.

③ 张煜明. 简明文书学教程［M］. 武汉：武汉大学出版社，1998.

等；同级文件是同级机关和部门为商洽或通知有关事宜而发来的文件，如通知、函等，其中抄件占相当大一部分；自身文件是机关本身形成的各类文件；个人文件是区别于以机关名义行文而言的，它的特点是以个人名义与个人或机关商洽、汇报、请示有关事宜，有的则是领导同志的讲话、建议或指示，如讲话、函、信、批示等。

（3）按行文关系分，文件分为主送文件和抄送文件。主送文件有上级来文、下级来文（下级的有时也称主报文件），也有同级来文。这类文件除下级的情况报告外多数都是要求处理的，所以是收文处理中的重点，必须认真处理和承办，并及时催办，如命令、通知、请示、报告等。抄送文件是各有关机关发来供了解情况而不需要承办的文件，或只需共同执行便可，如通知、函等。

（4）按文件的生效程度分，文件分为草稿、原稿、正件，翻印件、影印件、手抄件。草稿（包括修改稿）是正式文件形成前的草拟稿，反映文件形成的初期过程，但不具备正式文件的效用；原稿（即底稿或定稿）是带有领导签发意见的生效稿，它反映着文件形成、呈送、审核、签发等全过程，只是为了便于工作才把它印制成打字件。印制后原稿由发文机关存档，做发文的原始凭证。正件是原稿的印制件，供广泛发出和贯彻执行，通常称为正式文件。翻印件和影印件是采取一定的技术处理措施对正件的准确复制，文件格式与正件完全一样，往往与正件具有同等的效用。手抄件一般只供参考，不起正件效用，但经过仔细校对确属无误，并经存档或供抄机关（即存正件机关）承认后，也可起到正件的效用。

（5）按文件的重要程度区分，文件区分为主件、附件和重要件、参阅件。主件是与附件相对而言的，它反映着文件的核心和全貌；附件是别在文件后边对主件或其中某一问题加以补充说明的文件，它是整个文件必不可少的重要组成部分。重要件一般指的是上、下级机关主送本机关并需贯彻执行或承办的文件，和机关本身所形成的需要存档的文件；参阅件是与重要件相对而言的，仅供收文机关参考，没有指令性的约束作用。

（6）按文件的秘密程度分，文件分为绝密件、机密件、秘密件和一般件。绝密件是密级最高的文件，它包括国家的军事布置、战备情况，经济计划、尖端科学成果、领导人的活动计划，侦查计划，重大的人事变动和重要的资源情况，以及某些特殊的重大事宜或措施等。机密件是密级较高的文件，秘密件是密级次之的文件。这些文件都必须妥善保管，严格履行文书处理手续，以对党和国家的事业负责。一般件即一般性文件，往往是非涉密文件。

（7）按文件的急缓程度分，文件分为特急件、急件和一般件。特急件均为时间性很强而且又已临近所要求日期的重要文件；急件也是时间性要求很强的重要文件；一般件也是相对而言的，往往指不太紧急的文件，但也要求及时地处理。

（8）按文件的作用分，文件分为指导性文件和非指导性文件。指导性文件均系上级领导机关对下级机关发的带有对全局或整个系统工作起指导作用的文件，例如命令（令）、决定、条例、办法等文种类型的文件。其中，命令（令）和决定等又称指令性文件。上述范围之外的文件类型就是非指导性文件。

（9）按文件的内容区分，文件区分为公安文件、计划文件、外事文件、教育文件等。这种区分方法，往往是根据文件涉及的行业和内容进行区分，便于实际事物的开展。

（10）按文件的载体分，可把文件区分为数字文件和模拟文件。数字文件主要是以数字形式生成的文件，例如当代的电子公文。模拟文件包括纸质文件和非数字化的文件，后者包括用模拟信号记录的音像文件。

（11）按文件的文种分，文件分为报告、请示等多种，详见本书第三章的介绍。

显然，以上分析只是从不同角度认识文件的属性，从而有助于认识公文的本质属性，便于文件的管理。

第三节　公　文

一、公文的定义

（一）工具书及法规的定义

《现代汉语词典》（第 5 版）对"公文"一词的定义为：机关相互往来联系事务的文件。[①]

国务院颁布的《国家行政机关公文处理办法》第二条曾对行政机关的公文定义为："行政机关的公文（包括电报，下同）是行政机关在行政管理过程中所形成的具有法定效力和规范体式的文书，是依法行政和进行公务活动的重要工具。"[②]

中共中央办公厅颁布的《中国共产党机关公文处理条例》第二条也曾对党

---

① 中国社会科学院语言研究所词典编辑室. 现代汉语词典（第 5 版）［M］. 北京：商务印书馆. 2005.

② 国务院. 国家行政机关公文处理办法［S］.

的机关的公文定义为："党的机关的公文，是党的机关实施领导、处理公务的具有特定效力和规范格式的文书，是传达贯彻当的路线、方针、政策、指导、布置和商洽工作，请示和答复问题，报告和交流情况的工具。"①

2012 年颁发并实施的《党政机关公文处理工作条例》对党政机关公文进行界定。党政机关公文是"党政机关实施领导、履行职能、处理公务的具有特定效力和规范体式的文书，是传达贯彻党和国家方针政策，公布法规和规章，指导、布置和商洽工作，请示和答复问题，报告、通报和交流情况等的重要工具。"这是关于党政公文的最新表述。

部队公文也有一定的界定。《中国人民解放军机关公文处理条例》第二条对军队机关的公文定义为："军队机关公文，是军队机关处理公务中形成的具有法定效力和规范体式的文书，是军队机关履行职能的重要工具。"

可见，工具书侧重于从文件的角度描述公文，而相关法规则主要从公文的工具角度进行解释。

（二）学者的定义

对于"公文"的定义，学者们各抒己见。以下是典型表述：

徐望之的《公牍通论》："公文者，为意思表示于一定程式之文书也。"②这一界定既强调了公文与文书的关系，也突出了公文的程式性。此后，尤其是近三十年来，出现了不少关于公文定义的探讨，例如：

王健的《文书学》："公文是机关、团体、企事业单位及其他社会组织（以下简称机关）在处理公务活动中形成和使用的具有法定效力和规范体式（包括公文的文体和格式）的各种形式和载体的文件材料。它是机关之间、机关与群众之间，以及机关内部用来记述情况、表达意图、联系工作、处理公务的依据，是国家管理政务的一种重要工具。"③

韩英等合著的《文书学》："公文是当党政机关、企事业单位、法定团体等组织在公务活动中形成和使用的书面材料。"④

张煜明的《简明文书学教程》："公务文书简称公文，是国家机关、社会团体、企事业单位在公务活动中形成和使用的文书，它又可以分成两类，一类是通用公文，另一类是专用公文。"⑤

---

① 中共中央办公厅. 中国共产党机关公文处理条例 [S].

② 徐望之. 公牍通论 [M]. 北京：商务印书馆. 1931.

③ 王健. 文书学 [M]. 北京：中国人民大学出版社，2005.

④ 韩英，丁志超，赵爱国. 文书学 [M]. 济南：山东大学出版社，2001.

⑤ 张煜明. 简明文书学教程 [M]. 武汉：武汉大学出版社，1998.

松世勤的《文书学》（第三版）："公务文书通常又叫公务文件，或者简称为公文，文件，所指的都是机关办公时使用的各种收发文件、电报、报表、会议文件、调查材料，以及各种记录，登记表册等。如果用一句话概括起来回答，什么是公务文书呢？公务文书是法定机关与组织按照特定的体式，经过一定处理程序制成的书面文字材料，作为传达意图、办理公务与记载工作活动的一种工具。"①

郭建平的《现代文书学》："公文是党政机关、企事业单位、群众团体在处理公务活动时（即进行管理、联系事项、记载活动）形成的具有法律效力和规范体式的文字材料。"②

韩英的《现代文书学》指出："公务文书是党政机关、企事业单位、法定团体等组织在公务活动中形成和使用的书面材料。"③

郝全梅的《实用文书学》："公文，是指公务活动中形成和使用的文书，或者说处理公务所使用的文书称为公文。"

松世勤的《文书学基础》（修订本）："公务文书是机关、团体、企业、事业单位（以下统称机关或机关团体）在公务活动中形成和使用的文字材料。它是机关之间、机关与人民群众，以及机关内部用来记述情况、表达意图、联系工作、处理公务的文字依据，是国家管理政务的一种重要工具。"④

郭建平的《现代文书学》："公务文书，简称'公文'。公文是统治阶级用来发号施令、管理政务、记录情况、联系事务、实现其政治目的的一种工具。"⑤

纵观以上对"公文"的定义，主要包含以下几个要素：

（1）公文发布主体：党政机关、企事业单位、法定团体等。

（2）公文发文目的：管理政务、记录情况、联系事务、办理公务、实现其管理目的。

（3）公文收发方式：以文字、图形、声像等形式制作，通过收发文件、电报、报表、会议文件、调查材料，以及各种记录、登记表册等方式实现。

（4）公文格式：具有法定格式。

（5）公文本质属性：现实执行性的文书。

---

① 松世勤. 文书学（第三版）[M]. 北京：首都师范大学出版社，1995.
② 郭建平. 现代文书学 [M]. 沈阳：辽宁大学出版社，2002.
③ 韩英. 现代文书学 [M]. 青岛：青岛出版社，2002.
④ 松世勤. 文书学基础（修订本）[M]. 北京：中国人民大学出版社，1996.
⑤ 郭建平. 现代文书学 [M]. 沈阳：辽宁大学出版社，2002.

综上所述，公文可以定义为：党政机关、企事业单位、法定团体等以文字、图形、声像等为载体，经过法定格式的形式制作与收发，以实现管理政务、记录情况、联系事务等目标，具有现实执行性的公务文书。

二、公文的性质

公文作为机关团体、企事业单位等依法成立的社会组织用来办理公务，具有一定格式的公务文书拥有特定的性质。

（一）政治性

历史上，公文是统治阶级通过国家执政机关，管理国家、施行阶级统治的一种重要工具，是统治阶级意志的体现。现在，公文是各级党政机关施行领导与管理，传达贯彻党和国家的方针、政策，办理各项公务的重要工具，是党和国家路线、方针、政策的具体体现，也是劳动人民根本利益的基本体现。

（二）权威性

国家行政机关是国家权力的执行机关，依法行政是其贯彻依法治国方略的基本要求。首先，我国的公文都是以党和国家各级机关、法定团体、企事业单位及其负责人的名义，根据党的组织原则和国家立法制定的，具有法定性；其次，公文是行政机关执行国家权力的重要方法和途径，一经发出就必须认真贯彻执行。在法定的职权范围内，公文具有很大的权威性，下级机关对于公文内容必须严格遵守、坚决执行。

（三）实用性

公文是人们在生产、工作、学习、生活实践中，用来办理实际事务、处理实际问题，有直接应用价值的一种工具性文书。例如，上级对下级的请示公文进行研究后作决策，下级对上级的批复认真贯彻执行，平级或者不相隶属机关之间通过公文进行商洽和联系等。"直接的应用价值"，或者"现实执行性"，是公文产生与不断发展的根本原因，是公文的价值所在、生命所在，也是它区别于其他体裁的说明文的最重要的本质特征。

（四）严肃性

公文是党和国家管理政务、企事业单位开展工作的基本工具。公文反映了发文机关的利益和意图，是发文机关的喉舌，也是收文机关办事的依据。公文自产生之日起便具有严肃性。这种严肃性不仅体现在公文的制作形式上，例如文头、印章，也体现在公文的内容方面。

（五）真实性

公文所反映的情况都必须是确凿的，包括机构、事务、人名、数字等信息均不得虚构。同时，公文的"现实执行性"特征要求公文在执行过程中反映实际情况，从实践中来，到实践中去。

（六）程式性

公文具有统一规定的种类和格式，从内容到形式均应符合相关的国家标准。各种公文文种的适用范围、机关之间行文关系、行文方式以及公文的处理管理程序等方面都有严格的规定，这不仅反映了机关之间的关系，而且是维护公文权威、保持公文严肃性的重要手段，同时也是显示公文基本内容、重要程度和作用范围的有效方式。

（七）时效性

公文解决的问题通常具有时效性，就其现实效用来说，时间长短不等，有的可长达几十年，有的时间很短。公文针对的对象被要求在一定时期内对公文内容所要求事件做出反应，若错过时间则可能造成事务失效，甚至造成不可逆转的损失。公文的这种效用其实就是公文时效性的体现。公文的现行效用结束后会沿着不同的路径运行，一旦归档，则体现为一定的档案价值，例如凭证价值、参考价值等。

另外，公文还具有保密性、指导性、行政性、机要性等特点。当然，这些特点并不是所有公文都具有的，往往是针对某些类型的公文。

三、公文的种类

中华人民共和国成立后，公文的类型多次发生了变化。最早的公文类型见诸 1951 年中央人民政府政务院颁布的《公文处理暂行办法》。该办法规定了 7 类 12 种公文，即报告、鉴报；命令；指示；批复；通报、通知；布告、公告、通告；公函、便函。

1957 年，国务院秘书厅对上述《公文处理暂行办法》中规定的公文名称进行了调整，形成了 7 大类 12 种公文：命令、令；指示；报告、请示；批复、批示；通报、通知；布告、通告；函。

1981 年，国务院办公厅颁布了《国家行政机关公文处理暂行办法》，将行政机关公文类型改为 9 类 15 种，即命令、令；指令；决定、决议；指示；布告、通告、公告；通知；通报；报告、指示；批复；函。

1987 年，《国家行政机关公文处理办法》再次进行了调整，公文文种调整为 15 种：命令（令）、指令；决定、决议；指示；布告、公告、通告；通知；通报；报告；请示；批复；函；会议纪要。

2000 年，国务院颁布了《国家行政机关公文处理办法》（国发〔2000〕23号），规定国家行政机关的公文种类为 13 种：①命令（令）；②决定；③公告；④通告；⑤通知；⑥通报；⑦议案；⑧报告；⑨请示；⑩批复；⑪意见；

⑫函；⑬会议纪要。

与此同时，中国共产党机关公文处理办法经历了一个相对稳定的使用时期。例如，1996年5月3日中共中央办公厅发布的《中国共产党机关公文处理条例》（中办发〔1996〕14号）规定了共产党机关公文种类有14种，分别是：①决议；②决定；③指示；④意见；⑤通知；⑥通报；⑦公报；⑧报告；⑨请示；⑩批复；⑪条例；⑫规定；⑬函；⑭会议纪要。该条例执行至2012年6月底。

2012年4月16日，中共中央办公厅、国务院办公厅联合发布《党政机关公文处理工作条例》，规定了党政机关公文种类主要有：①决议；②决定；③命令（令）；④公报；⑤公告；⑥通告；⑦意见；⑧通知；⑨通报；⑩报告；⑪请示；⑫批复；⑬议案；⑭函；⑮纪要。该条例已于2012年7月1日起开始施行，原有的文件中办发〔1996〕14号、国发〔2000〕23号停止执行。自此，原本分开的共产党机关、政府机关的公文处理办法及其文种设置得以统一。

四、公文的特点

公文是一种适用于机关团体、企事业单位联系与处理政务的独特文体，明显区别于其他文体。公务文书的特点在于它是出自特定的机关（包括机关团体、企事业单位等），表达作者政治目的，具有特定体式和处理程序且要求现时执行的法定文件。具体说来，公文具有如下特点：

（一）有特定的制作者与接收者

公文必须有法定的作者，即依法成立并能以自己的名义行使职权和承担义务的组织或担负一定职务的负责人，如党政机关、企事业单位或法定团体等。这些法定作者根据自己的职能和权限制发公文。如公文《××市统计局关于改革区县GDP核算方法的请示》中表明了该文件的特定制作者是××市统计局，而《国务院关于同意建立促进中部地区崛起工作部际联席会议制度的批复》则指明了接收者。

（二）有较强的政策性

公文作为机关的喉舌，代表机关及其法定的权威，作为处理工作的依据，是党政机关上传下达、左右联系的工具，为制定和贯彻执行党和国家的方针、政策服务。任何公文，包括通用公文、常用公文和专业公文，都体现着一定的政治和政策，即使这种政治、政策有时并不需要用文字明确写出，却仍存于文件的某种内在逻辑联系之中。如公文《关于贯彻落实十七届六中全会精神做好财政支持文化改革发展工作的通知》的目的则为贯彻落实十七届六中全会精神，健全和完善促进文化改革发展的财政政策保障机制，确保全会提出的目标任务和政策举措施落到实处。

（三）有特定的体式和处理程序

由于公文具有法定的效用，代表它的制发机关的法定权威，为了维护公文的严肃性及其合法效用，保证公文运转、处理的有序、便捷与严密，国家统一规定了文种、体式以及公文处理程序和制度等。文件的制作和生效必须符合规范和法定程序，任何机关或团体都不得违背。伴随着电子时代的来临，在电子化环境中，公文的处理程序随之发生了变化，无论是公文的形成、办理、归档、保管、利用或销毁都离不开电子环境，文档一体化业务流程显示了电子公文处理的程序，也是公文体式与处理程式在信息时代的体现。

（四）有现时的执行效用

公文的现行效用也称时效性或现时执行效用，包含了两个方面的基本含义：①公文一经制发，就必须认真贯彻执行，使公文真正发挥出其自身的权威性和指导作用。②公文具有现时指导性，即能够指导当下或今后一段时间内的工作。任何公文都不可能永久有效。公文的现时执行性是所有公文的共性。针对某份具体公文而言，则需要看公文的内容及其涉及的时间，其时效长短不完全一样，也没有统一期限。

五、公文的作用

关于公文的作用，相关的政策性文件中给予了说明：

国务院办公厅 1993 年 11 月发布的《国家行政机关公文处理办法》中指出："行政机关的公文（包括电报，下同）是行政机关在行政管理过程中所形成的具有法定效力和规范体式的公务文书，是传达贯彻党和国家方针、政策，发布行政法规和规章，施行行政措施，请示和答复问题，指导、布置和商洽工作，报告情况，交流经验的重要工具。"

中共中央办公厅 1996 年 5 月颁布的《中国共产党机关公文处理条例》指出："党的机关的公文，是党的机关实施领导、处理公务的具有特定效力和规范格式的文书，是传达贯彻党的路线、方针、政策，指导、布置和商洽工作，请示和答复问题，报告和交流情况的工具。"

学者们也探讨了公文的作用。例如，松世勤将公文的作用概括为法规作用、书面领导与指导作用、公文联系作用、宣传教育作用、凭证和记载作用等五个方面①。张煜明将公文的作用概括为传达作用、联系作用、凭据作用三个方面②。综合上述观点，公文的突出作用体现在如下方面：

（一）法规约束作用

自从有了成文法以后，古今中外，各种法律、法规都是以公文的形式制定和发布的，法规包括法律、法令和行政法规。首先，公文是法律规范的体现形式，而法律规范是人们的行为准则；其次，法规文件是我们进行各项工作、开展各项活动的基本依据。公文，从形式到内容，都对机关、单位甚至个人的行为起到了约束作用。

（二）联系知照作用

公文是机关、团体、单位联系公务、沟通信息的一个重要渠道。同一系统或不同系统的各级各类机关、团体、单位都经常利用公文相互联系有关事宜，商洽工作，协调处理问题。因此，公文可以做到上情下达、下情上送，使下级机关及时了解党和国家的方针、政策和上级对各项工作的部署，上级机关及时、准确地了解群众的意见和要求，对工作中出现的新情况、新问题及时掌握并进行决策。

（三）凭据记载作用

公文常常是主体意图、决策的载体，因而它往往是执行公务、安排工作、解决问题、办公办事的依据。公文上组织机构的负责人签字，或印章，或介绍性、证明信、工作证等，都是办事的凭证。协议、合同等，一旦经过双方签定，可以证实彼此许诺承担的责任和义务，作为日后查考的依据。公文又是公务活动的真实记录和历史见证，在现实效用消失后，仍具有历史效用和档案效用。

以上是公文所具有的普遍性的作用。如果从公文的内容上看，公文还具有一些作用，例如，公文的领导指导作用。公文是上级机关对下级机关的工作进行领导和指导的一种工具，一定程度上规定了有关机关、团体和单位的办事准则和行为规范。从中央到地方的各级党政机关，在各自的职权范围内，常通过制发公文来传达党和国家的路线、方针、政策，传达领导意图、决策，实施领导职能，布置、指挥、指导工作。再如，公文的宣传教育作用。公文通过宣传、教育使广大干部、群众了解和掌握党和国家的方针，政策和工作部署，从而提高工作的自觉性。机关、团体、单位常常利用下行公文、会议报告、专题讲话等公文，宣传形势，宣讲政策，提出任务，以动员群众，提高认识，统一

---

① 松世勤. 文书学基础（修订本）［M］. 北京：中国人民大学出版社，2007.

② 张煜明. 简明文书学教程［M］. 武汉：武汉大学出版社，1998.

思想，推动工作。同时，也通过公务信息、调查报告、议案、提案等公文对各级领导机关和领导人的工作进行舆论监督，促使工作高效、连接地进行。

第四节　文书、文件、公文的联系与区别

对于文书、文件、公文的联系和区别，学术界百家争鸣，各抒己见，出现了不同的看法。纵观各派观点，对此问题的认识主要集中于以下几种意见：

第一种意见认为文件、文书与公文的意思基本相同。例如，郑崇田在《文书学入门》一书中阐明了自己的观点："我们平常所说的文书，就是国家机关、团体、企事业等单位在其实践活动中以一定形式形成的文件、讲话稿、记录、电报、简报和报表等各种文字材科，又统称文书材料，有时也简称为文件。"①

第二种意见认为，虽然目前文件、文书、公文三个名词概念的定义尚未确定，但在实际工作的应用中，三者的内容既有联系又有区别，有时相互交叉，有时相互包含。其中任何一个名词被使用时，他人究竟作何理解，全凭名词所处的语言环境及人们约定俗成的一般印象的制约。如冯伯群在《论文件的本质与特点》一文中，对文件、文书、公文做了以下解释："'文书'一词可视为偏重于指出其为'文字'材料这样一种特点，而'文件'一词我们则可以赋予它泛指各种载体形式的意义。"② 王健在《文书学》进行过这样的分析："文书"与"文件"是两个十分相近的概念，其区别主要源于词源的产生历史与约定俗成的使用惯例。我国清代以前没有"文件"一词，故常把历史上形成的文件称为"文书"，而当代形成的多称"文件"（特别是新型载体，如电子文件）；此外，由于"文书"一词使用较早，因而产生出一些引申含义，如可指代从事相关工作的人员，我国军队系统中至今仍沿用"文书"这种职业称谓。③

第三种意见认为，公文是文书的一部分，所有的公文都是文书，而作者具有官方身份性质的特别文书才是公文。文件的概念有狭义、广义之分，狭义的文件指正式发出的具有国家标准规定的格式化公文，即红头文件。广义的文件是指有关实际事务活动的系统信息书面记载。例如，岳海翔在《公文中常用易

---

① 郑崇田. 文书学入门 [M]. 长春：吉林人民出版社. 1981.
② 冯伯群. 论文件的本质与特点 [J]. 档案学通讯，1989（6）.
③ 王健. 文书学 [M]. 北京：中国人民大学出版社，2005.

混术语释析》一文中指出："'文书'的外延最大，它既包括各种法定的社会组织在处理公务过程中所形成的公务文书，也包括个人和宗族在处理自身事务过程中所形成的私务文书（或称家用文书）；'公文'的外延次之，它是指文书中的'公务文书'，包括党和国家公文法规中规定使用的文种（最新使用的有18种）以及除此之外用于处理日常事务性工作所使用的全部文种（又称机关常用文）；'文件'的外延最小，它一般仅指'公文'中的18种法定文种。"① 很明显，作者在对"文件"的定义中采用的是狭义文件的定义方式。

　　第四种意见认为，公文是文件中正规化、标准化程度最好的一个层次，文件是大于公文的，而文书的范畴又大于文件。徐望之在《公牍通论》中写道："公文者，为意思表示于一定程式之文书也。"② 潘佳主编的《中国文书工作史纲要》中提到："文书包括公务文书和个人文书。公务文书，统称为公文。它是统治阶级在管理国家、处理政务时用来颁布法律、传达政策法令、请示问题、报告情况、联系工作、商洽事务、制订计划以及记载各种活动等的一种工具。"③ 周振华编著的《文件学》中绘制了文书、文件、公文的层次图④，见图2-1。

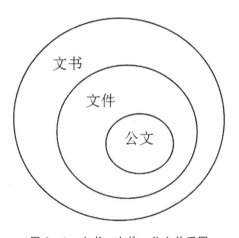

图 2-1　文书、文件、公文关系图

　　图2-1中，"第一层次的属各种公文，是国家、政党规定的各种正规的上行文、下行文、平行文，包括各种法律文件、外交文件等，它们是文件的核心

①　岳海翔. 公文中常用易混术语释析［J］. 办公室业务，2002（6）.
②　徐望之. 公牍通论［M］. 北京：商务印书馆. 1931.
③　潘佳. 中国文书工作史纲要［M］. 北京：档案出版社，1985.
④　周振华. 文件学［M］. 扬州：广陵书社，2007.

部分，正规性、通用性最强；第二层次是省略了某些格式的文件，如领导人讲话、调查报告、总结、规划等，这也是比较正规的文件，也是管理公务必不可少的工具。上述两个层次圈的总和，统称为文件。公务文书是法定组织内直接用于公务的几乎所有的文字材料，公务文书除文件所包括的外，还包括法定组织的各种统计会计账册、介绍信、证明材料和各种便条等应用性文字材料，这就是第三个层次圈"。

第五种意见认为：文书、公文、文件就其外延来看，文件的外延比文书的外延大，文书的外延比公文的外延大。周耀林等在《文书学教程》中指出：文件的概念十分模糊，一般来说，包括公文、私人文书及其他记录材料，在我国，既指公文、信件之类，又是计算机的专有名词，比文书和公文的概念更为广泛。文书只是多有档案材料中的一部分，公文又只是文书的一部分①。

对于文书、文件、公文三者之间的关系，笔者认为三者既有区别又有联系。三者的相同之处表现在以下四个方面：

（一）内容方面

文书、文件、公文三者均反映一定的社会活动，为达到一定的目的制成或发布的。

（二）体式方面

文书、文件、公文三者都有特定的体式要求，以达到相互便利沟通的目的。

（三）主体方面

文书、文件、公文三者发布主体均较为广泛，且具有相同的方面，即党政机关、社会团体、各企事业单位等。

（四）用途方面

文书、文件、公文三者用均广泛地应用于社会生活的各个领域，涉及从国家管理、生产建设、政治军事、经济科研领域，到社会日常生活、人与人的交往等各个方面。

针对机关工作中尚且存在的文书、文件和公文三个概念同时使用的情形，一般而言，它们的基本含义是相同的，都是指党政机关、社会团体、企事业单位在工作活动中形成和处理的收来文件、发出文件以及机关内部所使用的各种不同形式、不同载体的材料。从这个角度出发，文书、文件和公文三者之间可以相互替换。

---

① 周耀林，张煜明，任汉中. 文书学教程［M］. 武汉：武汉大学出版社，2009.

文书、文件、公文毕竟是三个不同的概念，三者之间也存在一些差异，主要表现在以下几个方面：

（一）历史根源

文书、文件、公文三者产生的时间不同。文书一词产生于西汉，公文一词产生于东汉末年，文件一词产生于晚清。词汇的使用是变化的，在不同的时代使用的习惯不同，往往也有些内涵方面的差异。古词（尤其是概念性的词汇）一旦产生，在新词没有产生之前，则会一直沿用。即使是其他的替代性词汇产生了，也会由于习惯而沿用。例如，清代以前没有"文件"的概念，人们习惯把历史上形成的文件称为文书。当代，国际上"文件"是一个通用的概念，人们又常常把当代的文书称为文件。

此外，随着时代的不断发展，三者的涵义有了延伸和发展。如文书除了特指一种信息记录外，还可以指从事此项工作和职业的人，至今在我国军队及部分机关和企事业单位中仍沿用[①]。文件、公文则没有这方面的涵义，这也构成了三者的区别。

（二）行文习惯

文书、公文、文件的内涵有很多相似之处，但在有些用法上却有着公认的习惯的用法。例如，文书是个集合名词，是概括各类文书材料的泛称，不指单份或几份公文材料。因此，通常说文书材料、文书工作、文书档案，而不说这份文书、那几份文书、党的文书、政府文书。单份或几份具体的文书材料，一般称作文件，如中央文件、省政府文件，或者一份文件、两份文件等。

文书、文件、公文三者共存的情形是存在的。1951年颁布的《公文处理暂行办法》、1957年公布的《国务院秘书厅关于对公文名称和体式的几点意见》、1981年颁布的《国家行政机关公文处理暂行办法》、1987年颁布的《国家行政机关公文处理办法》等，都没有用"文件"或是"文书"二字来代替"公文"二字而称之为"文件处理办法"、"文书处理办法"。再如，将一份公文称作一份文书或一份文件（中共中央公文、国务院公文分别称作中共中央文件、国务院文件）；将公文处理称作文书处理或文件处理；将公文材料称作文书材料或文件材料；把公务文书工作称作文书工作，把公务文书的立卷、归档称作文书立卷、归档，把公务文书学称作文书学。[②]

（三）概念外延

不少学者对文件、文书、公文三者的外延问题提出了自己的见解，形成了

---

① 王健. 文书学［M］. 北京：中国人民大学出版社，2005.
② 张煜明. 简明文书学教程［M］. 武汉：武汉大学出版社，1998.

百家争鸣的局面。究其实质，不同意见的分歧主要集中于对文件的理解差异之上。笔者认为，分析三者的外延，不能简单将"文件"当做一个整体，而应将其分为"广义文件"和"狭义文件"两类，分别考虑，鉴于此，笔者认为几者之间的外延关系为：广义文件＞文书＞公文＞狭义文件，关系见图2—2。

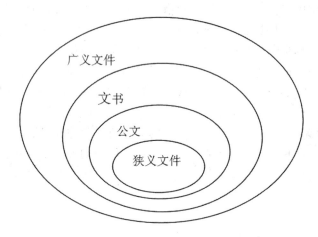

图2—2　文书、文件、公文关系图

图2—2中，各个概念之间的关系是这样的：

狭义文件包含两层含义：其一，专指公文文件，将文件的形成者限定为"党委系统"、"政府部门"或"公共机构"，将私人文件排除在外，强调文件具有法律约束力，强调文件的"证据效力"或"行政效力"。其二，专指现行文件，将文件限定在整个文件生命周期中的某一特殊阶段，即发挥现行效用的阶段，将其后续的档案阶段摒除在外。

公文则包含了除了狭义文件范畴之外非现行部分。无论是现行或半现行、非现行文件，只要是国家机关、社会团体、企业事业单位在公务活动中形成和使用的文书均可列入其中。

文书包括公务文书（公文）和私人文书两部分。除了公共机构形成的公务文书外，个人、家庭、宗族在处理私务时形成和使用的文书，如手稿、证书、书信、契约、日记、自传、家谱、遗嘱等私人文书也在文书范畴。

广义文件形成者不再局限于特定的范畴，而是涵盖了所有的公私机构、组织和个人；外延覆盖了文件的整个生命周期，既包括现行文件也包括已转化为档案的历史文件；文件的类型和载体几乎无所不包，如文字材料（如手稿、某些印刷品等）和其他记录媒介（如录音档案、机读档案、图纸档案材料等）；文件定义的属概念大多采用"信息"或"信息记录"，突出文件的信息属性，将文件管理纳入更为广泛的信息管理领域。另外，文件也是计算机行业的专有名词，意思是：①指若干个相关的记录构成的集合，若干个项目构成一个文件；②磁带、纸带、卡片上存储的内容。这样看来，广义文件比文书的涵盖面更加广阔，如电子文件属于广义文件范畴，却不属于文书。

第三章 公文类型

公文类型可以从不同的角度加以理解。例如，从时间角度看，公文可以分为古代公文、近代公文和现代公文；从载体角度看，公文包括纸质公文、电子公文；从记录方式角度看，公文分为数字公文、模拟记录公文；从文种角度看，公文包括命令（令）、通知、通告、请示等。了解公文的历史演变，熟悉当代公文类型，是公文管理所涉及的基本内容之一。

第一节 古代公文类型

上古时期，大约从我国红山文化时期（公元前 3200 年）到五帝晚期（公元前 2100 年），是我国公文的起源时期。据《后汉书·祭祀志》所载"自五帝始有书契"以及《周礼·春官·大宗伯》"外史，掌书外令，掌四方之志，掌三皇五帝之书"可以推断，周朝时尚有五帝时期的文书传世。

殷商时期国王在处理事务前，都要用甲骨进行占卜，事后将所问之事契刻于甲骨之上。因此，甲骨文书可以认为是统治者进行占卜活动的记录，是一种公文记录。孔子所辑《尚书》，汇编了黄帝之后尧舜禹到夏商周、尤其是西周初期的公文和史料。其中所记载的公文文体主要有六种：典、谟、训、诰、誓、命。

到了春秋战国时期，又出现了命书、符节、上书、语书、遗书、盟书等形式的公文，推动了公文的多样化发展。

秦汉公文是我国封建公文的确立时期。秦始皇二十六年（公元前 221 年），中国公文史上第一次由最高统治者明文规定了公文文种，同时严格规定了使用范围。据《史记·秦始皇本纪·李斯议》："臣等昧死上尊号，王曰'泰皇'，命为'制'，令为'诏'，天子自曰'朕'。帝曰：去泰，著皇，采上古帝位号，号曰皇帝。"同时还规定制、诏两种公文文种只有皇帝才可以使用，臣属们向皇帝上书、呈文统称奏，制与诏为诏令文书，奏与议为章奏文书。汉朝蔡邕在《独断》上卷中讲："凡天子命令，一曰策书，二曰制书，三曰诏书，四曰戒书。"又及："凡群臣上书天子者，一曰章，二曰奏，三曰表，四曰驳议。"总体看来，汉代的文书可分为诏令文书、章奏文书、官府往来文书三大类。其中诏令文书有策书、制书、诏书、戒书、丹书铁券几种形式；章奏文书有章、奏、表、议几种形式；官府往来文书有书（含报书、举书、除书、遣书、移书等）、檄、记、传（符）、教等多种形式。

魏晋南北朝时期文书的体式已经比较健全，关于文体演变与撰写的经典著作也比较多，尤以刘勰的《文心雕龙》、萧统的《文选》最为著名。《文心雕龙》全书共五十篇，其中有二十篇是专门论述文体及其源流的，它记载了诏策、檄移、封禅、章表、奏启、议对、书记等多种类型的公文。《文选》记载了诏、册、令、教、文、表、上书、启、弹事、奏记、书、檄等公文形式。此时，公文的名称、使用范围、行文方式、书写用语、结构程式等都有了具体的规定，初步形成了上行文、平行文、下行文三种公文类型。

隋唐至明清，公文沿袭汉魏，变得越来越完备，上行文、平行文、下行文等公文类型不仅得以固定，而且文体类型也越来越丰富，见表3—1。

表3—1　　　　　　　　　魏晋南北朝至明清时期公文主要类型

时期 类型	魏晋南北朝	隋唐	宋元	明清
上行文	笺、牒、启、章、奏、表	表、状、笺、启、辞、牒	劄子、状、书、表、封事、笏记	题本、奏本、表笺、启、讲章、书状、文册、揭贴、制对、露布、译、事本、咨呈、申状、呈状、牒呈、亲呈、奏折、表文、笺文、黄册、舆图、诗文
平行文	移、刺	关、移、刺	牒、关、咨报、密白、札付、咨付、今故牒、指挥	平咨、平关、平牒、咨文、照会、手本、揭贴、移会、禀文、呈文、函札、片行
下行文	令、符、教、告、牓、板	制、敕、册、令、教、符	册、制、敕、诰命、口宣、诏书、敕、御札、敕牓、宣命	诏、诰、制、敕、册、谕、书、符、令、檄、照会、札付、下帖、故牒、廷寄、电旨、金榜、档簿

除了上述公文类型外，还有一些专用文书。例如，魏晋南北朝时期的户

籍、记账、券契、檄、露布、状、列、辞等专门文书文种；隋唐时期的批、奏抄、奏弹、露布、牒子、熟状等文种，以及起居注、时政记、甲历、手实、记账等；明朝出现了赋役皇册、鱼鳞图册、军册和贴黄等专用文书。及至清代，专门文书更加细化，如赤励、费册、会计册、奏口册、进奉帐、地方帐等钱粮专用文书，官契、民契、合同、执照、护照、股票、度牒、各类邮府等契约凭证文书。这些都是公文多样化发展的具体体现。

第二节　近代公文类型

近代公文类型主要是国民党时期的公文，这是综合性档案馆资源的重要组成部分。

孙中山领导成立的南京临时政府废弃了封建文书制度，颁布了民国时期第一个公文程式。之后政局多变，各个政权建立后，都颁布了自己的公文程式，公文名称亦时有补充和变化。1912年初颁发的公文程式共设置了令、谕、咨、呈、示、公布、状等7个通用文种。随后因为政务实践的需要，在内务部回复江宁巡警厅对引用公文程式质疑的函件中又增加了批和照会2个文种。袁世凯上台后，在临时政府公文程式的基础上进行修改、补充，新的公文程式共设置了大总统令、院令、部令、布告、任命状、委任令、训令、指令、处分令、咨、公函、呈、批13个通用文种。此后，袁世凯曾对公文程式进行了修改，共设置了策令、申令、告令、批令、咨、封寄、交片、咨呈、公函、呈、详、饬、咨陈、示、批、禀16个通用文种。国民政府成立以后，于1927年8月13日公布了第一个公文程式，共设有令、通告、训令、指令、任命状、呈、咨、咨呈、公函和批答10个通用文种。另外，民国时期电报和代电成为当时处理政务、指挥军事不可或缺的工具；还出现了一些新型的通用文体，如条例、规程、章程、细则、纲领等法规性文书以及一些外交、司法、会计、统计、人事等专业文书。

第三节　当代公文类型

中华人民共和国成立后，公文成为国家管理公务活动的重要工具，党和政府十分重视公文制度的建设，吸取了解放区文书工作的经验，改革了旧政府的文书制度和办法，逐步建立了统一的新的文书制度。随着时代的发展和公务活动的需要，国家行政机关公文种类和功能的发展演变主要有七次。

第一次是 1951 年 9 月，中央人民政府政务院颁布《公文处理暂行办法》，当时规定公文有 12 种：报告、签报、命令、指示、批复、通报、通知、布告、公告、通告、公函、便函。

第二次是 1957 年 10 月，国务院发布《国务院秘书厅关于公文名称和体式问题的几点意见（稿）》，对 1951 年《暂行办法》中的公文类别进行了修改，仍是 12 种，但各类别的内容有变化，减去了"签报"、"公告"，将"公函、便函"合而为一，增加了"令"、"请示"、"批示" 3 个文种，对公文种类的排列次序也作了调整，依次为：命令、令、指示、报告、请示、批示、批复、通知、通报、布告、通告、函。

第三次是 1981 年 2 月，国务院办公厅颁布《国家行政机关公文处理暂行办法》，对公文种类作了增删，由 12 种增加为 15 种，减去了"批示"，增加了"指令"、"决定"、"决议"，恢复了"公告"，公文种类的排列依次为：命令、令、指令，决定、决议、指示、布告、公告、通告、通知、通报、报告、请示、批复、函。

第四次是 1987 年 2 月，国务院办公厅印发《国家行政机关公文处理办法》，该办法对公文种类修改不多，把"命令、令"合并为一种，新增了"会议纪要"。文种为 15 种。

第五次是 1993 年 11 月，国务院办公厅修订《国家行政机关公文处理办法》，把机关公文分为 13 种，取消了"决议"、"布告"，增加了"议案"，把"请示"、"报告"分为两类。

第六次是 2000 年 8 月，国务院发布《国家行政机关公文处理办法》，把机关公文分为 13 种，取消了"指示"，增加了"意见"，将"公告"、"通告"分为两类。

最近的一次是 2012 年的公文改革，2012 年 4 月 16 日，中共中央办公厅、国务院办公厅颁布了《党政机关公文处理工作条例》，该条例自 2012 年 7 月 1 日起实施。2000 年开始实施的相关办法中规定的公文种类为 13 种，新《条例》中规定公文种类为 15 种，增加了"决议"和"公报"，同时将"会议纪要"改为"纪要"。此前，党委系统、政府机关的公文处理办法分别执行独立的标准，合计 18 个文种，至此，党委、政府的公文文种及其处理办法也进行了统一。

由于公文所反映的社会现象是极其纷繁复杂的，为了保证机关公文处理工作有秩序、高效率地进行，就必须从分析和研究机关公文的性质、特点和作用入手，对机关在日常工作中所使用的公文进行科学分类。这是人们认识公文这一事务并探求其科学规律的一种有效的方法。常见的公文的划分方式主要是从公文的来源、行文关系、机关性质、密级时限、特点与效用等方面来划分的，见表3—2[①]。

表3—2   公文分类

分类依据	分类结果
文件来源	发文、收文、内部公文
组织机构类型	党委公文、政府公文、社会组织公文等
行文方向	上行文、下行文、平行文
内容性质	法规性公文、指令性公文、指导性公文、知照性公文、商洽性公文、报请性公文、记录性公文等
涉密程度	绝密公文、机密公文、秘密公文、普通公文
缓急程度	特急公文、紧急公文、普办公文
活动领域	通用公文、专用公文
常见载体	甲骨文书、泥版文书、贝叶文书、纸质公文等
记录方式	数字记录公文、模拟记录公文
具体内容	单一公文、复合公文
制发机关	单独制发公文、联合制发公文
规范程度	规范性公文、非规范性公文
形成机构	政府公文、学校公文、企业公文等
传阅范围	内部公文、公开发布公文

为了使公文的分类与国家的规定相一致，最好的办法是按照公文的性质及其使用范围划分，按此标准，我国现行的公文可分为通用公文、专用公文两大类。另有学者按此标准将公文分为通用公文、事务公文和专用公文三大类，这种分法也有一定道理。事务公文尽管在法律效力与格式等方面与狭义的通用文书（即行政公文）有所不同，但是如果从使用范围上来讲，将事务公文归为通用公文更合理一些。

公文的基本分类可以表述为：

---

① 根据周耀林、张煜明、任汉中等编著《文书学教程》[M]（武汉：武汉大学出版社2009版）编写，表中内容略有变动。

$$公文 \begin{cases} 通用公文 \begin{cases} 行政公文：决议、决定、命令（令）等 \\ 事务公文：办法、章程、细则等 \end{cases} \\ 专用公文：经济公文、司法公文、科技公文等 \end{cases}$$

一、通用公文

通用公文是各级国家机关、社会团体、企事业单位的公务活动中普遍使用的公文。通用公文使用的实践表明，其使用范围较为普遍，常以文件的形式予以规定，各类文种有具体的名称、格式和用途，是得到广泛认可的文种形式，具有普遍的法律效力。中办发〔2012〕14号文件《党政机关公文处理工作条例》，是为了适应中国共产党机关和国家行政机关工作需要，推进党政机关公文处理工作科学化、制度化、规范化而制定的最新标准，故本章节内容以此为基准进行论述。

（一）行政公文

1.决议

中办发〔2012〕14号文件《党政机关公文处理工作条例》第二章公文种类中，"决议"的表述是："适用于会议讨论通过的重大决策。"

决议是指党的领导机关就重要事项，经会议讨论通过其决策，并要求进行贯彻执行的重要指导性公文。它体现了集体或集团的意志，具有无可辩驳的集体性，以及权威性、规范性。决议一般分为公布性决议、批准性决议和阐述性决议三种类型。决议的标题一般采用三要素齐全式，即"发文机关＋事由＋文种"，标题下面要写明会议名称及通过时间。正文由决议根据、决议事项和结语三部分组成。其中，决议根据一般简要说明有关会议审议决议涉及事项的情况，然后以"特作如下决议"引出决议事项；决议事项写明会议通过的决议事项，或对有关工作作出的部署安排和要求、措施；结语一般紧扣决议事项有针对性地提出希望、号召和执行要求。

[例]

中国共产党第十八次全国代表大会关于
《中国共产党章程（修正案）》的决议①

(2012 年 11 月 14 日中国共产党第十八次全国代表大会通过)

中国共产党第十八次全国代表大会审议并一致通过十七届中央委员会提出的《中国共产党章程（修正案）》，决定这一修正案自通过之日起生效。

大会认为，十六大以来，以胡锦涛同志为主要代表的中国共产党人，坚持以邓小平理论和"三个代表"重要思想为指导，根据新的发展要求，深刻认识和回答了新形势下实现什么样的发展、怎样发展等重大问题，形成了以人为本、全面协调可持续发展的科学发展观。科学发展观，是同马克思列宁主义、毛泽东思想、邓小平理论、"三个代表"重要思想既一脉相承又与时俱进的科学理论，是马克思主义关于发展的世界观和方法论的集中体现，是马克思主义中国化最新成果，是中国共产党集体智慧的结晶，是党必须长期坚持的指导思想。大会一致同意在党章中把科学发展观同马克思列宁主义、毛泽东思想、邓小平理论、"三个代表"重要思想一道确立为党的行动指南。大会要求全党同志更加深入地学习科学发展观，进一步增强贯彻落实科学发展观的自觉性和坚定性，不断完善贯彻落实科学发展观的体制机制，把科学发展观贯彻到我国现代化建设全过程、体现到党的建设各方面。

大会认为，中国特色社会主义道路，中国特色社会主义理论体系，中国特色社会主义制度，是党和人民长期奋斗、创造、积累的根本成就。全面建成小康社会，加快推进社会主义现代化，实现中华民族伟大复兴，必须坚定不移走中国特色社会主义道路。把中国特色社会主义制度同中国特色社会主义道路、中国特色社会主义理论体系一道写入党章，有利于全党深化对中国特色社会主义的认识、全面把握中国特色社会主义的内涵。大会强调，全党同志要倍加珍惜、长期坚持和不断发展党历经艰辛开创的这条道路、这个理论体系、这个制度，坚定道路自信、理论自信、制度自信，奋力夺取中国特色社会主义新胜利。

大会认为，建设生态文明，是关系人民福祉、关乎民族未来的长远大计。

---

① 中华人民共和国中央人民政府门户网站. 中国共产党第十八次全国代表大会关于《中国共产党章程（修正案）》的决议 [EB/OL]. http://www.gov.cn/jrzg/2012-11/14/content_2265770.htm, 2012-12-01.

必须把生态文明建设放在突出地位，融入经济建设、政治建设、文化建设、社会建设各方面和全过程，坚持生产发展、生活富裕、生态良好的文明发展道路，努力建设美丽中国，实现中华民族永续发展。大会同意将生态文明建设写入党章并作出阐述，使中国特色社会主义事业总体布局更加完善，使生态文明建设的战略地位更加明确，有利于全面推进中国特色社会主义事业。促进工业化、信息化、城镇化、农业现代化同步发展，是我国经济社会发展面临的重大课题，是全面建成小康社会的一项重大战略举措；发展更加广泛、更加充分、更加健全的人民民主，完善中国特色社会主义法律体系，是坚持走中国特色社会主义政治发展道路、积极稳妥推进政治体制改革、加强社会主义法治国家建设的客观需要；建设社会主义文化强国，加强社会主义核心价值体系建设，是推动社会主义文化大发展大繁荣、提高国家文化软实力的必然要求；构建社会主义和谐社会，必须保障和改善民生，使发展成果更多更公平惠及全体人民，加强和创新社会管理。将这些内容写入党章，丰富了社会主义经济建设、政治建设、文化建设、社会建设的内容，对全党同志更加自觉、更加坚定地贯彻党的基本理论、基本路线、基本纲领、基本经验、基本要求，全面推进社会主义市场经济、社会主义民主政治、社会主义先进文化、社会主义和谐社会、社会主义生态文明建设，团结带领全国各族人民不断夺取中国特色社会主义新胜利具有十分重要的作用。

大会认为，改革开放是强国之路，是新时期最鲜明的特点。我国过去30多年的快速发展靠的是改革开放，未来发展也必须坚定不移依靠改革开放。只有改革开放，才能发展中国、发展社会主义、发展马克思主义。把这方面内容写入党章，有利于全党更加深刻地认识坚持改革开放的重大意义，更加自觉、更加坚定地推进改革开放。

大会认为，十七大以来，随着党的建设实践发展，我们党对马克思主义执政党建设规律的认识不断深化，正视党面临的考验和风险，重视加强党的执政能力建设、先进性和纯洁性建设，整体推进党的思想建设、组织建设、作风建设、反腐倡廉建设、制度建设，全面提高党的建设科学化水平。根据实践发展，党的十八大提出建设学习型、服务型、创新型的马克思主义执政党的新要求。适应新的形势，全党要用邓小平理论、"三个代表"重要思想、科学发展观和党的基本路线统一思想、统一行动，切实做到求真务实，尊重党员主体地位，加强对主要领导干部的监督。大会同意把这些新成果、新认识、新要求充实到党章关于党的建设总体要求中，使党的建设的主线、总体布局、总体目标更加完善，有利于全面推进党的建设新的伟大工程。

大会认为，总结吸收近年来党的建设的成功经验，并与总纲部分的修改相衔接，对党章部分条文作适当修改十分必要。认真学习马克思列宁主义、毛泽东思想、邓小平理论、"三个代表"重要思想和科学发展观，是广大党员应尽的义务；积极创先争优，组织党员认真学习马克思列宁主义、毛泽东思想、邓小平理论、"三个代表"重要思想和科学发展观，是党的基层组织的基本任务；选拔干部要按照德才兼备、以德为先的原则，坚持五湖四海、任人唯贤；党要更加重视监督干部；党的各级领导干部要坚持原则，讲党性、重品行、作表率。把这些内容写入党章，有利于全党同志坚持党的指导思想、增强学习贯彻科学发展观的自觉性和坚定性；有利于更好坚持公道正派的用人作风、树立正确用人导向、提高选人用人公信度，促进干部健康成长；有利于推动干部队伍特别是主要领导干部进一步提高各方面素质，更好发挥表率作用。

大会要求，党的各级组织和全党同志高举中国特色社会主义伟大旗帜，以马克思列宁主义、毛泽东思想、邓小平理论、"三个代表"重要思想和科学发展观为指导，更好学习党章、遵守党章、贯彻党章、维护党章，坚持党要管党、从严治党，进一步加强党的执政能力建设、先进性和纯洁性建设，以改革创新精神全面推进党的建设新的伟大工程，全面提高党的建设科学化水平，坚定不移沿着中国特色社会主义道路前进，为全面建成小康社会而奋斗。

2. 决定

中办发〔2012〕14 号文件《党政机关公文处理工作条例》第二章公文种类中，"决定"的表述是："适用于对重要事项作出决策和部署、奖惩有关单位和人员、变更或者撤销下级机关不适当的决定事项。"

决定是领导机关发出的，带有制约、规范、指导作用的下行文，它的制发主体比较广泛，党政机关和社会团体等都可以根据需要在本机关的职权范围内制发决定。决定的标题形式一般是"发文机关＋主题＋文种"或"主题＋文种"。正文一般由三部分组成，开头部分简要介绍该决定的缘由、目的和根据；主体部分是该决定的具体事项，行文要求结构严谨、表达清楚；结尾部分是执行要求、希望和号召。最后是落款，写明发文机关和发文日期。

[例]

省教育厅关于表彰 2011 年度湖北省
"十佳班主任"的决定①

鄂教师〔2011〕12 号

各市、州、省直管市、神农架林区教育局：

根据《湖北省"十佳班主任"评选办法（试行）》和《省教育厅关于开展"十佳班主任"评选活动的通知》（鄂教师〔2011〕5 号）精神，在各地认真评选推荐的基础上，经"十佳班主任"评审委员会严格评审，决定授予胡慧等10 名教师湖北省"十佳班主任"称号（名单附后），并颁发荣誉证书和奖金。

希望受到表彰的同志珍惜荣誉，谦虚谨慎，进一步发挥先锋模范作用，在全面实施素质教育，促进全体学生全面发展中做出新贡献。希望广大班主任以他们为榜样，模范遵守教育部《中小学班主任工作规定》，坚持以社会主义核心价值体系教育、引导学生健康成长，遵循青少年身心发展的规律，不断探索学校德育和思想政治教育工作的新方法、新途径，努力做到教书育人、管理育人、服务育人，为把广大青少年学生培养成为德智体美全面发展的社会主义合格建设者和可靠接班人而努力奋斗。

湖北省教育厅

二〇一一年九月十日

3. 命令（令）

中办发〔2012〕14 号文件《党政机关公文处理工作条例》第二章公文种类中，"命令（令）"的表述是："适用于公布行政法规和规章、宣布施行重大强制性措施、批准授予和晋升衔级、嘉奖有关单位和人员。"

命令（令）是国家党政机关及其领导人发布的带有强制性、领导性、指挥性要求的公文文种，主要用于发布重要的行政法规和规章，采取重大的强制性的行政措施，任免、奖惩有关人员，撤销下级机关不适当的决定等。命令（令）有 3 个特点，即具有强制性、有限定的发令机关、发布命令必须以法律和法令为依据。从性质和内容上划分，命令（令）大体可分为公布令、行政令、嘉奖令等。命令的标题形式一般是"发文机关＋文种"或"发文机关＋主题＋文种"，标题下面是文号，正文语言要干脆果敢，以体现命令的特点。最

---

① 湖北省教育厅. 省教育厅关于表彰 2011 年度湖北省"十佳班主任"的决定 [EB/OL]. . http://www. hbe. gov. cn/content. php? id=8989，2012−05−05.

后是落款，写明发文机关和发文日期。

［例］

中华人民共和国国务院令^①

第 607 号

《国务院关于修改〈中华人民共和国对外合作开采海洋石油资源条例〉的决定》已经 2011 年 9 月 21 日国务院第 173 次常务会议通过，现予公布，自 2011 年 11 月 1 日起施行。

总理 温家宝

二○一一年九月三十日

4. 公报

中办发〔2012〕14 号文件《党政机关公文处理工作条例》第二章公文种类中，"公报"的表述是："适用于公布重要决定或者重大事项。"

公报是党政机关和人民团体公开发布重大事件或重要决定事项的报道性公文，是党和国家经常使用的重要文种。公报具有权威性、指导性和新闻性的特点，一般分为事件性公报、会议性公报、联合公报三种。公报的标题有三种形式，一种是直接写文种，如新闻公报，第二种是"发文机关＋事由＋文种"，第三种是联合公报，由发表公报的多方的名称或简称、事由和文种构成，标题下面写明会议名称及通过时间。正文包括开头和主体部分。事件性公报要求用最鲜明、最精炼的语言概述事件的核心内容，即何时、何地、发生了什么重大事件；会议性公报要求概述会议的名称、时间、地点、参加人员等；联合公报要求概述公报的来由，即在何时、何地、谁与谁举行了什么会谈或谁对谁进行了什么性质的访问等。主体是公报的核心内容，要求把公报的内容完整、系统、有序地表达清楚，可从分段式、条款式、序号式选择一种写法。

---

① 中华人民共和国国务院办公厅. 中华人民共和国国务院令第 607 号［EB/OL］.. http：//www. gov. cn/zwgk/2011－10/10/content_1965581. htm，2012－05－05.

［例］

中国共产党第十八届中央委员会第一次全体会议公报①

（2012 年 11 月 15 日中国共产党第十八届
中央委员会第一次全体会议通过）

中国共产党第十八届中央委员会第一次全体会议，于 2012 年 11 月 15 日在北京举行。

出席会议的有中央委员 205 人，候补中央委员 171 人。中央纪律检查委员会委员列席会议。

习近平同志主持会议并作了重要讲话。

全会选举了中央政治局委员、中央政治局常务委员会委员、中央委员会总书记；根据中央政治局常务委员会的提名，通过了中央书记处成员，决定了中央军事委员会组成人员；批准了十八届中央纪律检查委员会第一次全体会议选举产生的书记、副书记和常务委员会委员人选。名单如下：

一、中央政治局委员

（按姓氏笔画为序）

习近平　马凯　王岐山　王沪宁　刘云山　刘延东（女）　刘奇葆　许其亮　孙春兰（女）　孙政才　李克强　李建国　李源潮　汪洋　张春贤　张高丽　张德江　范长龙　孟建柱　赵乐际　胡春华　俞正声　栗战书　郭金龙　韩正

二、中央政治局常务委员会委员

习近平　李克强　张德江　俞正声　刘云山　王岐山　张高丽

三、中央委员会总书记

习近平

四、中央书记处书记

刘云山　刘奇葆　赵乐际　栗战书　杜青林　赵洪祝　杨晶（蒙古族）

五、中央军事委员会主席、副主席、委员

主　席　习近平

副主席　范长龙　许其亮

委　员　常万全　房峰辉　张阳　赵克石　张又侠　吴胜利　马晓天　魏

---

①　中华人民共和国中央人民政府门户网站. 中国共产党第十八届中央委员会第一次全体会议公报［EB/OL］. http://www. gov. cn/jrzg/2012−11/15/content_2266767. htm, 2012−12−19.

凤和

六、中央纪律检查委员会书记、副书记、常务委员会委员

书 记 王岐山

副书记 赵洪祝 黄树贤 李玉赋 杜金才 吴玉良 张军 陈文清
王伟

常务委员会委员（按姓氏笔画为序）

王伟 王岐山 刘滨 江必新 杜金才 李玉赋 吴玉良 邱学强 张军
张纪南 陈文清 周福启 赵洪祝 侯凯 俞贵麟 姚增科 黄树贤 黄晓
薇（女） 崔少鹏

5. 公告

中办发〔2012〕14 号文件《党政机关公文处理工作条例》第二章公文种
类中，"公告"的表述是："适用于向国内外宣布重要事项或者法定事项。"

公告属于公开宣布的告晓性公文，它与其他告晓一般事件的"通知"和用
于表扬、批评和传达重要情况的"通报"不同，它具有高度的庄严性和权威
性。公告可以分为三种类型：第一类是向国内外宣布重大事项的公告，通常以
国家机关名义或者授权新华社向国内外庄重宣布某一重大事项。第二类是宣布
影响面很大的专门事项的公告，是由有关职能部门按法定程序发布的，有的也
因涉外工作的需要而发布。第三类是向特定对象发布的公告，这类公告的标题
形式有四种："发文机关＋文种"、"发文机关＋主题＋文种"、"主题＋文种"
或直接只写"公告"二字。正文包括开头、主体和结尾三部分。其中，开头写
发布公告的缘由，包括根据、目的、意义等；主体用来写公告事项，行文要求
条理清楚、用语准确、简明庄重；结尾一般用"特此公告"的格式化用语作
结。最后是落款，写明发文机关和发文日期。

［例］

关于批准蛋白核小球藻等 4 种新资源食品的公告①

2012 年第 19 号

根据《中华人民共和国食品安全法》和《新资源食品管理办法》有关规
定，现批准蛋白核小球藻、乌药叶、辣木叶为新资源食品，变更新资源食品蔗

---

① 中华人民共和国卫生部网站. 关于批准蛋白核小球藻等 4 种新资源食品的公告［EB/OL］.
http：//www. moh. gov. cn/publicfiles/business/htmlfiles/zwgkzt/pgg/201212/56519. htm，2012
－12－20.

糖聚酯的食用量，公布梨果仙人掌（Opuntia ficus-indica（Linn.）Mill，米邦塔品种）为普通食品。生产经营上述食品应当符合有关法律、法规、标准规定。

特此公告。

附件：蛋白核小球藻等 4 种新资源食品．doc

卫生部

二〇一二年十一月十二日

6. 通告

中办发〔2012〕14 号文件《党政机关公文处理工作条例》第二章公文种类中，"通告"的表述是："适用于在一定范围内公布应当遵守或者周知的事项。"

通告是属于周知性的文种之一，是在一定的范围内，对人民群众、机关团体公布应当遵守和周知的事项的文件。根据通告性质、内容和作用的不同，可将通告分为法规性通告和周知性通告。通告的标题形式有四种："发文机关＋文种"、"发文机关＋主题＋文种"、"主题＋文种"或直接只写"通告"二字。正文包括开头、主体和结尾三部分。开头说明发布通告的原因和目的；主体写通告的具体事项，通告事项是面向大众的，所以行文要通俗易懂、简洁明了；结尾部分可提出希望和要求，并用"特此通告"作结，有时也可省略不写。最后是落款，写明发文机关和发文日期。

［例］

关于在全国范围内实施市场化配置方式

出让海砂开采海域使用权的通告①

为进一步公平、公开、公正配置海域资源，规范海砂开采用海秩序，发挥国家资源的最大效益，我局决定，自 2013 年 1 月 1 日起，在全国范围内实施以拍卖挂牌等市场化配置方式出让海砂开采海域使用权。通告发布即日起，我局不再受理海砂开采海域使用申请。

特此通告。

国家海洋局

---

① 中华人民共和国国家海洋局网站. 关于在全国范围内实施市场化配置方式出让海砂开采海域使用权的通告［EB/OL］. http://www. soa. gov. cn/soa/workservice/bulletin/webinfo/2012/12/1352105063394019. htm，2012－12－20.

二〇一二年十二月十七日

7. 意见

中办发〔2012〕14 号文件《党政机关公文处理工作条例》第二章公文种类中，"意见"的表述是："适用于对重要问题提出见解和处理办法。"

意见从行文方向看可以是上行文，也可以是平行文和下行文。作为上行文，可用于向上级机关报请批转或转发有关事项；作为平行文，仅供对方参考；作为下行文，可用于领导机关或某些重要问题提出处理的方针、原则和措施、办法。意见的标题常采用三要素齐全式或者"事由＋文种"。正文通常包括开头、主体和结尾三部分。开头概括说明制定意见的缘由、目的或依据，常用"现提出如下意见"作为承启语转入意见的主体部分；主体围绕"如何认识"和"如何解决"问题展开，结构安排上应先写原则性指导意见，后写具体性指导意见，先写理论性认识，后写解决办法；结尾可提出请求批转的要求，如"以上意见如无不妥，请批转各地（单位）执行"。最后是落款，写明发文机关和发文日期。

［例］

国务院关于加强环境保护重点工作的意见①

国发〔2011〕35 号

各省、自治区、直辖市人民政府，国务院各部委、各直属机构：

多年来，我国积极实施可持续发展战略，将环境保护放在重要的战略位置，不断加大解决环境问题的力度，取得了明显成效。但由于产业结构和布局仍不尽合理，污染防治水平仍然较低，环境监管制度尚不完善等原因，环境保护形势依然十分严峻。为深入贯彻落实科学发展观，加快推动经济发展方式转变，提高生态文明建设水平，现就加强环境保护重点工作提出如下意见：

一、全面提高环境保护监督管理水平

（一）严格执行环境影响评价制度。……

（二）继续加强主要污染物总量减排。……

（三）强化环境执法监管。……

（四）有效防范环境风险和妥善处置突发环境事件。……

二、着力解决影响科学发展和损害群众健康的突出环境问题

---

① 中华人民共和国国务院办公厅. 国务院关于加强环境保护重点工作的意见［EB/OL］. http://www. gov. cn/zwgk/2011-10/20/content_1974306. htm，2012-05-06.

（五）切实加强重金属污染防治。……

（六）严格化学品环境管理。……

（七）确保核与辐射安全。……

（八）深化重点领域污染综合防治。……

（九）大力发展环保产业。……

（十）加快推进农村环境保护。……

（十一）加大生态保护力度。……

三、改革创新环境保护体制机制

（十二）继续推进环境保护历史性转变。……

（十三）实施有利于环境保护的经济政策。……

（十四）不断增强环境保护能力。……

（十五）健全环境管理体制和工作机制。……

（十六）强化对环境保护工作的领导和考核。……

各地区、各部门要加强协调配合，明确责任、分工和进度要求，认真落实本意见。环境保护部要会同有关部门加强对本意见落实情况的监督检查，重大情况向国务院报告。

国务院

二〇一一年十月十七日

8. 通知

中办发〔2012〕14 号文件《党政机关公文处理工作条例》第二章公文种类中，"通知"的表述是："适用于发布、传达要求下级机关执行和有关单位周知或者执行的事项，批转、转发公文。"

通知是使用的比较多的一种公文，可以分为发布性、批转性、指示性通知等几种类别，大多是下行文，因而有一定的指挥、指导性。和其他下行文种相比，通知应用范围更宽，具有广泛性。大多数类型的通知对受文对象总是有所要求，提出需要执行或办理的事项，它虽不同于命令，但也有一定的权威性。通知还有明显的时效性，有些通知，如会议通知，只是在指定的一段时间里有效。通知的标题形式和其他公文标题形式基本相同，值得指出的是，通知这一文种，很多情况下直接单独以文种作为标题。正文一般包括通知的缘由、通知事项、执行要求三部分，行文多采用分条列项的方法。最后是落款，写明发文机关和发文日期。

[例]

关于印发《外国政府贷款项目监督检查办法》的通知[①]

财金〔2011〕117 号

国务院有关部委、有关直属机构，各省、自治区、直辖市、计划单列市财政厅（局），新疆生产建设兵团财务局，财政部驻各省、自治区、直辖市、计划单列市财政监察专员办事处，有关银行、采购公司、中央管理企业：

为了进一步贯彻实施《国际金融组织和外国政府贷款赠款管理办法》（财政部令第 38 号）和《外国政府贷款管理规定》（财金〔2008〕176 号），规范和加强对外国政府贷款项目的监督检查，督促各有关机构严格遵守制度规定，防范和纠正违规行为，提高贷款资金的使用效益，现将我部制定的《外国政府贷款项目监督检查办法》印发你们，请遵照执行。

附件：外国政府贷款项目监督检查办法

财政部

二〇一一年九月二十六日

9. 通报

中办发〔2012〕14 号文件《党政机关公文处理工作条例》第二章公文种类中，对"通报"的表述是："适用于表彰先进、批评错误、传达重要精神和告知重要情况。"

通报属于传达和告晓性公文，具有典型性、教育性和时效性的特点。通报可分为表扬性通报、批评性通报、情况通报等，其发布范围，往往是在一个机关或一个系统内部使用。其标题可采用三项式或两项式。表彰（批评）通报正文结构有三部分：第一部分是事实通报，即写清先进事迹或错误事实的经过情况；第二部分，对所叙述的事实进行准确地分析和中肯地评价，做到客观扼要，阐述先进事件的性质、意义、影响及错误存在的原因、实质和危害等；第三部分是通报决定，即对表彰的先进或批评的错误作出嘉奖或惩处。最后还要根据通报的情况，针对现实的需要，发出号召或提出要求。情况通报正文结构一般有两个部分：一是被通报的情况；二是希望和要求。最后是落款，写明发文机关和发文日期。

---

① 中华人民共和国财政部网站. 关于印发《外国政府贷款项目监督检查办法》的通知〔EB/OL〕. http://jrs. mof. gov. cn/zhengwuxinxi/zhengcefabu/201110/t20111009 _ 598225. html, 2012－05－06.

［例］

国务院安委会办公室关于甘肃省庆阳市"11·16"
重大道路交通事故情况的通报①

安委办〔2011〕43 号

各省、自治区、直辖市及新疆生产建设兵团安全生产委员会：

2011 年 11 月 16 日 9 时 15 分许，甘肃省庆阳市正宁县榆林子小博士幼儿园一辆号牌为甘 MA4975 的运送幼儿的校车（核载 9 人、实载 64 人），由西向东行驶至正宁县正（宁）周（家）公路榆林子镇下沟村一组砖厂门前路段时，与由东向西行驶的号牌为陕 D72231 的重型自卸货车发生正面相撞，造成 21 人死亡（其中幼儿 19 人）、43 人受伤。据初步调查分析，事故原因是甘 MA4975 小客车严重超员，在大雾天气下逆向超速行驶，导致事故发生。该事故暴露出一些地区存在车辆违法严重超载、非法擅自改装车辆以及有关部门在校车安全管理方面责任不落实、措施不到位、监管有漏洞等突出问题。

事故发生后，国务院领导同志高度重视并作出重要批示，要求相关部门全力以赴做好伤员救治和善后处理工作，认真查明事故原因，依法依规严肃处理相关责任人员，切实加强校车安全管理工作。依据有关规定，国务院安委会已对该事故查处实行挂牌督办，查处结果将及时向社会公布。为认真贯彻落实国务院领导同志重要批示精神，进一步加强校车交通安全工作，有效防范和坚决遏制此类事故的发生，现提出以下要求：

一、高度重视中小学和幼儿园校车交通安全工作，建立完善校车交通安全监管的长效机制。中小学（幼儿园）校车安全工作是当前交通安全管理工作的一项重要内容。各地区、各有关部门要切实把保护广大中小学和幼儿园学生上下学安全摆在突出位置，以高度的责任感、使命感和紧迫感，全面构建校车安全监管工作的长效机制。要坚持谁主管、谁负责的原则，切实落实相关主管部门的监管责任和属地监管责任，依法严格监管，促进各类中小学校（幼儿园）落实校车安全主体责任；要加大校车购置经费投入力度，引导学校（幼儿园）购置符合国家安全技术标准的校车；要创新校车经营管理模式，完善公共财政支持补贴政策，提高校车的普及应用程度；要细化校车安全管理规章制度，确

---

① 安全监管总局网站. 国务院安委会办公室关于甘肃省庆阳市"11·16"重大道路交通事故情况的通报［EB/OL］. http：//www. chinasafety. gov. cn/newpage/Contents/Channel ＿ 4977/2011/ 1129/158161/content ＿ 158161. htm，2012－05－06.

保校车安全出行。

二、全面开展中小学和幼儿园校车安全隐患大排查。地方各级教育部门要逐校逐园逐生对学生上下学乘车情况进行全面检查了解，对学校（幼儿园）租用的车辆进行安全检查，存在安全隐患的要立即停用维修；公安交通管理部门要加大路面巡视检查力度，结合公安部开展的集中整治超速超员超载和疲劳驾驶违法行为专项行动和"护卫天使"行动，通过警力下沉、区域联勤联动、交叉巡逻等措施，严查校车超速、超员等违法行为，对违法行为实行"零容忍"，发现一起、处理一起；交通运输部门要认真核实交通运输企业的包车情况，对于被租赁从事接送中小学生（幼儿）业务的车辆，要严把运输经营者市场准入关、营运车辆技术关和驾驶员资格关，督促运输企业切实落实安全生产主体责任。

三、进一步加大对中小学和幼儿园校车安全的宣传教育力度。各地区、各有关部门要集中进行一次中小学生及其家长交通安全教育，以这起事故为反面教材，教育中小学生坚决不乘拼装车、报废车、农用车、货运车等非法运营车辆和超员车辆上下学，教育提醒步行上下学的中小学生遵守交通规则，主动安全避让行驶车辆，并要提醒学生家长提高安全意识和监护人责任意识，不得租用不符合安全规定的车辆接送学生。要认真开展对校车驾驶员的安全教育，增强驾驶员的安全意识、责任意识和守法意识。要督促中小学、幼儿园注意防范冬季大雾、降雪及路面结冰对学生和幼儿上下学交通安全的不利影响，严格遵守雪、雾天气安全驾驶的规定，必要时可采取停运接送学生上下学车辆或调整上课、入园时间等安全措施。

四、认真执行事故查处挂牌督办制度，严肃事故查处。各地区、各有关部门要严格按照《生产安全事故报告和调查处理条例》（国务院令第493号）的规定，坚持"四不放过"和"依法依规、实事求是、注重实效"的原则，在查清事故原因、认定事故性质的基础上，严肃处理对事故负有领导、监督、管理责任的单位和人员。要认真执行事故查处挂牌督办制度，确保按期结案，及时向社会公布查处结果，并跟踪督促事故责任和整改措施的落实。要认真吸取事故教训，举一反三，切实搞好道路交通安全尤其是中小学（幼儿园）校车安全工作。

国务院安全生产委员会办公室

二〇一一年十一月二十三日

10. 报告

中办发〔2012〕14号文件《党政机关公文处理工作条例》第二章公文种类中，"报告"的表述是："适用于向上级机关汇报工作、反映情况，回复上级机关的询问。"

报告属上行文，一般产生于事后和事情发生过程中。它具有内容的汇报性、语言的陈述性、行文的单向性、双向的沟通性等特点。报告种类多样，大致可分为工作报告、情况报告、答复报告、报送文件报告等。报告是陈述性文体，写作时要以事实材料为主要内容，以概括叙述为主要表达方式。报告的标题一般是"事由＋文种"。报告正文的结构一般由开头、主体和结语组成。开头主要交代报告的缘由，概括说明报告的目的、意义或根据；主体主要说明报告事项，包括工作情况的汇报和进一步开展工作的意见；文尾多用"特此报告"、"以上报告，请审阅"等作为结语。最后是落款，写明发文机关或负责人和发文日期。

［例］

关于内蒙古东部部分地区保障性住房现状的调研报告①

保障性住房问题研究东部课题组

调研时间：2012 年 7 月 28 日—2012 年 8 月 5 日

调研地点：呼和浩特市、呼伦贝尔市扎兰屯、兴安盟乌兰浩特市

调研人员：中央财经大学财政学院院长马海涛教授、院长助理白彦锋副教授、王威副教授、李升博士、内蒙古财政厅综合处副处长付晓枫（中财大财政学院在读博士）

调研目的：摸清内蒙古自治区保障性住房的基本情况和存在的问题，在总结相关经验的基础上，对内蒙古地区保障性住房的建设提出有针对性和可操作性的政策建议。

调研内容：一是 2008 年以来各地保障性住房的做法；二是保障房建设当中存在哪些问题，以及对国家和自治区保障性住房宏观政策实施过程中的思考、困惑和存在的具体问题；三是资金方面的问题，尤其是资金的缺口与政府间的权责划分，以及保障性住房融资中的主要障碍；四是保障的对象的"入口关"以及退出机制等问题；五是保障性住房的分配以及后期管理、租售等问题。

---

① 中华人民共和国财政部网站. 关于内蒙古东部部分地区保障性住房现状的调研报告［EB/OL］. http：//www. mof. gov. cn/xinwenlianbo/neimenggucaizhengxinxilianbo/201212/t20121211_713259. html，2012－12－20.

前言

……

一、我国保障性住房政策存在的共性问题及内蒙古保障性住房政策的特点

……

内蒙古自治区在执行国家统一的住房保障政策的同时，采用了"租售并举"的保障方式，这一特点体现了国家与个人在住房上共同负担的原则。该政策并非内蒙古的独创，实际上最先实行的是贵州安顺地区，但在内蒙古执行的范围相对广泛。各地反映"租售并举"是一种实事求是、切合实际的政策，可以让部分低收入群体拥有永久性的住所，同时切实解决不少地方政府对保障性住房的资金供应不足的问题，回笼保障性住房建设过程中的部分资金，投入新的保障房建设。

二、调研地区保障性住房保障方式的现状调查

……

呼和浩特市的保障性住房问题相对于其他地区而言，解决的力度较大，呼市市区低保人群的保障性住房（廉租房）已全部解决，所辖旗县也完成了85％。

乌兰浩特的廉租房保障方式：（1）补贴出售方式。政府提供土地，加上政府补贴之后，缺口由个人补足，三者共同负担，通过这种方式进行可增加困难家庭的固定资产收入。这种方式主要针对收入或条件尚可的家庭。2007年、2008年当地保障性住房卖每平米700元，每套大致需要3.5万元。2011年1450元，接近精装修。（2）出租方式。出售与出租的比例保持在8：2的比例。廉租住房一天租金大致为1元，市场租金为8～10元，租金为市场租金的1/10～1/8。2012年的1500户保障性住房任务中，当地保留20％的比例，即300户用于对低保户群体的出租。（3）租赁补贴方式。有的低保户不想要房，只要补贴，因为平房生活更方便。其补贴标准为5元/平方米，人均15平方米，最高补贴面积为50平方米，即最高每月补贴250元，这在旗县的农村就能够租到平房。因此，以实物配租为最终保障目标不尽合理，应采取多种方式进行保障。乌市认为从政府管理以及低收入群体需求的角度看，旗县一级的保障房供给，市场化比重更高些是可行的。原因在于：一是只要有需求市场就会自动提供，给需保障对象补贴，市场就可满足其租房需求。二是廉租房配租的方式需要由政府统一管理，任务繁杂很难满足各方需求，而且政府后期负担随着时间的推移会越来越重，如物业、取暖、水电等。最近呼和浩特市部分廉租房和经济适用房小区发生的饮用水供给困难问题，就是一个有力的例证，政府提供了保障房，但无法供水，保障对象怨言更大，政府仍需更大的后期保障投

入，否则"民心工程"就成了"伤心工程"。

……

三、保障对象的确认方面及管理的现状调查

……

1. 扎兰屯的保障性住房的分配规则比上级细得多，并采取居委会初审、办事处把关、15 天公示多层管理的做法进行确定和分配。同时市里成立审查小组，监察局牵头，建设局等部门参与来审查保障性住房的分配工作，以确保保障性住房的公平分配，尽管如此，还是存在着不符合条件的享受保障性住房的问题。

……

2. 乌兰浩特对保障性住房对象的资格审查环节，采取三审三公示的做法，但这个"入口关"还是很难把握。作为保障性住房的主要对象，低保户的相关资料，由民政局把关，民政局有基础数据。但对于低收入群体的收入情况，存在着隐性收入难以确定等问题。对于打工、务农等流动人口，目前更是无暇顾及。乌兰浩特认为，对于保障性住房的后期管理以及廉租房配租如何更合理的操作，需要进行认真研究。廉租房配租之后，应注重产权管理。

四、保障性住房建设情况的现状调查

……

总的来说，在区域特性方面，内蒙古与其他各地相比，具有如下的特征：(1) 北京等大城市缺地，与这些大城市相比，目前内蒙古的乌兰浩特等中小城市土地资源相对丰富、地价相对低廉。(2) 由于内蒙古地区冬季寒冷，墙体较其他地区应厚一些，呼伦贝尔市和兴安盟一般外墙是"50 墙"，占地面积过大，如果按照国家规定的"建筑面积"建设保障性住房，将会导致"使用面积"不足。

1. 2008 年—2011 年，扎兰屯市建设廉租住房 2849 套，共保障 2849 户。2010—2011 共建成 169 套公租房。2010—2011 年，农村危房改造 2064 户。2010 年城市棚户区改造 620 套，2011 年完成改造 1259 户，累计改造 1879 套。

……

2. 乌兰浩特保障性住房的历史欠账较多。1998 年住房改革之初，公房较少，欠账较多。乌市的廉租房始于 2007 年。但乌兰浩特市的保障性住房，已分配实物配租的 4690 套，2012 年计划建成 1500 套，目前已累计建设廉租房 6000 多套。2013 年计划投资建设 1200 套，2014 年计划投资建设 1500 套，目前仍需实物配租保障的最低收入家庭已不到 4000 户。"十二五"期末，乌市能基本解决最低收入家庭实物配租问题。

五、保障性住房的建筑成本的现状调查

扎兰屯市，严格控制每平方米造价 1600 元。但各地建设成本是不一样的，主要原因在于拆迁费，高层更高一些，但容积率也高。保障性住房的成本构成包括：（1）拆迁费。拆迁费不断提升，从 2008 年的拆迁费每平方米 430 元，逐步提高到 600 元（第二个项目）、900 元（2010 年），到 2011 年拆迁费高达每平方米 1100 元。（2）直接建安费。随着物价和建材的涨价，毛坯房的直接建安费用从 2007 年的每平方米 850 元提高到 2012 年的每平方米 1350 元。（3）装修费：每平方米达到 200 元左右。扣除这些成本之外，保障性住房的利润水平只有 40 元每平方米（利润微薄限制了开发建筑商的积极性）。因此，扎兰屯的保障性住房建设成本大致在每平方米 2550 元，与计划的 1600 元存在较大的资金缺口。

乌兰浩特市保障房的建设成本大致为 2000 元/平方米（不含拆迁成本）。乌兰浩特市房管局建议将房屋拆迁费用列入保障房建设成本，这样土地出让金计提资金就可以用于房屋拆迁（审计不允许将土地出让金计提部分用于房屋拆迁）。保障房用地本应免费划拨，但乌兰浩特市以前就没有土地储备，土地只能"现用现征"，征地就需要拆迁，拆迁资金现在基本是贷款，但又不允许用土地出让金还拆迁贷款，没有拆迁资金就无法得到土地，工程就没法开工，影响整个保障房任务进度。

六、保障性住房资金来源的现状调查

……

（一）内蒙古保障性住房建设资金现状

……

（二）保障性住房建设资金的构成情况

……

（三）调研地区建设资金来源情况

……

七、保障性住房的退出机制及管理办法的现状调查

在廉租房的退出机制上，普遍反映也存在同样的认定困难问题，比如外出打工可能导致空置现象。通过举报等方法实施退出的机制，存在较大的操作难度。

1. 扎兰屯市认为，退出机制方面与资格认定机制一样，存在较大的操作难度，一般只在低保户"病故"，或者举报时，才存在退出保障性住房的问题。扎兰屯财政反映很少接到"匿名举报信"，因为地方小，没有不漏风的墙，多数人不会采用这种得罪别人的方式检举保障房所有人。

2. 乌兰浩特规定廉租房在承租之后 5 年内不可以出售，出售后即退出低保，且今后不再有申请保障住房的资格。目前，乌兰浩特市廉租房售出后的产权归买房家庭成员共同所有，出售后按购入房屋时价格的 10％，向当地政府缴纳土地出让金。此种做法对房屋所有人来说比较划算，但对于当地政府来说房屋出售补偿过低。他们建议将政策调整为按 5 年后售价的 10％缴纳土地出让金。乌兰浩特采取"房屋居住者去世后家属可继承"的办法，但继承人不符合低保的，政府收回，按照政府现价（如 2008 年按 700 元回收，2012 年按 1400 元回收）。在退出管理上，乌兰浩特还采取每年普查的做法，房子空闲 6 个月、外出打工、出租等情形的强制退出。

11. 请示

中办发〔2012〕14 号文件《党政机关公文处理工作条例》第二章公文种类中，对"请示"的表述是："适用于向上级机关请求指示、批准。"

请示是下级机关向上级机关请求对某项工作、问题作出指示，对某项政策界限给予明确，对某事予以审核批准时使用的一种请求性公文，适用于向上级机关请求指导、批准，属上行文。请示的作用在于请示工作要求上级批复。请示产生于事前，不可"先斩后奏"。请示必须具备以下三个条件：必须是下级机关向上级机关的行文；请示的问题必须是自己无权作出决定和处理的；必须是为己向上请决求准。请示事项一般时间性较强，且要一事一请，一般只主送一个机关，不得越级请示。请示可以分为三种类型：第一种是请求指示的；第二种是请求批示、解决问题的；第三种是请求批转的。标题一般是"事由＋文种"或"发文机关＋事由＋文种"，且所请示的事由一定要写清楚。正文一般由请示缘由、请示内容和结语组成。请示缘由部分扼要写明请示的背景和依据，依据可分为理论依据和事实依据两种；请示内容是请示的中心部分，要写得具体、明确、条项清楚，以便上级机关给予明确批复；结语语气要谦恭，通常用"以上意见如无不妥，请指示"、"以上请示，请予审批"、"妥否，请批复"等。最后是落款，写明发文机关和发文日期。

［例］

国家林业局关于 2013 年会议计划的请示①

林办字〔2012〕57 号

国务院：

根据《国务院关于进一步精简会议和文件的通知》（国发〔2000〕30 号）、《国务院办公厅关于精简会议文件改进会风文风的意见》（国务院公报〔2008〕第 5 号）、《国务院机关事务管理局、财政部关于印发〈中央国家机关会议费管理办法〉的通知》（国管财〔2006〕426 号）和《关于调整中央国家机关会议费开支标准的通知》（国管财〔2008〕331 号）要求，现将我局拟召开的全国性林业会议计划报上，请予以审批。

一、会议名称：2013 年全国林业厅局长会议。

二、会议时间：2012 年 12 月底。

三、会议地点：北京市。

四、会议任务：深入贯彻党的十八大以及中央经济、农村、林业工作会议精神，认真总结 2012 年林业工作，安排部署 2013 年林业工作。

五、参会人员：各省、自治区、直辖市林业厅（局）长，内蒙古、吉林、龙江、大兴安岭森工（林业）集团公司总经理，新疆生产建设兵团林业局局长，各计划单列市林业局局长，国家林业局领导、各司局和各直属单位主要负责人，中央和国家机关有关部门的同志等。

六、经费安排：会议人数控制在 200 人左右，工作人员 40 人，会期 2 天，按照国管财〔2008〕331 号文件规定的每人每天 500 元综合定额标准执行，经费预算 24 万元。所需经费从我局 2013 年部门预算 2130201 "行政运行"经费中统筹安排。

特此请示。

国家林业局
二〇一二年十一月三十日

12. 批复

中办发〔2012〕14 号文件《党政机关公文处理工作条例》第二章公文种类中，"批复"的表述是："适用于答复下级机关请示事项。"

---

① 中华人民共和国国家林业局网站. 国家林业局关于 2013 年会议计划的请示［EB/OL］. http：//www. forestry. gov. cn/portal/main/govfile/13/govfile_1974. htm，2012—12—20.

批复是一种下行文，是上级机关答复下级机关某一请示时使用的公文。批复一般是专门就某一事、某一问题的答复，内容都比较单一，而且是先有来自下级的请示，才有上级的批复。一般来说，批复的核心内容是就请示的内容、问题表示上级机关态度，是同意还是反对，有不同意见等，都要在批复中直接申明。批复具有行文的被动性、明确的针对性、法定的权威性与执行性特点，一般包括审批性批复和指示性批复两类。标题的写法最常见的是完全式的标题，即"发文机关＋事由＋文种"。主送机关一般只有一个，即报送请示的下级机关。正文包括批复引语、批复意见和批复结尾三部分。批复引语要点出批复对象，一般称收到某文，或某文收悉；批复意见是针对请示中提出的问题所作的答复和指示，意思要明确，语气要适当；批复结尾是从上级机关的角度提出的一些补充性意见，或是表明希望、提出号召，或者换行写"此复"、"特此批复"等惯用语。最后是落款，写明发文机关和发文日期。

[例]

教育部关于同意设立青岛美亚国际学校的批复[①]

教外综函〔2011〕39 号

山东省教育厅：

《山东省教育厅关于建立青岛美国国际学校的请示》（鲁教外字〔2005〕7号）、《山东省教育厅关于报送申办青岛美国国际学校补充材料的函》（鲁教外函〔2010〕45 号）、《山东省教育厅关于申办外籍人员子女学校更名的函》（鲁教外函〔2011〕34 号）以及相关材料均悉。

考虑到山东省经济发展和对外开放的实际需要，经研究，批准设立青岛美亚国际学校（英文译名：Qingdao Amerasia International School）。该校系外籍人员子女学校，可以开展学前、小学、初中和高中教育，由青岛白露企业管理咨询有限公司举办。

按照属地管理原则，请你厅加强对该校的领导、监督和管理，特别是加强对遵守相关法律规定等方面的指导。办学中如有重大问题，请及时报告我部。

中华人民共和国教育部
二〇一一年七月十二日

---

① 教育部网站. 教育部关于同意设立青岛美亚国际学校的批复 [EB/OL]. http：//www. moe. gov. cn/publicfiles/business/htmlfiles/moe/moe＿862/201107/xxgk＿122679. html，2012－05－06.

13. 议案

中办发〔2012〕14 号文件《党政机关公文处理工作条例》第二章公文种类中，对"议案"的表述是："适用于各级人民政府按照法律程序向同级人民代表大会或者人民代表大会常务委员会提请审议事项。"

议案是由具有法定提案权的国家机关、会议常设或临时设立的机构和组织，以及一定数量的个人，向权力机构提出进行审议并作出决定的议事原案。适用于各级人民政府按照法律程序向同级人民代表大会或人民代表大会常务委员会提请审议事项。议案须经过议案的提出、初步审议、正式辩论、修正、表决、通过和公布等过程。议案具有制发机关的法定性、内容的特定性、时效的规定性、性质的请准性几个特点。议案包括立法性议案、重大事项的决策性议案、任免性议案、建议性议案几种。标题一般是"事由＋文种"或"发文机关＋事由＋文种"，正文包括提出议案的案由、案据和方案三部分。议案撰写要目的明确，理由充分，文字简洁，忌用命令口气。

［例］

建议制定中国汽车"走出去"国家战略　为打响"中国车"品牌营造产业政策环境[①]

（全国人大代表、长城汽车股份有限公司总裁王凤英）

概要：随着经济快速崛起，我国越来越重视国家形象建设，重塑和提升"中国制造"的整体品牌形象已经成为共识。作为中国制造的重要代表，汽车行业理应承担相应责任，打响"中国车"品牌任重道远。

……

背景："中国车"羽翼渐丰　国际化成为必经之路

……

1. 走国际化道路是中国汽车由大到强的内在要求。

……

2. 一些优秀的自主品牌开始自发进行"中国车"品牌建设。

……

3. 自主品牌汽车品质稳步提升，具备打造品牌的基础。

……

---

① 中国网. 王凤英代表建议制定中国汽车"走出去"国家战略［EB/OL］. http：//www. china. com. cn/2011/2011－03/03/content _ 22048086 _ 5. htm，2012－05－05.

问题：国际化战略整体准备不足　海外发展面临诸多困难

目前中国自主品牌汽车所面临的问题，除了还主要是在低附加值领域参与竞争外，本身也存在硬实力和软实力上的"软肋"：

——硬实力方面，科技创新能力不足。资料表明，我国机械、汽车工业的总体技术自给率只有60％左右，尤其是在重大成套技术装备及高技术产品的核心技术和关键环节上落后于国际先进水平，还没有摆脱受制于人的局面。

——软实力方面，品牌建设工作滞后。我国自主品牌车企的在品牌建设的缺失是企业发展的最大隐忧。

在中国汽车企业"走出去"的过程中，由于缺乏整体战略规划，一系列的问题和风险也在不断累积和显现，主要表现在：

1. 汽车出口价格的相对低廉，出口车型大部分集中在低端。

……

2. 人民币不断升值给汽车出口企业造成巨大压力。

……

3. 一些国家贸易保护主义抬头，在关税、技术、认证方面设置了一些壁垒，增加了我国汽车出口的难度。

……

4. 出口秩序缺乏行业监管，一些汽车企业缺乏海外市场体系化发展的国际化战略，在一些国家形成了中国汽车"散乱差"的不好印象。

……

5. 对大多数汽车出口企业而言，海外市场的售后服务和备件供应等服务支持网络的建立，成为制约汽车企业走出去的瓶颈，尤其对于一些刚刚进入的新市场，是企业面临的现实问题。

……

目标：加速中国汽车国际化发展　在全球打响"中国车"品牌

……

建议：制订中国汽车"走出去"国家战略　完善配套政策体系

……

1. 建议制定中国汽车"走出去"国家战略。

……

2. 制订国家级"中国车"强制认证体系。

……

3. 对通过"中国车"强制认证的自主品牌，国家给予税收支持，并给予相关补贴和优惠政策。

......

4. 建议政府主管部门进一步规范我国汽车的出口秩序，加强出口企业资质管理，提高出口门槛。

......

5. 建立海外发展公共信息平台，加强对企业海外市场发展的各种咨询服务。

......

6. 适当引导和鼓励国内汽车企业进行海外直接投资和海外收购，给予必要的融资支持。

......

7. 政府企业联手，积极应对贸易摩擦。

......

8. 建议尽快扩大人民币跨境贸易结算试点，将主要的汽车出口贸易企业纳入到试点范围，以应对人民币不断升值对出口企业造成的不利影响。

9. 建议国家商检部门将优秀自主品牌出口比较成熟的产品及时列入免检产品。

10. 做好国内国外的舆论宣传，为打响"中国车"概念营造良好的舆论环境，提升消费信心。

......

14. 函

中办发〔2012〕14号文件《党政机关公文处理工作条例》第二章公文种类中，"函"的表述是："适用于不相隶属机关之间商洽工作、询问和答复问题、请求批准和答复审批事项。"

函的应用范围比较广泛，在上下级机关之间、平级机关之间或不相隶属的机关单位之间，涉及各方面的公务联系，都可使用。函具有沟通性、灵活性和单一性特点。按性质分，可以分为公函和便函两种；按发文目的分，函可以分为发函和复函两种；从内容和用途上，还可以分为商洽事宜函、通知事宜函、催办事宜函、邀请函、请示答复事宜函、转办、催办函、报送材料函等。函的标题一般是三要素齐全式或省略发文机关，函要写明主送机关。正文包括开头、主体、结尾三部分，开头主要说明发函的缘由，一般要求概括交代发函的目的、根据、原因等内容，然后用"现将有关问题说明如下"或"现将有关事项函复如下"等过渡语转入下文；主体主要说明致函事项，要做到一函一事，行文要直陈其事；一般用礼貌性语言向对方提出希望，通常还会写上"特此函询（商）"、"请即复函"、"特此函告"、"特此函复"等。最后是落款，写明发文机关和发文日期。

　　[例]

关于征求《中国世界文化遗产监测预
警体系建设规划》意见的函①

办保函〔2012〕849 号

各有关省、自治区、直辖市文物局（文化厅）：

　　为加强我国世界文化遗产监测工作，我局委托中国文化遗产研究院等单位编制了《中国世界文化遗产监测预警体系建设规划》。现将该规划稿印发征求意见，请你局（厅）组织辖区内世界文化遗产保护管理机构和相关单位进行研究，并于 2012 年 11 月 30 日前，将有关意见报送我局。

　　联系人：文物保护与考古司世界遗产处　黄晓帆

　　联系电话：010—56792075，010—56792108（传真）

　　电子邮箱：sacheach@yahoo.com.cn

　　专此。

　　附件：《中国世界文化遗产监测预警体系建设规划》（征求意见稿）及附件

国家文物局

二〇一二年十月二十四日

　　15. 纪要

　　中办发〔2012〕14 号文件《党政机关公文处理工作条例》第二章公文种类中，"纪要"的表述是："适用于记载会议主要情况和议定事项。"

　　纪要具有纪实性、概括性、条理性特点，对企事业单位、机关团体都适用。根据性质的差异，纪要可以分为办公会议纪要和其他专题会议纪要两大类。纪要的标题一般由会议名称和文种两项构成或直接以"会议纪要"命名。正文包括前言、主体、结尾三项内容。其中，前言概括交代会议的名称、时间、地点、参加人、主持人、会期、形式等组织情况，说明主要议题，然后用"现将这次会议讨论的主要问题综述如下"过渡至主体；主体是纪要的核心内容，主要反映会议情况和会议结果，写作时要注意紧紧围绕中心议题，把会议的基本精神，特别是会议形成的决定、决议，准确地概述清楚；结尾即会议纪要的结束语，一般是向收文单位提出希望和要求，有的纪

---

　　① 中华人民共和国国家文物局网站．关于征求《中国世界文化遗产监测预警体系建设规划》意见的函 [EB/OL]．2012—05—05 [2012—12—20]．http：//www.sach.gov.cn/tabid/344/InfoID/37273/Default.aspx

要没有结尾部分，主体内容写完，全文即结束。一般纪要不署名，只写成文时间，加盖公章。

[例]

2012 年 12 月 21 日局机关文明委会议纪要[①]

晋档机党字〔2012〕21 号

各党支部、各处室：

机关文明办 2012 年 12 月 21 日召开全体委员会议，局机关党委专职副书记、局文明委员会办公室主任弓宏伟同志主持会议，会议议程如下：

一、通报省直机关 2012 年度目标责任考核组来我局机关检查验实证材料情况

12 月 20 日省考核办第十一组来我局机关对我局机关 2012 年度重点目标任务完成情况进行考核，上午在局机关综合楼六楼会议室召开了考核大会，会后，考核组认真查看了机关党委、人事处、监察室的实证材料，与相关人员进行了谈话，圆满完成了本年度的检查验收。

二、督促局机关十八大精神学习情况

按照《山西省档案局关于深入学习党的十八大精神实施意见》的安排，前一段时期机关各处室的学习活动抓得紧，开展的好，现在集中学习阶段快要结束了，为使我局机关学习贯彻十八大精神活动真正扎实有效地开展好，促进机关文明创建工作，对局机关干部学习党的十八大精神情况提出进一步要求：继续加强理论学习，认真做好读书笔记，厅级干部不少于 3 万字，处级干部不少于 2 万字，一般干部不少于 1.5 万字，各党支部书记要认真检查把关，下周统一交回机关党委。

三、成立学雷锋志愿服务队和文明传播小组

《山西省档案局关于开展公民道德"五个一"活动实施方案》（晋档机党字[2012] 19 号）文件下发后，机关各党支部、各处室积极行动起来，认真落实文件精神，目前各支部已成立了文明传播小组和学雷锋志愿服务队。

1. 局机关成立学雷锋志愿服务总队

总队长：弓宏伟，办公室设在局机关党委，按照《山西省档案局关于开展公民道德"五个一"活动实施方案》，开展切合实际的主题志愿服务活动，下

---

① 山西省政府网站. 2012 年 12 月 21 日局机关文明委会议纪要 [EB/OL]. [2012-12-26]. http://www.shanxi.gov.cn/n16/n41018/n59173/n59596/n7587045/16903494.html

设七个服务队，以队长名字命名：

弋玮佳学雷锋志愿服务队

队员：弋玮佳、侯焕英、侯建军、侯晓楠、严永斌

王曦莹学雷锋志愿服务队

队员：王曦莹、柴媛媛、王婷、张磊、侯武鹏、刘慧、李静、李康舒、申海蓉

郭文平学雷锋志愿队

队员：郭文平、梁红一、李洪涛、张文丽、张琳、吴彦超、郭一

张亚杰学雷锋志愿服务队

队员：王剑锋、支佐红、张亚杰、杨铭、何永明

李洁学雷锋志愿服务队

队员：康惠清、王国祥、李荣、王晓松、徐光华、赵秀云、武明霞、牛传强、李洁

胡汤奇学雷锋志愿服务队

队员：弓宏伟、崔保义、吉小平、袁珍、胡汤奇、邢晓菁

韩文慧学雷锋志愿服务队

队员：王静、刘延玲、周建敏、韩文慧、石凤玲、段广燎、丁晓东

2. 文明传播小组

局文明传播组设机关党委，袁珍同志任组长，接受局机关党委和局机关文明委的领导，开展局机关精神文明建设和公民道德建设的宣传工作。下设七个小组：

第一组

组长：石磊

成员：侯焕英、弋玮佳、侯建军、严永斌、侯晓楠

第二组

组长：王曦莹

成员：柴媛媛、王婷、张磊、侯武鹏、刘慧、李静、李康舒、申海蓉

第三组

组长：张辉

成员：梁红一、李洪涛、张文丽、张琳、吴彦超、郭一

第四组

组长：宋志强

成员：张亚杰、杨铭、何永明

第五组

组长：康惠清

成员：王国祥、李荣、王晓松、徐光华、赵秀云、武明霞、牛传强、李洁

第六组

组长：崔保义

成员：弓宏伟、吉小平、袁珍、胡汤奇、邢晓菁

第七组

组长：王静

成员：刘延玲、周建敏、韩文慧、石凤玲、段广燎、丁晓东

四、局机关文明传播小组和学雷锋志愿服务队启动

会议一致审议通过了我局机关文明传播小组和学雷锋志愿服务队组成名单，决定 2012 年 12 月 21 日为我局机关文明传播小组和学雷锋志愿服务队启动日。

五、社会主义核心价值观论文撰写

11 月份局机关党委安排布置了社会主义核心价值观论文的撰写，并作为我局机关学习宣传贯彻党的十八大精神的一项重要学习内容，请各支部继续督促组织好本支部党员论文撰写工作，按时报机关党委。

省档案局机关文明办（代章）

二〇一二年十二月二十五日

（二）事务公文

事务公文是从通用公文中划分出来的。通用公文从文种上区分，可以分为通用公文和事务公文。其中，事务公文往往带有总结性、宣传性的性质，一般对某个事项做好充分的调查之后，采用大量充实的文字材料进行论述、概括、总结的书面语言形式。

事务公文是政府机关、企事业单位以及社会团体或个人在实施管理工作中经常使用的一种文书，这类文书一般具有以下特点："①适用性强。一方面文种的适用性强，各类事务都有与之相应的文种；另一方面作者的适用性广，可官可民，可公可私。②辅助性强。可以对法定公文起到辅助作用，另外也可以在没有必要或无权独立行文时根据实际事务而撰写。③灵活性大。各类事务文书都是为解决实际问题、处理实际事务而撰写的，撰写事务性文书要以能够满足实际需要为原则。只形成了一定的体式，在适用范围、写作模式、行文格式上均没有法定公文那么规范，具有较大的灵活性。"① 总的来说，事务文书可

---

① 邱相国. 事务文书写作 [M]. 武汉：武汉大学出版社，2011.

以分为：计划类文书，如规划、纲要、计划、方案等；报告类文书，如总结、调查报告、述职报告等；规章类文书，如章程、条例、办法、制度等；简报类文书，如简报、大事记等；会议类文书，如会议安排、会议记录、发言稿等。下面就一些常用的事务文书做以介绍：

1. 办法

办法是国家行政主管部门对贯彻执行某一法令、条例或进行某项工作的方法、步骤、措施等，提出具体规定的法规性公文。

办法的分类根据内容、性质的不同，可分为实施文件办法和工作管理办法两种。办法的法规约束性侧重于行政约束力，且其条款都具体、完整，不能抽象笼统。"办法"比"规定"所涉及的事物和问题的规模要更小一些，性质也相对轻一些；针对性更强，内容也更加详尽、具体而精细，更重直接的可操作性；除了一部分为"自主的"公文外，大部为"执行的"规范性公文，常见诸各种"实施办法"。例如，2010 年 4 月 30 日国务院抗震救灾总指挥部发布的《青海玉树地震抗震救灾捐赠资金使用管理监督办法》；2011 年 5 月 4 日卫生部发布的《药品不良反应报告和监测管理办法》；2011 年 5 月 16 日财政部发布的《全国会计从业资格证书信息化调转暂行办法》等。

2. 章程

章程是政党、社会团体对本组织内部事务做出共同规定或企事业单位制定属于业务性质的规章制度时所使用的法规文书。

章程分为组织章程和业务工作章程，具有稳定性和约束性的特点。它是组织或团体的基本纲领和行动准则，在一定时期内稳定地发挥其作用；作用于组织内部，依靠全体成员共同实施，不由国家强制力予以推行，但要求其下属组织及成员信守，有一定的规范作用和约束力。例如，2007 年 10 月 21 日由中国共产党第十七次全国代表大会部分修改通过的《中国共产党章程》；2008 年 6 月 13 日由中国共产主义青年团第十六次全国代表大会部分修改通过的《中国共产主义青年团章程》；2008 年 10 月 21 日由中国工会第十五次全国代表大会通过的《中国工会章程（修正案）》等。

3. 细则

细则是主管部门根据有关政策法规中的某一条或几条条款所制定的详细规则，常见于对已制定出的规定或措施等作进一步阐述和说明，它是国家机关或企事业单位以某规章制度为准则所制定的更具体的条文式规则。

细则一般由原法令、条例、规定的制定机构或其下属职能部门制定，与原法令、条例、规定配套使用，其目的是堵住原条文中的漏洞，使原条文发挥出具体入微的工作效应。例如，2011 年 1 月 27 日国家税务总局第 1 次局务会议审议通过的《中华人民共和国发票管理办法实施细则》；2011 年 11 月 10 日工业和信息化部消费品制定发布的《消费品工业行业标准制定管理实施细则（暂行)》；2012 年 11 月 6 日财政部、国家发展改革委、工业和信息化部联合发布的《节能产品惠民工程高效节能容积式空气压缩机推广实施细则》等。

4. 计划

计划是单位或个人对未来一定时间内要做的工作从目标、任务、要求到措施预先作出设计安排的事务性文书。

计划使用范围很广。机关、团体、企事业单位的各级机构，对一定时期的工作预先作出安排和打算时，都要制订工作计划，计划实际上有许多不同种类，它们不仅有时间长短之分，而且有范围大小之别，包括规划、设想、要点、方案、安排等。例如，北京市人民政府 2009 年 7 月 3 日发布的《北京市建设人文交通科技交通绿色交通行动计划（2009 年—2015 年)》；国家知识产权局 2012 年 11 月 29 日发布的《2013 年全国专利事业发展战略推进计划》等。

5. 总结

总结是单位或个人对过去一个时期内的实践活动作出系统的回顾归纳、分析评价，从中得出规律性认识用以指导今后工作的事务性文书。

根据时间、范围、内容、性质的不同，总结可分为不同种类，且都具有评论性、过程性、实践性、概括性的特点。总结应用范围较广，大到中央级的政府工作，小到个人都需要用到总结这一形式的文体，例如《厦门市发改委系统 2003—2012 年法制建设成效总结》、《2012 年上海电力迎峰度夏工作总结》、《长安大学 2011 年上半年"卓越工程师教育培养计划"工作总结》等。

6. 简报

简报是机关、团体、企事业单位内部，或者是某项中心工作、某次重要会议中用于沟通信息、交流经验、反映情况、汇报工作的期刊式文字载体，其特点是文字短、内容新、反应快、形式活。

简报可以上行、平行和下行，具有上情下达、下情上传、互相交流的作用。例如，成都市政府网站系统的内部交流刊物《成都市政府网站简报》，人民代表大会期间大会会务机构（秘书处）编印的《人代会简报》，北京公曼汇咨询中心编写的《中国发展简报》等。

二、专用公文

专用公文是公文的一大部类，是与通用公文相对而言的，是指在一定专业或业务领域，根据某种特殊需要专门使用的公务公文。专用公文除具有实用性、效力性、规范性的特点之外，相对于通用公文来说还具有如下特点：

（1）专用公文产生并服务于一定的专业领域，即具有专业性。专用公文一般只应用于各自的领域，其他领域并不使用。如司法方面的专用公文就不用于经济、科研、军事、外交等领域。

（2）专用公文为适应一定专业领域的需要，在其实践中形成了特定的格式。如计划、统计和会计公文，除书面文字形式外，较多地采用数字表格形式，表格的项目和形式都有特殊的规定，并按照规定填制。

（3）专用公文的制发程序有其独特之处。如国民经济计划的编制一般包括编制计划指标（控制数字）、计划草案和正式下达计划等程序；司法公文是按照诉讼程序编写的。

（4）许多专用公文有其专门术语。各类专用公文在语言表达上除了要求准确、朴素、简练外，还要使用各自领域内的一些专业术语。不同专业部门形成了各自的专用公文，而每一专业部门的专用公文又往往包含一些不同文种。按专业部门分类，专用公文可分为：经济公文、司法公文、科技公文、对外公文、文教公文、军事公文等。

（一）经济公文

经济公文是经济部门业务上常用的公文。由于它存在许多不同的专业，因此形成了许多不同的文种。例如，经济活动分析、市场调查报告、经济合同、可行性研究报告、招标通告、商品广告、产品说明书、审计报告等。[1]

经济公文主要有如下特点：

（1）强烈的经济色彩。从内容形式上看，由于经济公文大多产生于经济领域，主要反映或记载生产、管理、流通、分配、消费、经济体制改革等内容；从其效用来看，经济公文主要是宣传国家经济政策，起着组织、指挥、监督和调节的作用，以此推进现代化管理，提高经济效益；从制发和受文单位看，经济公文主要来自财经部门、计划部门及企事业单位，公文的运行也多在这些单位。

（2）灵活多样的形式。现行经济公文中，既有大部头的经济工作报告，也有几十个字的领导指令；有格式规范的经济合同、协议，更有图文并茂的商品或产品广告等。经济公文的格式有比较规范的，也有比较灵活的。

---

[1]　21世纪办公室主任实用全书编委会. 21世纪办公室主任实用全书［M］. 北京：国家行政学院出版社，2005.

（3）专业术语非常突出。由于经济部门与产出、消费密切相关，经济单位行文，必须涉及商品问题、购进销售、经营方法等；统计部门行文，要使用大量的数字、计量单位、说明等，这使得经济部门在制发公文时，需要使用大量的专业术语。这也是经济公文区别于其他公文最显著的特点。

（二）司法公文

司法公文是公安机关（包括国家安全机关）、检察机关、法院、劳改机关以及诉讼当事人依法制作的具有法律效力或法律意义的法律文件。诉讼当事人所提交的各类诉讼也属于司法公文。司法公文作为书面依据和凭证，代表国家意志，适用法律，惩罚罪犯，保护公民，调整国家、集体（团体）、个人之间的法律关系，保障社会秩序。[①]

司法公文具有如下特点：

（1）内容具有法律性。制作司法公文的目的在于实施法律。因此，司法公文是法律规定的具体化。各类司法公文应该反映民事、刑事案件的立案、侦查、起诉、审理、裁决、执行等一系列法律的具体实施。

（2）形式具有程式性。司法公文的程式性是由法律实施的程序化、规范化决定的。司法公文的程式性主要表现在：结构的固定化、用语的规范化、写作事项的要素化。除标题、首部、尾部外，正文多数按照事实、理由、结论的顺序排列；具有实事求是、严肃庄重、准确精练、逻辑严密的语体风格；具有统一、固定的行文格式，体现法律程序要求的特定项目，以保证司法公文的合法性、完整性、准确性和有效性。

（3）解释具有单一性。司法公文是实施发法律过程中唯一有效的法律公文，它的这种实效性，就决定了其在语言表达上必须高度准确，避免歧义，确保只能做单一解释。

（三）科技公文

科技公文是指在科研、生产、基建等活动中形成并使用的图纸、图表、计算材料和文字材料、照片、音像等。科技公文主要文种和形式有：设计图纸、设计说明、科技合同、科技协定、委托设计任务书、科普分析、科技情报、科研计划、科研措施方案、科技资料、计算说明、计算方法、各类图表、照片、音像等。[②]

科技公文主要有以下特点：

（1）内容严密。科技公文是科技性很强的公文，如设计图纸、施工方案、

---

① 张同钦，胡战坤. 机关秘书理论与实务［M］. 郑州：河南人民出版社，2006.

② 李士竹. 文书学［M］. 郑州：河南人民出版社，2006.

实施方案、计算说明、论证等，包含很多定性与定量的内容，有些科技公文关系到一项工程、一项设施、一项科研的成败，所以其内容必须完整、精确、严谨。

（2）体式多样。科技公文的形式比较多，有文件式、说明式、图表式的。这些公文格式，有的以"文件"格式为主，有的则以技术为主，既有约定俗成的体式，又有统一制定的国家标准、国际标准。科技公文的载体也有多种，有纸张、胶片、磁带、磁片等。

（3）用语专业。科技公文中比较普遍地使用的语言是科技语言。由于科学技术专业不一，使用专业术语的代表符号也不一致，不同领域使用的公文需要使用不同学科专业的通行语言、符号等。

（四）对外公文

对外公文是进行国际联络和对外交涉的重要根据，是我国改革开放以来使用得越来越频繁的一种公文。对外公文可分为外交公文和外事公文两种。外交公文应用于国家与国家、政府与政府之间外交事务往来之中；外事公文是在国家对外总方针、政策、原则指导下，由两国的涉外部门或社会集团之间关于外事而在内部行使的文件，如照会、条约、公约、宪章、换文、声明、宣言、对外函件、传真、电报、协定书、合同、换文、授权证书、抗议书、备忘录、最后通牒、公报外交函件、领事证书、召回国书、全权证书等。

对外公文具有如下特点：

（1）格式国际化。对外公文的格式、外观、纸型等要符合国际通用的要求。

（2）注重外交辞令。对外公文对文字要求精练、准确，要留有一定的余地。在使用必要的外交辞令的基础上注意意图的合理表达。

（3）行文关系对等。国家无论大小，地位都是平等的。反映在行文关系上，对外公文都是平行文。在平等互利的基础上根据国际惯例和受文国的具体情况，展开对话与交流。

（五）文教公文

文教公文，一般被称为文教文书。广义地讲是指文化教育、新闻宣传、图书出版等部门所使用的实用文体，包含的具体文种很多。狭义地讲是指国家机关、教育部门、社会团体和学校等单位在教育实践活动中形成和使用的文书材料。①

---

① 程爱学. 科教文书写作［M］. 珠海：珠海出版社，2000.

文教公文具有如下特点：

（1）真切的指导性。文教文书尤其是教育文书都是为指导教学管理工作和具体教学活动而产生的，因而文教文书对教学管理工作和教学活动具有直接的规定约束作用。

（2）突出的专用性。文教文书是文教部门因某种需要而形成、使用的文书，有其专有的使用范围。教师上课要用教案、讲稿；教育主管部门进行教学管理要制订教务工作规定、校园管理规定等专用文书；高校学生毕业时要申请学位就必须撰写、提交毕业论文等等；这些都是文教文书的专用性的体现。

（六）军事公文

军事公文，是军队机关处理公务过程中形成的具有法定效力和规范体式的文书，是军队机关履行职能的重要工具。《中国人民解放军机关公文处理条例》规定军事公文的种类有：命令、通令、决定、指示、通知、通报、报告、请示、批复、函、通告、会议纪要。这些文种与一般机关通用公文文种大致相同，但仅适用于军事范围。例如，"命令"用于发布军事法规、军事规章，确定和调整体制编制，部署军事行动，调动部队，授予、变更和撤销部队番号，调配武器装备，任免人员，授予军衔及荣誉等。与地方机关的公文相比，军事公文的机密性更强，时效性更强，专门性更强。属军事行动的公文，更具命令性、指挥性，有严格的强制执行效力。我国军事公文处理办法的有关规定由中央军事委员会办公厅制定并发布。1980 年 3 月 17 日，中央军委办公厅颁发《关于军用公文分类和格式问题的规定》，要求武装部、武警部队参照此规定执行。

第四节　公文类型的演变与正确选择

一、公文类型演变的规律

（一）公文类型演变的态势

从数量和类型看，我国公文类型的演变呈现出从少到多，从简到繁，从粗到细的发展趋势。以皇帝专用的文种为例，上行文从 1 种发展到 20 种以上；下行文从 2 种发展到 30 种以上。从这些文种的变化与发展中，我们可以看出两个特点：一是文种虽多但大的类型并不多，如上行多是"奏"一类，下行多是诏、敕类，发展到现代，公文文种已经趋近于固定的类别。二是文种的发展形式呈"树枝形"而不呈"竹林形"。就像是在一根总树干上生出许多的枝，在一个大类上分出若干小类。① 值得一提的是，建国后基于对行政效率的要求，公文发展又出现了简化的势头，包括文种数量和层次的简化。

从过程上来看，我国公文类型的演变呈现出一定的继承性和沿袭性，并在此基础上进行改革和创新。公文的发展遵循着创新与继承的辩证关系，其发展的过程也具有延续性。虽然随着社会的发展，朝代和政权不断更替，但公文的发展过程却从未中断，新朝代和政权所设置的文种都是建立在前朝的基础之上的。例如"令"的发展，早在唐尧舜禹三代时期，就已有君王用'令'来发布命令、指示等的记载，到秦朝时为王后与太子所用，汉代则演化为诸侯专用的文书，后经历朝历代沿袭，到临时政府时将其用途修改为上级官署对下级官署以及公署对于人民有所命令时使用，在当代令是国家行政机关及其领导人发布的具有强制性、领导性、指挥性要求的公文文种。

（二）公文类型演变的因素

公文类型的演变受政治制度的影响最大。从本质上讲，公文是为政治服务的，为了加强中央集权，配合国家政治制度，君主对公文的各个程序都作出规定。"在公文发展史上，有些文种因为适应政治历史的需要而出现，满足了当时统治阶级维护自身统治的需要，并在一定程度上促进了社会政治、经济的发展。但随着社会政治制度的不断发展和变化，一些对社会发展曾起过推动和促进作用的文种，因为束缚了社会前进的脚步而被废除。"② 文种的演变亦是为了利于领导集团更好地维护国家政权的统治，国家行政管理的系统化会带动公文制度的规范化，从而相应的公文和公文工作系统也逐步得到了发展完善。

除了受政治因素的影响，公文的演变同时也受经济、社会发展的推动。各行各业都需要各种形式的公文对其进行管理，早在奴隶制社会时期，就已经出现了用于社会管理和经济管理的户籍文书和会计文书。尽管这些文书所体现的政治实质没有改变，但随着时代的发展、社会分工的细化，它用于社会管理方面的内容大大增加。经济、社会的发展催生了很多新式文种，而公文的作用也由以服务于政治为主向以管理性为主的趋势发展。

二、公文类型的正确选择

（一）正确选择公文文种的意义

1. 文种选择与公文撰写有直接关联

2012 年 4 月 16 日发布的《党政机关公文处理工作条例》第十九条明确要

---

① 刘雨樵. 公文起源与演变［M］. 北京：档案出版社，1988.
② 丁玲玲. 民国时期通用文种演变的规律研究［J］. 档案学通讯，2011（2）：40－43.

求公文起草要做到文种正确、格式规范。文种选择是公文撰写的第一环节。公文撰写不少属于被动作文，拟稿前必须有一个领会行文精神的交拟过程。而在交拟时，不少负责人只是简单地交代行文，少谈或不谈文种，即使有所交待也不一定合适。这就要求拟稿人必须询问清楚撰文的背景、意图、依据及具体要求，据此来全面斟酌、仔细选择文种。否则，很难达到满意的效果。

（1）文种选择直接决定了标题的拟写。公文的标题应当准确简要地概括出公文的主要内容并标明公文种类。完整的公文标题由三项组成："发文机关＋事由＋文种"。不完整标题抑或省略发文机关，抑或省略事由，甚至这两项还可同时都省，但就是不能省略文种这一项。

（2）文种选择影响到行文意图与结构。不同的文种其行文方向是有区别的。命令（令）、决定只能是下行文，请示、报告则必须是上行文。前者结构简明、语气庄重，后者结构清晰、用语规范，这都与文种直接相关联。文种一经选定，行文意图也就必然受到影响。如选择了"报告"，内容就不宜谈及"请求"事项；选择了"议案"，内容也就不便涉及一般事务。

（3）文种选择直接制约着语言风格与行文礼节。指挥性公文如"命令"、"决定"等，告知性公文如"通知"、"通报"等，祈复性公文如"报告"、"请示"等，在行文方式和语言风格方面是有明显的区别的。指挥性公文要求庄重、严肃、凝练，告知性公文在行文风格上比指挥性公文语气稍微弱化一些，而祈复性公文更注重礼仪用语。如果"命令"中使用了商榷口吻，"报告"中出现直呼请求批示的要求就会让人贻笑大方。

2. 文种选择对公文处理有直接影响

文种选择对公文处理的影响主要体现在对公文收文办理和归档整理上。《党政机关公文处理工作条例》要求公文标题由发文机关名称、事由和文种组成。这就决定了公文文种会在公文标题中直接显现，收文机关一般都会根据公文文种情况如轻重缓急开展工作，如果"请示"写成了"报告"，收文机关有可能会推迟答复甚至于不予答复。另外，《党政机关公文处理工作条例》第二十五条规定，发文办理必须要经过"复核"，其中就包括对公文文种和格式的复核，如需作实质性修改的，还应当报原签批人复审，可见如果对公文文种不认真对待和慎重选择势必会影响工作进度。

此外，"在公文办理完毕，进行整理（立卷）时，常常需要根据名称特征来立卷，如果文种选择有误，势必影响到文书部门立卷归档及日后的查找利用工作，这时文种选择的重要性也就愈发凸显了。"①

（二）正确选择公文文种的依据

新颁布实施的《党政机关公文处理工作条例》尽管没有明确规定公文文种选择的依据，但行文目的、发文机关的职权、与主送机关的行文关系、所选文种的适用范围这些基本原则问题仍然需要重视。

1. 公文行文的目的和要求

根据行文的目的和要求选择文种，就是在相同性质的文种中，选取有助于实现目的和要求，有助于使主题得到正确、鲜明表现的具体文种。在把握对外行文目的时，要考虑如下几点：

（1）要弄清所发公文内容是需要受文机关办理或执行，还是仅仅告知，并不需要办理或执行。

（2）对需要受文机关办理或执行的公文内容，要分清其是属于指挥性、报请性、商洽性、通告性等不同性质里的哪一类。

（3）对具有指挥性的公文内容，要注意指令性和指导性的差异。所有的行政公文文种都有法定的适用范围，其行文目的和要求必须符合公文的适用范围。行文目的和要求不同，所使用的文种也不相同。例如，"请示"和"报告"的选用，"报告"的目的是下情上达、陈述情况，不要求答复，而"请示"是要求上级对请示的事项给予指示、批准或答复的。

2. 发文机关的职权

选用公文文种，要符合发文机关的权限，不能超越职权。《中华人民共和国宪法》和《中央人民政府组织法》对于国务院及其工作部门以及地方各级人民政府的职权都有明确的规定，这是各级行政机关行文乃至于展开具体工作的依据。仅就文种使用而言，公文的一些种类，有着使用权限的具体规定，选用时必须慎重。例如命令，除了军队以外，能够使用的只有国务院及其各工作部门以及地方各级人民政府。另外，不同的行政公文对其行文主体的要求不一样。有的行政公文行文主体级别高，有的行文主体级别低；有的行政公文行文主体范围广，有的行文主体范围窄。因此，选用的文种应和其制发机关的权限和级别相适应。

3. 发文机关与主送机关的关系

行文关系指的是机关之间文书的授受关系，它是根据机关的组织系统、领导关系和职权范围来确定的。按照行文关系和文书的去向，行政公文可分为上

---

① 胡治平. 公文文种选择琐议［J］. 吕梁高等专科学校学报，2006（4）.

行文、下行文和平行文。根据发文机关与主要受文机关的工作关系选择文种，就是要求明确双方之间本来的工作关系，选取为这种关系所允许的文种：当发文机关是主送机关的所属上级机关时，可以选用规定性、指导性和公布性的下行文种；当发文机关是主送机关的所属下级机关时，应选取呈请性的上行文种；当发文机关与主送机关是同级或存在不相隶属关系时，只能选用商洽性的平行文种。

4. 文种的适用范围

在选择行政公文文种时还应当考虑每个文种的性质、作用和使用要求。根据中办发〔2012〕14 号文件《党政机关公文处理工作条例》的规定，每一文种都有独立的作用和功能，不同的行文内容、目的要求应与文种的适用范围相适应。例如，"通报"的性质是运用典型从正反两方面对干部和群众进行政治思想教育和沟通信息、互通情报、传播政策精神、推动工作的重要文种，其目的在于互通情况，引起注意，用以教育、督促和推动工作，这是与其他指挥性的文种不同的性质。因此，"凡是行文时着重在引导、教育、沟通和推动工作时，就应该选用通报"。①

掌握各类文种的适用范围与使用习惯是正确选用公文文种的前提条件，或者说是基础条件。每种文种都有特定的使用范围，它只能在实现某一行文目的和要求方面有效。事实上，在公文文种中，有一部分是性质相近或相同但具体用途各异的，它们分别适用于表现不同的公文主题，适用于表明不同的行文目的。因此，选用文种时，应选择那些最有利于表达和实现具体行文目的和要求的文种。而在实际工作中，常常会出现混用文种、生造文种的现象。这就需要拟写公文的人员明确某些易混淆的公文文种及其用法。

下面就一些常见的易混文种进行辨析：

（1）公告、通告与通知。公告、通告与通知都有告知事项的共同点，它们之间有四点区别：①告知范围不同。公告是面向国内外公开告知，通告是面向辖区一定范围内公开告知，而通知往往是面向内部告知下级单位办理某一事项。②发文机关不同。公告一般限于最高权力机关、最高行政机关及其工作部门，省一级领导机关，某些法定机关如人民法院、人民检察院以及被授权的部门如海关、新华社、人民银行等，地方行政机关和企事业单位一般不使用公告；而通告和通知对于各级单位来说均可行文，无限制性。③内容性质不同。公告内容属重要事项或法定事项，重在知照性；通告内容专业性较强，或宣布

---

① 谢成军. 关于行政公文文种选择和使用问题的探讨 [J]. 职业圈，2007（24）.

行政措施，或告知具体事务，兼有知照和约束的作用；通知主要是告知周知性事务，如召开会议、节假日安排、机构设置或调整、印章启用或更换等。④发布方式不同。公告一般通过新闻媒体发布；通告除了在新闻媒体发布外，也可采用在相关地区张贴的方式；而通知一定是用常规行政公文（含系统内使用的电子公文）形式来下发。

（2）请示和报告。报告是"适用于向上级机关汇报工作，反映情况，答复上级机关的询问"的行政公文。请示是"适用于向上级机关请求指示、批准"的行政公文。请示和报告都属上行文，均具有"向上级反映工作"的功能。区别在于，"报告"侧重于汇报工作、反映情况，具有单向性，不需要上级回文批复；"请示"侧重于向上级指示、批准，要求上级批复，具有双向性。

（3）决定、通知和意见。决定、通知与意见虽然均具有向下级布置工作的功能，但三者之间的区别也是明显的：①行文目的不同。决定一般侧重于宏观指挥；通知一般侧重于微观指示；意见一般侧重于微观指导。②内容特征不同。决定常用于重要事项、重大行动的安排，带有较强的决策性和纲领性，提出的办法、措施比较原则；通知使用面宽，常用于部署工作，要求明确而具体；用于下发的意见大多是针对新情况、新问题提出见解和处理办法，或作原则性指导，或提出明确具体的要求，文中往往有较多的说理成分。③执行程度不同。决定的指令最强，通知次之。意见作为下行文兼具指令性和指导性两种效用：如文中对贯彻执行有明确要求的，下级机关应遵照执行；无明确要求的，下级机关可参照执行。

（4）条例、规定与办法。条例与规定和办法相比，主要特点是所涉及事物和问题的性质更重要，内容高度概括，有效的时间与空间范围广，稳定性强；对制定与发布机关的地位有较严格限制，如行政系统只有国务院有权使用，国务院各部门和地方人民政府制定的规章不得称条例。规定的特点是使用范围广泛，对制定和发布机关的地位无严格限制；所涉及事物和问题不如条例重大，范围相对窄一些；内容详尽具体，针对性强；一般既可是"自主的"规范性公文，也可以是"补充的"规范性公文。办法比规定所涉及的事物和问题的规模要更小一些，性质也相对轻一些；针对性更强，内容也更加详尽、具体而精细，更重直接的可操作性。

总之，行政公文文种的选择应严格按照党和国家的公文处理法规的规定，把发文机关的行文目的、职责权限和与主送机关的行文关系以及所选用文种的使用规定、使用习惯综合起来考虑。只有这样，我们才能随着形势的发展适应公文文种功能性质不断调整的要求，确保公文的严肃、权威和合法有效性，从而维护机关单位之间的正常工作秩序，确保公文处理的统一性。

第四章　公文结构

公文结构可称公文格式、公文程式，是指公文文面各要素的构成及其编排规范，包括语言结构和逻辑结构两方面。公文语言结构即表层结构，是指公文文面各要素的具体布局；公文逻辑结构可称内容结构，是指公文内容为连贯衔接所形成的程式。公文结构，是它与其他应用文区别的最重要特征。

我国公文的历史悠久，其结构同各时期的政权紧密相关，随着时间的推移，公文结构发生了很大的变化。古代公文结构，从萌芽、出现到成长、规范，经历了相当长的时间，并表现为一定的规律性：总的趋势是由简单到复杂，从灵活到僵化，由僵化而衰败；具体细节是公文逻辑结构相比较语言结构，更为固定、变动较少。① 此外，公文结构随中国文字的书写方式、书写载体以及文化传统的不断变化而变化。近代在由晚清至民国一百多年的时间里，公文逐渐由原来浓厚的封建色彩向资产阶级民主方向发展，其结构的变化是不断趋于简约化、规范化。② 关于当代公文结构，几经调整，结构方面没有发生很大的变化，但越趋规范、稳定，便于为实践工作提供指导。2012 年实施的《党政机关公文处理工作条例》（中办发〔2012〕14 号）、《党政机关公文格式》（GB/T 9704—2012）作了具体的规定，本章进行具体的阐释。

第一节　公文结构图示

当代公文结构遵循国家质量技术监督检疫总局、国家标准化管理委员会 2012 年 6 月正式批准发布的国家标准《党政机关公文格式》（GB/T 9704—2012），该标准于 2012 年 7 月 1 日起正式实施。同时，国家质检总局、国家标准委 1999 年发布的国家标准《国家行政机关公文格式》（GB/T 9704—1999）废止。

《党政机关公文格式》（GB/T 9704—2012）将组成公文的各要素划分为版头、

① 胡元德. 古代公文文体流变述论［D］. 南京：南京师范大学，2006：129.
② 周俊红. 近代中国行政公文的演变及其规律［D］. 石家庄：河北师范大学，2004：38.

主体、版记三部分。其中，置于公文首页红色分隔线（宽度同版心）以上的各要素统称版头；置于红色分隔线（不含）以下至公文末页首条分隔线（不含）以上的各要素统称主体；置于公文末页首条分隔线以下、末条分隔线以上的各要素统称版记。三个部分具有一定的独立性，也各具特点。公文结构示意图，如图4—1所示。

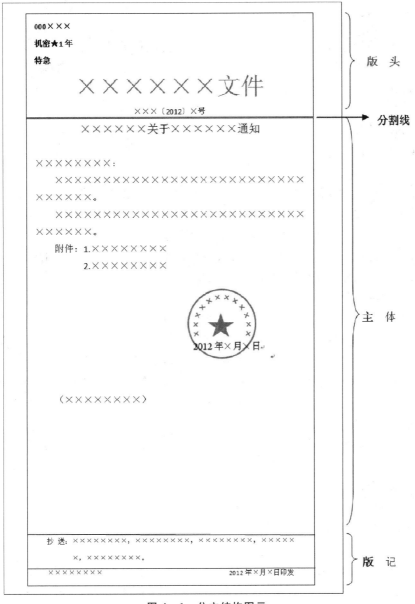

图 4—1 公文结构图示

第二节 公文结构剖析

一、版头

版头的特点是位置相对固定，掌握了《党政机关公文格式》（GB/T 9704—2012）对版头所含各要素位置的规定，就可以设计文件的"版头"部分，它一般由公文份数序号（简称"份号"）、秘密等级（即"密级"）和保密期限、紧急程度、发文机关标志、发文字号、签发人等部分组成，位于公文首页上端。这一部分用红色分隔线（红色粗实横线）与主体部分隔开，可使公文页面美观、醒目。

（一）公文份数序号

公文份数序号是将同一文稿印制若干份时每份公文的顺序编号，通常又称为份号。公文如需标识公文份数序号，用阿拉伯数字顶格标识在版心左上角第一行。需注意并非所有的公文都要编制份数序号，往往是规定带有密级的公文需要编制份数序号。如果公文机关认为有必要，也可对不带密级的公文编制份数序号，如国务院文件都编有份数序号。

公文编制份数序号的目的是准确掌握公文的印制份数、分发范围和对象。当文件需要收回保管或销毁的时候，就可以对照份数序号掌握其是否有遗漏或丢失。发文机关根据份数序号可以掌握每一份公文的去向。因此，发文机关在发文时，收文机关在收文时，都要准确登记份数序号。

《党政机关公文格式》（GB/T 9704—2012）规定，编制公文份数序号一般用 6 位 3 号阿拉伯数字，顶格编排在版心左上角第一行。如同一文件的第四份文件对应份号为"000004"。

发文机关编制份数序号时，可用印号机手工在成文上加盖；也可用印刷设备自带的印号功能，即与成文同时印刷，对此，《党政机关公文格式》（GB/T 9704—2012）并未作统一规定，发文机关可自行掌握。

（二）秘密等级和保密期限

秘密等级是标识公文保密程度的一种标志。涉及国家秘密的公文应当按照国家秘密及其密集范围的规定分别标明"绝密"、"机密"和"秘密"。"绝密"是最重要的国家秘密，泄露会使国家的安全和利益遭受特别严重的损害；"机密"是重要的国家秘密，泄露会使国家的安全和利益遭受严重的损害；"秘密"是一般的国家秘密，泄露会使国家的安全和利益遭受损害。在国家行政机关的公文中应按照上述要求认真确定公文等级，正确标注公文秘密等级。

保密期限是对公文密级的实效加以规定的说明。如公文制发单位能够知道保密期限，可按照国家保密局的要求在秘密等级后标注保密期限，在秘密等级和保密期限间用"★"隔开。如"绝密★6个月"，意味着该公文属于绝密等级，保密的期限为6个月，过期即可解密。

标识秘密等级，用3号黑体字，顶格标识在版心左上角第二行；如需同时标识秘密等级和保密期限，用3号黑体字，顶格标识在版心左上角第二行，秘密等级和保密期限用"★"隔开。应该注意的是，如不标识保密期限，秘密等级两字之间应空1字距离，如需标注保密期限，则秘密等级的两字间不空1字距离，以使该字段不致过长。

（三）紧急程度

紧急程度是对公文送达和办理时间的要求。紧急公文应当分别标明"特急"、"急件"；电报则分为"特提"、"特急"、"加急"、"平急"四种。具体"特急"和"急件"的时间要求是多少，由各地行政机关主管自行确定。

公文如需标识紧急程度，用3号黑体字，顶格标识在版心左上角；如需同时标注份号、密级和保密期限、紧急程度，按照份号、密级和保密期限、紧急程度的顺序自上而下分行排列。

在表示紧急程度时应注意：一是不要随意将公文的紧急程度升格。确定与标明文件的紧急程度，是一项严肃的工作，是为了特别引起文书处理部门和承办人的注意，以保证文件的时效，确保一些紧急问题能得到紧急处理①。因此不要随意将公文的紧急程度升格，防止滥标急件。例如，把平件也作为急件，急件太多，就会造成急件不急，以致影响了真正的急件处理。二是紧急文件应由公文签发人确定并标明其等级。

（四）发文机关标志

发文机关标志即版头，是由发文机关全称或规范化简称后加"文件（或电报）"组成；"函"件只标识发文机关全称或规范化简称，不加"文件（或电报）"字样；"命令（令）"、"会议纪要"除标识发文机关全称或规范化简称外，还应加上文种名称。在民族自治地方，公文标识可并用自治民族文字和汉字，并将自治民族文字排列在前。

根据《中国共产党机关公文处理条例》的规定，党各级机关公文版头的主要形式有四种：

---

① 赵映诚. 文书工作与档案管理［M］. 北京：高等教育出版社，2007.

（1）《中共××文件》，用于各级党委发布、传达、贯彻党的方针、政策，作出重要工作部署，转发上级机关的文件，批转下级机关的重要报告、请示。中共深圳市委《关于实施人才安居工程的决定》文件①的版头设计见图4—2。其他三种党各级机关公文版头与之类似。

　　[例]

中共深圳市委文件

深发〔2010〕5号

───────── ★ ─────────

中共深圳市委　深圳市人民政府

关于实施人才安居工程的决定

（2010年5月14日）

图4—2　中共××文件版头图示

（2）《中国共产党××委员会（××）》或者《中国共产党××委员会》，用于各级党委通知重要事项，任免干部、批复下级机关的请示，向上级机关请示、报告工作。

（3）《中共××办公厅（室）文件》和《中共××办公厅（室）（××）》，用于各级党委办公厅（室）根据授权，传达党委的指示，答复下级党委的请示，转发上级机关的文件，批转下级机关的报告、请示，发布有关事项，向上级机关报告、请示工作。

（4）《中共××部文件》和《中共××部（××）》，用于除报告厅以外的党委各部门发布本部门职权范围内的事项，向上级机关请示、报告工作。

政府机关公文标识主要有两种：

（1）《×××人民政府文件》，主要用于向上级机关请示、报告工作，发布行政法规和规章，下发政府的决定和通知、印发重要会议纪要和政府领导重要讲话，转发上级机关和批转下级机关重要文件等。如以发文机关标识——"辽宁省人民政府文件"、发文字号——"辽政发〔2012〕13号"《辽宁省人民政

───────────────

① 百度文库. 中共深圳市委文件深发〔2010〕5号—实施人才安居工程决定〔EB/OL〕.（2010—12—22）〔2012—05—11〕. http：//wenku. baidu. com/view/e9e8cc6427d3240c8447ef9a. html.

府关于表彰 2011 年度政府工作取得突出成绩市政府的通报》文件①。

（2）《×××人民政府》，主要用于印发函件和处理一般事项的通知和批复等。如发文机关标识为"中华人民共和国中央人民政府"的"国办发〔2012〕27 号"文件《国务院办公厅关于印发贯彻实施质量发展纲要 2012 年行动计划的通知》。②

发文机关全称应以批准该机关成立的文件核定的名称为准。规范化简称应由该机关向上级机关申报。由本机关自定的，一定要明示其他行政机关，不能只是本机关使用而他机关不认同。发文机关标识的位置主要有两种：

第一种是用于平行文或下行文，发文机关标识上边缘至版心上边缘为35mm（约 2 行），也就是留出 35mm 位置用于标识上述的份数序号、密级和紧急程度。要注意，即使上述 3 项要素均不需要标识，也要留出这段空白，也就是说，在设计文件红头时，发文机关位置应自上页边起留出天头 37mm＋35mm＝72mm 的距离。

第二种仅限于上行文，凡上报的公文发文机关标识上边缘至版心上边缘为80mm，即要留出 80mm－35mm＝45mm 的空白供上级机关批示文件用，也就是说上行文发文机关标识距上页边为天头 37mm＋35mm＋45mm＝117mm。

发文机关标识原则应使用小标宋体字，一般用红色标识，居中排列。小标宋体字显得庄重，其他字体如楷体、隶书、魏碑等都带有某些书法艺术的成分，应该说不适于标识具有执法职能的国家行政机关的公文。发文机关标识的字号，现行"国务院文件"的字号即 22mm×15mm，其他各级行政机关标识的字号要小于"国务院文件"，以显示国务院作为最高国家行政机关的地位，具体字号各行政机关可根据机关名称的字数多少来定。此外，电报的发文规定用黑色标识，字号以醒目美观为原则酌定，但也应小于 22mm×15mm。

联合行文时应使主办机关名称在前，"文件"二字置于发文机关名称右侧，上下居中排放。如果联合行文机关过多，必须保证"文件首页显示正文"的要求。若联合行文的机关过多，可能出现将正文挤出首页的情况。一旦公文首页缺乏正文，使人一看便不知道文件内容是什么，是极不严肃的事情。因此，公文首页必须显示正文，发文机关过多只能挤发文机关，不能挤正文，可将发文

①　辽宁省人民政府文件网. 政府文件－辽宁省人民政府关于表彰 2011 年度政府工作取得突出成绩市政府的通报［EB/OL］.（2012－04－07）［2012－05－11］. http：//www. ln. gov. cn/zfxx/zfwj/szfwj/201204/t20120418 _ 861166. html.

②　中华人民共和国中央人民政府网. 国务院办公厅关于印发贯彻实施质量发展纲要 2012 年行动计划的通知［EB/OL］.（2012－04－07）［EB/OL］.［2012－05－11］. http：//www. gov. cn/zwgk/2012－05/03/content _ 2128976. htm.

机关字号缩小，行距缩小，直至保证公文首页显示正文为止（还要考虑发文字号、主送机关、标题的位置）。

联合行文在排列时还应注意：

（1）同级机关联合行文时，可用主办机关一家版头，也可并用几家版头。例如，党中央和国务院联合行文，可只用"中共中央文件"标识，也可用"中共中央、国务院文件"标识。

（2）联合行文的同级别机关，一般按党、政、军、群的顺序排列。如江苏省《关于组织申报江苏省"六大人才高峰"第九批高层次人才项目的通知》（苏人社发〔2012〕319号），其发文机关的排列顺序就是以"中共江苏省委组织部、江苏省人力资源和社会保障局、江苏省财政厅文件"的文头发布的。①

（五）发文字号

发文字号又称文号，由发文机关代字、年份和发文顺序号组成，组成部分通常称为代号、年号、发文顺序号。发文机关标识下空2行，用3号仿宋体字，居中排布——函的发文字号排在横隔线下空1行右空1字处；电报的发文字号置电报上、下黑色分隔线之间右侧；命令（令）的文号标注在命令（令）标识下边缘空2行居中位置；会议纪要编号置会议纪要标识之下、红色分隔线之上正中间。联合行文，只标明主办机关发文字号即可。

其中，机关代字一般由两个层次组成。第一个层次是发文机关代字，第二个层次是发文机关主办文件部门的代字。如铁道部文件的机关代字有"铁办"、"铁财"等，"铁"代铁道部，"办"、"财"代主办这份铁道部文件的铁道部的办公部门、财务部门。读懂机关代字很重要，特别是知道了文件的主办部门是谁，可以比较准确地对文件进行分办、查询和保存归档。有的机关代字还包括其他的层次，如国务院发文的机关代字有"国发"、"国函"。"国"代表国务院，而"发"、"函"代表"国务院文件"、"国务院函"这两种发文形式。有的文件机关代字有七八个、十几个字之多，可能各有所代的层次，但尽量以简化为好。

机关代字应当反映发文机关或部门的性质。同一机关、部门的同一类公文代字应当统一，不可有几种写法。代字可取机关名称前一个或两个字，也可在其后面加"发"或"文"、"函"字组成；一般代字后加"发"字的多用于下行

① 江苏省人力资源和社会保障网. 关于组织申报江苏省"六大人才高峰"第九批高层次人才项目的通知［EB/OL］.（2012－07－30）［2012－12－22］. http：//www. jshrss. gov. cn/sy/zcfg/201208/t20120814_113886. html.

文，加"文"字的多用于上行文，加"函"字的多用于平行文。机关代字应是该机关名称中最具特征、最精炼、最集中的概括。如"中"，代表中共中央；"国"，代表国务院；"国办"，代表国务院办公厅。发文机关和机关内各部门组织的代字，应由机关的办公厅（室）统一编排，从机关和部门名称中选取最有代表性的字，并注意名称相近的单位机关代字不能重复或雷同。假设某省的"计划委员会"、"计划生育委员会"、"计量局"，如果都用"计"字，引用发文字号时，就分不清是哪个单位的文件。机关代字一经确定，就不能轻易改变，同一机关的机关代字若前后不同，就会给公文的制发和处理工作造成混乱。

文件拟定发文字号的作用主要有：一是统计发文数量，便于文件的管理；二是在查找和引用文件时可以作为文件的代号使用。

发文字号的年份与发文顺序号均用阿拉伯数字标识。

年份要用全称，不应简化，如"87"、"93"等均属标识不正确。年份应用六角括号"〔　〕"括起，表明是独立的组成部分。注意六角括号不是数学公式的中括号，因为当引用公文时，标题后面的发文字号要用圆括号"（　）"括起，如果年份用中括号括起，就违反了低级符号中不得包含高级符号的原则。因此称之为"六角括号"是基于与数学的中括号相区别。另外，二者形状也略有不同。有的文件把年份用圆括号括起，今后也要按《党政机关公文格式》（GB/T 9704—2012）的规定使用六角括号。

发文顺序号是发文的流水号。一般都是按文件的形式统一编制，即是哪个部门主办的，只要是同一发文形式，就要统一按顺序编号。有的机关按主办部门或按文件内容划分编序号，是一种较繁琐的办法。《党政机关公文格式》（GB/T 9704—2012）规定，序号不编虚位（即1不编为01），不加"第"（有的单位加"字"）等虚字，主要是讲究实用，尽量减少公文的字数，在阿拉伯数字后加"号"字。

发文字号的位置，在发文机关标识下空2行，居中放置，并且按规定在发文字号之下4mm处应印一条与版心同宽的红色分隔线，这样就明确了发文机关标识与红色分隔线之间的距离是3行位置，发文字号应标在第3行，并且不要紧贴红色分隔线，空出约4mm的距离（实际掌握只要不贴红色分隔线即可）。上行文的发文字号居左空一字排列，与最后一个答复人姓名处在同一行。

（六）签发人

签发人标识仅是在上报的公文（即"上行文"）中才出现，在上报公文中标注签发人姓名，主要是为了让上级单位的领导人了解下级单位谁对上报事项负责，是表示文件生效并对文件内容郑重负责。上报的公文需标注签发人姓名，例如，联合行文还需要标注会签人姓名。签发人姓名平行排列于发文字号右侧，发文字号居左空 1 字，签发人姓名居右空 1 字；"签发人"用 3 号仿宋体字，"签发人"后标全角冒号，冒号后用 3 号楷体字标识签发人姓名。还需注意"会签人"，"会签人"及会签人姓名置于"签发人"及签发人姓名之下，其标识方法同签发人。电报签批人姓名置于上黑色分隔线居右空 1 字处，其标识规则同签发人相应要求。

若有多个会签人，或者有的文件按规定还需要标注会签人，此时的标识方法是：发文字号应始终放在红色分隔线之上的最后一行，文件主办单位的签发人要始终放在最上面的位置；其他单位会签人姓名从第 2 行起在主办机关单位签发人姓名之下按发文机关顺序依次排列，并下移红色分隔线，使发文字号与最后一个会签人姓名处在同一行，但排列顺序和原则不变，并使红色分隔线与其距离保持在 4mm，发文字号居左空 1 字和签发人姓名居右空 1 字的要求不变。简单来说，若有多个签发人，签发人姓名按照发文机关的排列顺序从左到右、自上而下依次均匀编排，一般每行排两个姓名，回行时与上一行第一个签发人姓名对齐。

二、主体

主体即行文部分，是反映公文主要内容的部分。主体一般由公文标题、主送机关、公文正文、附件、成文日期、公文生效标识、附注、附件等要素组成。

（一）公文标题

公文标题是对公文中心内容的高度概括与提炼，是整个公文内容的总括。一般由发文机关、事由、文种三部分组成，通常称为公文标题的"三要素"，如图 4—3 所示。

［例］

国 务 院 关 于 <u>促 进 稀 土 行 业 持 续 健 康 发 展</u> 的 若 干 意 见
　发文机关　　　　　　　　　　　　　事由　　　　　　　　　　　　文种

图 4—3　公文标题三要素示意图

这样的公文标题起提示作用，使人一看就明白这份公文是什么类型的公文，由哪个机关发出，反映什么问题。

发布行政法规、规章的公文标题加"发布"字样；上级机关批转下级机关公文的标题加"批转"字样；转发上级、同级和不相隶属机关的公文标题加"转发"字样。批转、转发公文，原文件可不加书名号。例如"安庆市人民政府转发安徽省人民政府关于调整安庆市部分行政区划的通知"。

从语法结构上看，公文标题是以文种为中心词，以发文机关、事由为限定修饰成分的偏正词组。其中，在作者与事由之间，通常用"关于"、"对"等介词连接，组成一个介词结构。例如，在标题"湖北省高等学校招生委员会关于做好 2012 年普通高等学校招生工作的通知"中，"做好 2012 年普通高等院校招生工作"是动宾词组，"关于"和这个动宾词组共同组成介词结构，并作为文种"通知"的定语。"关于"、"对"等在标题中的作用是表示关联，表示事物涉及的范围或取舍的内容。运用介词要防止重叠，如"××县关于对建设旅游大县若干问题的决定"，"关于"、"对"就是介词重叠，应改为："××县关于建设旅游大县若干问题的决定"。

对于批转、转发原文有"关于"字样的文件，为避免重复，批转、转发机关的"关于"字样可以忽略。例如国家发展改革委向国务院行文，标题是"关于 2012 年深化经济体制改革重点工作的意见"，国务院要批转这个公文，其批转公文的标题可以是"国务院批转发展改革委关于 2012 年深化经济体制改革重点工作意见的通知"。①

公文标题的某些要素在有些情况下可以忽略：

（1）省略发文机关名称，只写事由和文种。这里可以分为两种情况：一是一些法规性公文，如《电子公文归档管理暂行办法》，标题就没有加发文机关，这类法规性公文在正式公布时仍要使用完整的公文标题，如《国家档案局　中央档案馆关于认真贯彻〈电子公文管理暂行办法〉的通知》；二是电报、专题会议纪要的标题也只写事由和文种，不写发文机关名称。以上两种情况在引用时都应该将发文机关加上。

（2）省略事由，只有发文机关和文种。有些文件内容单一，正文部分文字较少，使人一目了然。在这种情况下，标题中"事由"部分可以省略，以求庄重简练。例如《中华人民共和国农业部令》2012 年 2 号令，其标题如果写成"中华人民共和国农业部关于发布《农业植物品种命名规定》的命令"，与正文字数相比，就显得繁复冗长。

（3）省略发文机关名称和事由。这种多见于公布和张贴性的公文，如机关的通知、通报、启事、公告和通告等。公文以文种作为标题，是为了张贴时醒目，有利于扩大传播范围。

这里应注意，公文标题的部分省略是有条件限制的，而且在任何情况下，

---

① 中华人民共和国中央人民政府网. 国务院批转发展改革委关于 2012 年深化经济体制改革重点工作意见的通知［EB/OL］.（2012—04—07）［2012—05—11］. http://www. gov. cn/zwgk/2012—03/22/content _ 2097110. html.

文种不能省略。如果省略，一是不方便现实执行，二是不方便查找和利用。

公文标题中除法律、法规、规章名称加书名号外，一般不使用标点符号。书写批转、转发、印发或贯彻上级机关发出的公文标题，应将事由写清楚，不能只写原文的发文字号。

公文标题一般标识在红色分隔线下空 2 行处，居中排布，用 2 号小标宋体字。如果字数偏多，则分行排列，以给人以美感。分行时不要把各行上下对齐排成等长，可视字数多少居中排成一行或二至三行，不得将两个字以上的词（语句、语意群）拆开排在不同的首尾，要做到语意完整、排列对称、长短适宜、间距恰当，排列应当使用梯形或菱形。这里有一个公文标题排列不恰当的例子。

［例］

××市城乡建设管理委员会
关于解决京广高铁沿线广州城区段部分
景墙建设经费的请示

市政府：

为加快京广高铁沿线××城区段综合整治步伐，美化铁路沿线景观，根据京广沿线××城区段综合整治规划，已经市政府研究同意，在××火车站附近和××码头小区附近高铁沿线分别兴建长 300 米和 500 米，高 3 米的景墙。建筑造价每平方米 1000 元。由施工单位垫付资金动工兴建，目前工程将近完成，现急需解决建设经费 240 万元。

请批示！

××市城乡建设管理委员会（章）

2004 年 9 月 23 日

这份请示，要求解决景墙建设经费问题。我们看文件正文，知道是要求解决修建沿线高铁干线几个城区地段景墙的经费问题。但是这里的标题排列是"城区段"与"部分"相连，两者复指，即"部分"就是"城区段"，"城区段"等于"部分"，这样理解就成了要求解决的是××的城区段部分的全部景墙的建设经费问题。如果将"部分"放到下一行排列，那么"部分"限定的是"景墙"。这样才符合请示正文要解决的问题。正确的排列是：

[例]

××市城乡建设管理委员会
关于解决京广高铁沿线广州城区段
部分景墙建设经费的请示

……

（二）主送机关

主送机关，又称送达机关和行文对象，是指发文机关要求对公文予以办理或答复的对方机关和单位。标识主送机关，应当使用全称或者规范化简称、统称；应按其性质、级别和有关规定或惯例依次排列，同性质或级别的机关之间用顿号，不同性质或级别的机关之间用逗号，最后一个主送机关名称后标全角冒号，如"各省、自治区、直辖市人民政府、国务院各部委、各直属机构："就是用顿号、逗号将各机关的性质、级别分开的。若主送机关名称过多而使公文首页不能显示正文时，应将主送机关名称移至版记中抄送之上一行，之间不加分割线，标识方法同抄送。

确定主送机关一般有以下情况：一是下行公文，除批复外，一般有两个以上主送机关，其级别越高，覆盖面就越大，主送机关就越多；二是向上级机关的请示文件只写一个主送机关，不要多头主送，不要越级主送；三是公布性文件，如通告、公告、命令，对象人数较多，可不写主送机关。

标识主送机关时应标明主送机关的全称、规范化简称或同类型机关的统称。所谓同类型机关的统称如"各省、自治区、直辖市人民政府"。

主送机关的位置，应在正文之上和公文标题下空一行，无论一行或多行，均居左顶格用3号仿宋体字标识，回行时仍顶格。

（三）公文正文

公文正文是公文的主体和核心，具体叙述文件所要表达的思想内容，体现发文机关的意图，是公文最重要的组成部分，在逻辑结构上，正文应遵循的规律是：提出问题——分析问题——解决问题。

提出问题多从叙述本地区的实际情况和发文的起因说起，有的根据上级的指示，有的根据本地区的实际情况，有的引用来文或叙述来文的主要内容等等。这一部分又称为引据部分，要写得简明扼要，主要说明发文的根据和重要意义。

分析问题是正确体现党的方针政策，充分说理的部分。这部分要有针对性地提出问题，依据发文的目的和要求，突出重点，把需要解决问题的理由阐述清楚。

公文的最终目的在于解决问题，一般在结尾说明解决什么问题，怎样解决，由谁解决，用语要明确具体。例如，请示性公文写明"请予拨款"等。指示、通知等主要说明执行要求。

这三部分内容在结构形式上由三部分组成：缘由、事项、要求。缘由，即说明所发文件或所要请示问题的原因和理由，由此引出有关事项和问题，同时也是提出问题的依据。事项，即分析问题的有关具体内容，如有关通知事项、决定事项等。要求，即解决问题中的具体办法。一篇公文，如一篇指示或决定，总是先叙述为什么要做出指示或决定，即根据、目的是什么，然后用"特作如下指示或决定"进行过渡，即引出问题、事项；然后说明指示、决定的具体事项内容；最后说明如何传达、贯彻指示或决定。

缘由部分的基本表现形式是："为了……根据……特作如下……"，或"根据……为了……特作如下……"，或"最近（先叙述情况）……为了……特作如下……"。

事项部分要安排好层次，其表现形式一是简单列举式，即把有关事项一条一条排列起来；二是平叙式，即按事物的发生、发展变化的过程或时间先后顺序把事项材料组织起来，构成逻辑顺序，把事项叙述清楚；三是按先叙事，再说理，后得出结论的形式。

要求部分的结构表现形式主要有：总结式，如"总之，要……"；祈使式，如"当否，请指示"等；此外还有强调式、希望（号召）式、说明式等。

正文的结构安排要根据公文文种的特点，符合表现中心的需要，做到合情合理；要理清思路，使结构清晰、严密，做到段落恰当、层次分明、详略得当，开头简括，结语明确，过渡自然，呼应紧密，排列有序，全文整肃。

正文的写作要求[①]是：

（1）正文的内容要符合党的路线、方针、政策和有关规定，符合国家的法律、法规。提出新的政策规定要注意保持连续性，提法要同已公布的文件相衔接。

（2）正文反映的情况、问题、数据等必须真实可靠，提出的措施和办法必须切合工作实际，切实可行。

（3）内容涉及的有关部门要经过协调、会商，取得一致意见。

（4）在文字表达上要概念准确，观点鲜明，条例清楚，篇幅简短，实事求

---

① 赵映诚. 文书工作与档案管理［M］. 北京：高等教育出版社，2007.

是，合乎语法规范，正确使用标点符号。

（5）用数字表示多层次结构序数，第一层用"一"、第二层用"（一）"、第三层用"1."、第四层用"（1）"。示例如下：

[例]

一、文书工作的基本原则

　　（一）……

　　（二）……

　　（三）保密、安全

　　　1.……

　　　2.安全体现

　　　　（1）实体安全

　　　　（2）……

公文首页必须显示正文，一般用 3 号仿宋体字，位置位于主送机关名称下1 行，每自然段左空 2 字，回行顶格，数字、年份（用阿拉伯数字标识）均不能回行，这是根据公文的特点而定的。因为公文中的数字、年份不能有任何漏洞，数字、年份回行易出现差错，也易使阅读人看错。

（四）附件

附件是用以说明并附注在公文正文之后的有关文件材料的名称及件数。在内容上，附件对正文的有关问题起补充和参考说明作用；在形式上，附件是公文正文内容的一个组成部分而不可随意分开，有附件的公文，附件就同正文一起组成一个完整的公文。

当公文正文中有一些内容，如图表、名单、规定等，若穿插在公文正文中，往往隔断公文前后意思的联系而造成阅读上的不便。这时需要将其从公文正文中抽出而作为公文的附件单独表述，但是放在公文生效标识印章之后。需要明确的是，公文的附件是正文内容的组成部分，与公文正文一样具有同等效力。为了保证这一点，需要在公文正文之后标注附件的序号和名称，然后在附件上同样标识其序号和名称，以显示附件与正文不可分割的关系。若正文之后的附件序号和名称与正文中附件的序号和名称不一致，在法律意义上，可以不承认该附件是正文的附件，由此附件便失去了其本应有的与正文同等的效力。因此，《党政机关公文格式》（GB/T 9704—2012）规定：

（1）附件应与正文一起装订。若附件与正文不能一起装订，在附件上要标识所属公文的发文字号及"附件"二字。

（2）正文后的附件标识应与附件的标识前后一致。

（3）附件的细节规定，如"附件"二字用用 3 号黑体字标识、附件序号用阿拉伯数码、附件名称后不加标点符号、附件后标全角冒号和名称等。

（4）附件应标注在正文下空 1 行左空 2 字，附件上的"附件"标识在左上角顶格第 1 行，即位于正文的左下方、公文生效标志之上，还需附加说明所附文件材料的名称及件数，并在发文机关落款和成文日期之后或另起一页附上所列附件的材料。

附件标注应规范，格式为：附《×××××××》一件。在有两个以上附件的情况下，使用阿拉伯数字标注附件顺序号，且附件名称后不加标点符号；若附件名称较长需回行时，应当与上一行附件名称的首字对齐。具体可表示如下：

〔例〕

附件：1.×××××××××××××××××××××××××
×××××××

2.×××××××

3.×××××××

这样，便于对相关附件查找和阅读。举一个实际的例子，《国务院办公厅关于印发"十二五"全国城镇污水处理及再生利用设施建设规划的通知》（国办发〔2012〕24 号）文件①的附件如下：

〔例〕

附件：1."十一五"全国城镇污水处理及再生利用主要指标实现情况

2."十二五"全国城镇新增污水配套管网规模

3."十二五"全国城镇新增污水处理规模

4."十二五"全国城镇升级改造污水处理规模

5."十二五"全国新增城镇污泥处理处置规模

6."十二五"全国新增城镇污水再生利用规模

7."十二五"新增设施运营监管能力及投资

8."十二五"全国城镇污水处理及再生利用设施建设投资

（五）成文日期

成文日期是指文件的制成时间，它是文件生效及日后查考的重要依据之一。公文如果没有成文日期，在某种意义上说就是一纸空文。成文日期的确定有以下几种情况：

---

① 中华人民共和国中央人民政府网. 国务院办公厅关于印发"十二五"全国城镇污水处理及再生利用设施建设规划的通知（2012—04—07）[EB/OL]. [2012—05—11]. http：//www. gov. cn/zwgk/2012—05/04/content_2129670. htm.

（1）在一般情况下，公文的成文日期以领导人签发日期为准。

（2）经会议讨论通过的公文以通过日期为准。

（3）两个以上机关的联合发文以最后签发机关的领导人签发的日期为准。

（4）电报以发出日期为准。

（5）法规性文件以批准日期为准。法规性文件的发布日期与施行日期不一致时，应在正文中同时注明施行日期。

公文成文日期的标注位置一般在正文末尾左下方，应结合印章恰当标注。公文成文日期应使用阿拉伯数字将年、月、日标全，年份应标全称，月、日不编虚位（即1不编为01）。

成文日期一般右空四字编排，印章用红色，不得出现空白印章。由于印章一般要盖在成文日期之上，所以成文日期的最终位置要依印章的而定，下"4.2.2.6公文生效标识"会详细介绍。但命令（令）的成文日期应标识在签发人（命令性公文及有关证书等，须由有关领导人签署签发人姓名，以表示其权威性，如在公文末尾处右下方标明"中华人民共和国主席　×××"、"部长　××"）签名章下一行右空2字处；会议纪要的成文日期应居右顶格标识在红色分隔线之上右侧。

（六）公文生效标识

公文生效标识是证明公文效力的表现形式，包括发文机关印章或签署人姓名。印章指正文末尾加盖的发文机关印章或领导同志签名章，是发文机关对公文表示负责并标志公文生效的凭证。公文除去会议纪要、电报、翻印件外，均需加盖印章。应加盖印章的公文，除用令发布的行政法规、规章，按照法定程序向同级人民代表大会或其常务委员会提请审议事项的议案和少数函件用领导同志签名章外，均加盖发文机关印章。联合上报的公文由主办机关加盖印章；联合下发的公文，发文机关都应当加盖印章。公文所盖的印章一定要与发文机关一致，因故需用别的印章代替时，应注明"代"字。例如"命令（令）"签署签发人姓名，可用签名章代替，标识在正文下一行右空4字处，签名章在空2字处标识签发人职务；联合发布的"命令（令）"的签发人职务应标识全称。

《党政机关公文格式》（GB/T 9704—2012）中规定的公文生效标识有以下四种情况：

（1）单一发文机关印章。单一机关制发的公文在落款处不签署发文机关名称，只标识成文日期并加盖印章。成文日期右空4字；加盖印章应上距正文2~4mm，用红色端正、居中下压成文日期。当印章下弧无文字时，采用下套方式，即仅以下弧压在成文日期上；当印章下弧有文字时，采用中套方式，即印章中心线压在成文日期上。

鉴于行政机关公文的法定性和印章的特定功能,《中华人民共和国刑法》第二百八十条规定:"伪造、变造、买卖或者盗窃、抢夺、毁灭国家机关的公文、证件、印章的,处 3 年以下有期徒刑、拘役、管制或者剥夺政治权利;情节严重的,处 3 年以上 10 年以下有期徒刑"。为了保证印章的真实性,提高印章的防伪性,《党政机关公文格式》(GB/T 9704—2012)对印章的格式做了详密的规定:国家行政机关的印章均带有国徽,把国徽盖歪了是极不严肃和极不负责的态度,即使是采用印刷技术加盖印章,制版时也要严肃认真,严格按本标准执行。此外,《党政机关公文格式》(GB/T 9704—2012)还提出了两种印章加盖方式,一是"下套方式",适用于带有国徽、印章下弧没有文字的印章,其标准是印章的图案(如国徽)和文字不压成文日期,仅以下弧压在成文日期上。制作者可对照现行国务院文件和《党政机关公文格式》(GB/T 9704—2012)所附的样式来掌握;二是"中套方式",适用于印章下弧有文字的印章(行政机关的部门印章或专用印章有许多是这种样式),这种方式要求印章的中心线压在成文日期上。

(2)联合行文印章。当联合行文需加盖两个印章时,应将成文日期拉开,左右各空 7 字;主办机关印章在前,两个印章均压成文日期,印章用红色。

当联合行文需加盖 3 个以上印章时,为防止出现空白印章,应将发文机关名称(可用简称)排在成文日期和正文之间。主办机关印章在前,协办机关的印章按照发文机关标识的顺序依次排布,每排最多排 3 个印章,两端不得超出版心;最后一排如余一个或两个印章,均居中排布;印章之间互不相交或相切,每排印章中心线对齐;在最后一个印章之下右空 2 字标识成文日期。由于会出现至少有一个以上的印章无法压在成文日期上,即至少有一个以上的印章是空白印章。凭借现在印刷公文大量采用的现代印刷设备,就可以套印印章,套印印章的方法就是将一个印章在纸上的空白印章作为印模直接制版。因此,如果公文出现空白印章,就等于把单位印模送给了所有收文对象,极易给伪造印章提供可乘之机。为了防止出现空白印章,所有的行文单位都要署单位名称,将印章加盖在单位名称上,这样便不会出现空白的印章。印章每排最多排 3 个,这样要求是防止印章边缘超出版心。

(3)加盖签发人签名章。单一机关制发的公文加盖签发人签名章时,在正文(或附件说明)下空二行右空四字加盖签发人签名章,签名章左空二字标注签发人职务,以签名章为准上下居中排布。在签发人签名章下空一行右空四字编排成文日期。联合行文时,应当先编排主办机关签发人职务、签名章,其余机关签发人职务、签名章依次向下编排,与主办机关签发人职务、签名章上下对齐;每行只编排一个机关的签发人职务、签名章;签发人职务应当标注全称。

（4）不加盖印章。单一机关行文时，在正文（或附件排版说明）下空一行右空二字编排发文机关署名，在发文机关署名下一行编排成文日期，首字比发文机关署名首字右移二字，如成文日期长于发文机关署名，应当使成文日期右空二字编排，并相应增加发文机关署名右空字数。联合行文时，应当先编排主办机关署名，其余发文机关署名依次向下编排。

需特别注意，当公文排版后所剩空白处不能容下印章位置或签发人签名章时，应采取调整行距、字距的措施加以解决，务使印章或签发人签名章与正文同处一面，不得采取标识"此页无正文"的方法解决，以防止公文被伪造、编造。具体调整方法是：当正文之后的空白只有一两行时，可以加宽行距，至少将一行文字移到下一页；如果正文之后的空白仅差一两行便可容下印章位置时，可以缩小行距或缩小一两行字距，挤出能容下印章的空间。这样，印章与正文就能同处一页，不留任何空白，堵住私加公文内容而导致的漏洞。

（七）附注

附注一般是对公文的发放范围、使用时应注意的事项等情况的说明，如"此件发至县团级"、"此件可登报"等。中央文件的阅读（传达）范围主要有以下几种情况：

（1）发给各省、自治区、直辖市党委，各大军区党委。这种中央文件机密性强、阅读范围小，只供各受文单位的党委常委（党组成员）以上干部阅读。

（2）发至省、军级。省军区党员干部，以及中央和中央组织部批准按省军区待遇的党员干部，可阅读发至省、军级的中央文件。各正厅局级党委（党组）主要负责同志，可阅读有关省军级中央文件。

（3）发至地、市级。厅局级及以上的党员干部可以阅读有关文件。

（4）发至县、团级。县处级或相当级别以上的党员干部可以阅读有关文件。

（5）发至县、团级并可登党刊的文件，一般可发至基层党委和党支部。

（6）公开发布。经批准可在报刊、电台、电视台刊登、播发的文件，同内部印发的正式文件具有同等效力，应与正式文件一样依照执行；同时，由司法机关按照正式文件格式印发少量份数，供有关单位存档备查。

公文如有附注应用3号仿宋体字，居左空2字加圆括号标识在成文日期下一行处。

机关的"请示"应当在附注处注明联系人的姓名和电话。

（八）附件说明

附件应与公文正文一起装订，但要另面编排，并在版记之前。"附件"二字及附件顺序号用 3 号黑体字顶格编排在版心左上角第一行。附件标题居中编排在版心第三行。附件顺序号和附件标题应当与附件说明的表述一致。附件格式要求同正文。

如附件与正文不能一起装订，应当在附件左上角第一行顶格编排公文的发文字号并在其后标注"附件"二字及附件顺序号。

三、版记

版记即文末部分，居公文最后一页，需要将最后一个要素置于最后一行。文末部分一般由文末部分分割线、抄送机关、印发机关、时间和份数等要素组成。

（一）分割线

《党政机关公文格式》（GB/T 9704—2012）规定，版记中各要素之间加一条分割线隔开，宽度同版心，首条分隔线和末条分隔线用粗线（推荐高度为 0.35mm），中间的分隔线用细线（推荐高度为 0.25mm）。首条分隔线位于版记中第一个要素之上，末条分隔线与公文最后一面的版心下边缘重合。这一是为显示各要素之间的区别；二是为了美观。具体标识方法可参见《党政机关公文格式》（GB/T 9704—2012）。

（二）抄送机关

抄送机关是指除主送机关之外需要告知公文内容的其他机关。抄送机关应当使用全称或者规范化简称、统称。《党政机关公文格式》（GB/T 9704—2012）规定，抄送机关一般用 4 号仿宋体字，在印发机关和印发日期之上一行，细节如下：一是抄送机关左右各空一字编排；二是抄送机关回行时与上一行的抄送机关对齐，这与标题之下的主送机关回行时顶格仍不同；三是抄送机关间用逗号隔开，最后要标注句号，这是为了防止在抄送机关之后私自加入其他的抄送机关，同样有防止变造公文之意。

另外，要求抄送机关不能过滥，确定抄送机关要掌握以下几条原则[1]：

（1）抄送要限于同文件内容有关、需要对方知道或协助办理的机关，既不能滥报、滥收，也不能漏报、漏收。

（2）向上级机关的请示，不可同时抄发下级机关；向上级机关的报告，一般也不要抄发下级机关。

（3）向下级机关的重要行文，可以抄送直接的上级机关；翻印或原文转发

---

① 倪丽娟. 文书学（第二版）[M]. 北京：高等教育出版社，2010.

上级机关的文件，不要再报上级机关。

（4）在一般情况下，下级机关不得越级行文请示、报告，也不得越级抄送文件。因特殊情况必须越级行文时，应当抄送被越过的上级机关。

（5）受双重领导的单位的请示、报告，应根据文件的内容确定主送机关和抄送机关。上级机关向受双重领导的单位行文，应视文件内容来确定是否送收文单位的另一个上级机关。

抄送机关要根据公文内容、发文目的和隶属关系严格控制，其排列顺序一般是：①上级机关；②党的机关、军事机关、人民团体、民主党派；③人大、政协、法院、检察院；④其他单位。

（三）印发机关和印发时间

印发机关和印发时间是指文件制发（含翻印）情况的说明记载，包括文件制发单位的名称、制发日期和印制份数。

印发机关和印发时间位于抄送区域与横线之下，即位于抄送机关之下，占1行位置，印发机关左空一字，印发日期右空一字，用阿拉伯数字将年、月、日标全，月、日不编虚位（即1不编为01），后加"印发"二字。若印发机关字数太多，可以自行简化。版记中如有其他要素，应当将其与印发机关和印发日期用一条细分割线隔开。然后在下方划一条与图文区等长的间隔线作底线，底线下面右侧标注印刷份数。

需注意印发机关不是指公文的发文机关，发文机关已有明显的"红头"标识或在公文标题中显示。这里的印发机关是指公文的印制主管部门，一般应是各机关的办公厅（室）或文秘部门。有的发文机关没有专门的办公厅（室）或文秘部门，也可标识成发文机关。

标识印发日期是为了准确反映公文的生成时效。一般来说，公文在领导签发之后，也就是生效时间之后，往往需要经过打字、校对、复核等环节。按规定，公文印发日期以公文付印的时间为准，这也突出了生效时间与印发时间的区别。通过了解生效时间与印发时间的时间差，既可以使发文机关掌握制发公文的效率，也可以使收文机关掌握公文的传递时间，均有利于公文的办理。《党政机关公文格式》（GB/T 9704—2012）规定，印发日期用阿拉伯数码标识，也有尽量缩小位置的考虑，以保证一行位置能容下印发机关和印发日期。

翻印文件说明同印刷文件说明大体相同。但翻印秘密文件须经制发机关批准或者授权，翻印后要向原发文机关备案。上级机关翻印所属下级机关的文件可不受此限。

（四）版记位置

版记应位于最后一面，也就是说版记一定要放在公文的最后，即公文的最后一面最下面的位置。这样规定的原因是为了保证公文的完整性。因为公文开始的部分很明显，即印有红头的首页，而结束部分就是版记。这样就可以明确红头与版记之间的所有部分都是公文不可缺少的成分，由此可以判断公文是否完整。具体确定版记的位置，会遇到以下情况：

（1）公文主体之后的空白容不下版记的位置，需另起一页标识版记，此时版记要放在最后一面，即使前一面完全空白也没有关系。

（2）公文的篇幅如果在一个折页（即有四面）以上，这时公文的页数一般应是 4 的倍数，此时版记也一定要放在最后一面，而不管前面有几页空白（一般不会超过 3 面）。

（3）公文有附件。如果附件最后的空白能够容下版记，而该页又正是 4 的倍数，此时版记应置于该空白处，以免造成不必要的浪费。如果附件是被转发的文件，该文件后面也有版记，此时被转发文件的版记不能代替转发文件的版记，转发文件还应标识自身版记。

四、页码

《党政机关公文格式》（GB/T 9704—2012）规定，公文页码一般用 4 号半角宋体阿拉伯数字，编排在公文版心下边缘之下，数字左右各放一条 4 号一字线，一字线距版心下边缘 7mm。单页码居右空 1 字，双页码居左空 1 字。公文版记页前有空白页的，空白页和版记页均不编排页码，这是为了防止在空白页私加文字，即表明页码只标识到公文主体部分结束的那页。如果想在公文主体部分之后私加文字而冒充公文的主体，就需要在该页标识页码，印有版记的那面也就要标识页码，这样，真假公文相对照，就可快速辨识。另，公文的附件与正文一起装订时，页码应当连续编排。

五、表格

在实际工作中，有些公文需要附一些表格。《党政机关公文格式》（GB/T 9704—2012）规定，表格所在页码应与公文其他页码保持一致，单页码横表表头在订口一边，双页码横表表头在切口一边。这样放置可保证连续编排的表格可以依次顺序向下看，否则有可能出现单双页表格全部放在钉口一边或切口一边的情况，阅读公文就要反复颠倒来看，很不方便。

公文如需附 A3 纸型表格，即表格开本比较大，且当最后一页为 A3 纸型表格时，封三、封四（可放分送，不放页码）应为空白，将 A3 纸型表格贴在封三前，不贴在文件最后一页（封印上）。

六、公文中计量单位、标点符号和数字的用法

《党政机关公文格式》（GB/T 9704—2012）对公文中计量单位的用法作了明确规定，要求应当符合 GB 3100—1993、GB 3101—1993 和 GB 3102—1993，标点符号的用法应当符合 GB/T 15834—1995，数字用法应当符合 GB/T 15835—2011。

七、特定公文的格式

公文的特定格式主要指《党政机关公文格式》（GB/T 9704—2012）对信函、命令（令）、纪要的格式规定。

（一）信函格式

信函发文机关标识使用发文机关全称或者规范化简称，位置居中，上边缘至上页边为 30mm，推荐使用红色小标宋体字。联合行文时，使用主办机关标识。

发文机关标志下 4mm 处印一条红色双线（上粗下细），距下页边 20mm 处印一条红色双线（上细下粗），线长均为 170mm，居中排布。如需标注份号、密级和保密期限、紧急程度，应当顶格居版心左边缘编排在第一条红色双线下，按照份号、密级和保密期限、紧急程度的顺序自上而下分行排列，第一个要素与该线的距离为 3 号汉字高度的 7/8。发文字号应顶格居版心右边缘编排在第一条红色双线下，与该线的距离为 3 号汉字高度的 7/8。第二条红色双线上一行如有文字，与该线的距离为 3 号汉字高度的 7/8。

信函正文中标题要居中编排，与信函版头最后一个要素相距二行。

信函版记不加印发机关和印发日期、分隔线，位于公文最后一面版心内最下方。

需注意信函首页不显示页码。

（二）命令（令）格式

命令（令）的发文机关标识由发文机关全称加"命令"或"令"字组成，居中排布，上边缘至版心上边缘为 20mm，推荐使用红色小标宋体字。

命令（令）的发文机关标识下空二行居中编排令号，令号下空二行编排正文。

命令（令）的签发人职务、签名章和成文日期的编排与一般性公文保持一致。

（三）纪要格式

纪要标识由"×××××纪要"组成，居中排布，上边缘至版心上边缘为

35mm，推荐使用红色小标宋体字。

纪要中要标注出席人员名单，一般用 3 号黑体字，在正文或附件说明下空一行左空二字编排"出席"二字，后标全角冒号，冒号后用 3 号仿宋体字标注出席人单位、姓名，回行时与冒号后的首字对齐。

另外，还要标注请假和列席人员名单，除依次另起一行并将"出席"二字改为"请假"或"列席"外，编排方法同出席人员名单。

纪要具体格式可根据实际情况制定。

第五章　纸质公文处理程序

公文处理是公文的重要组成部分之一，实际上就是围绕公文的形成、运转和管理所进行的工作。组成这一过程的一系列衔接有序的环节称为公文处理程序，它反映了公文在机关内部运转和处理的全部过程及规律。秘书人员要自觉按照规定的公文处理程序进行工作，努力实现公文处理工作的制度化、规范化。

国内学者围绕纸质公文处理程序问题进行了研究，代表性观点有：

赵国俊认为，收文处理是对所收到的公文进行加工处理的过程，主要包括公文的收受与分流、公文办理、组织传阅与催办查办、处置办毕公文四个阶段。收文处理的一般程序为：签收、外收文登记、启封、内收文登记、分办、摘编、拟办、批办、承办、注办，组织传阅、催办、查办，处置办毕公文。发文处理是对所收到的公文进行加工处理的过程，主要包括公文文稿的形成、公文的制作、公文的对外传递、处置办毕公文四个阶段。发文处理的一般程序为：拟稿、会签、核稿、签发，注发、缮印、用印或签署、分装、发出，处置办毕公文。这一程序具有很强的确定性与不可逆性。①

郭方忠、张蕊兰认为，公文办理分为发文办理和收文办理。发文办理指以本机关的名义制发公文的过程，它包括草拟、审核、签发、复核、缮印、用印、登记、分发等程序。收文办理，是指收到公文后直至办完的全过程。收文办理一般包括：接收、登记、拟办、批办、筛选、分送、传阅、催办、承办、收集等一系列程序。这是说的大致步骤。实际工作中，因机关层级不同，做法不可能完全一致。②

岳海翔认为，公文处理程序是指公务文书在机关内部运行处理的一系列工作程序，包括发文的拟制和收文的处理两大方面。收文一般包括收入、启封、登记、审核、分送、拟办、批办、催办、注办、清退、归卷等处理环节。发文

① 赵国俊. 公文处理基础［M］. 北京：中国城市出版社，2002.
② 郭方忠，张蕊兰. 现代公文处理规范［M］. 兰州：甘肃文化出版社，2005.

一般包括撰稿、核稿、签发、复核、缮印、校对、盖印、登记、封装、归卷等处理环节。①

中共党校编写委员会认为，发文处理是机关内部为制发公文进行的制文、处置与管理的活动过程，也是发文机关履行法定职责，表达自身意志和愿望，创造、加工和记录、传递有用信息的过程。包括拟稿、会商、核稿、签发、缮印、校对、用印、分发、发出、处置办毕公文，这一过程有很强的确定性和不可逆转性，有关机关对此有专门的规定。收文处理的一般过程即收文处理的基本程序，是对来自本机关之外的各种公文实施的处置和管理活动，也是收文机关从来文中提取有用信息、解决其所涉及的有关问题、履行其法定或特定责任的过程，是公文产生实际效用的过程。收文处理的一般过程包括：公文的收受与分发过程，如签收、拆封、登记、分送、摘编等；办文的程序，包括：承办、拟办、批办、转办、催办、注办、查办等；处理办毕公文，包括立卷归档、清退、暂存、销毁等。②

在提出不同见解的同时，有关人士对公文处理流程图也给予了重视。除了上文提及的如郭方忠、张蕊兰合著的《现代公文处理规范》、岳海翔的《公文处理实用手册》外，周耀林等也采用了流程图方法。总体看来，这些流程图大同小异，使得公文处理过程一目了然，便于指导公文处理工作的进行。

《党政机关公文处理工作条例》第六章"公文办理"规定了公文处理的主要程序。该程序包括收文办理、发文办理和整理归档。③ 这是一套完整的公文处理程序。本章主要介绍公文发文处理和公文收文处理的过程及主要环节的方法，"整理归档"即办毕公文的处理见本书第八章。

第一节　发文处理程序

发文处理程序是指以本单位的名义制发公文的活动，分为公文形成、公文制作及公文封发。

《党政机关公文处理工作条例》第六章中规定了发文办理主要程序，分别是复核、登记、印制、核发四个方面。④ 事实上，上述规定是最重要的流程，

---

① 岳海翔. 公文处理实用手册［M］. 北京：中国言实出版社，2009.
② 中共党校编写委员会. 现代公文写作与公文处理简明教程［M］. 北京：中共中央党校出版社，2005.
③ 党政机关公文处理工作条例［S］.（中办发〔2012〕14 号）.
④ 党政机关公文处理工作条例［S］.（中办发〔2012〕14 号）.

发文处理程序是一个复杂的过程。概括起来，发文处理的一般程序主要为：拟稿、会商、核稿、签发、复核、登记、印制、核发、用印、登记和封发等。发文处理程序的流程图，见图5—1。

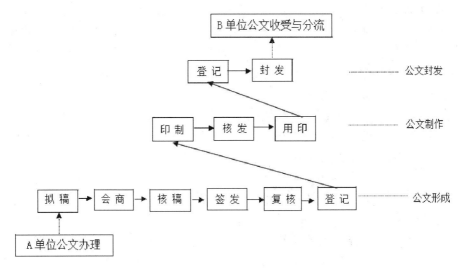

图5—1　发文处理程序流程图

一、公文形成

这一阶段的工作是发文处理工作的中心内容，具体包括：拟稿、会商、核稿、签发、复核和登记。

（一）拟稿

拟稿，也称"草拟公文"、"拟文"，即公文文稿写作。它是整个发文处理工作的起点，也是发文处理工作的核心环节。

拟稿不仅是各机关文秘工作者的责任，机关各级工作文员都应积极参与。这样有利于克服官僚主义和形式主义，同时对于提高领导人的能力，增强公文的权威性、针对性都有重要的作用。

拟稿是一项具有很强思想性、综合性、业务性的特殊的写作活动，也是一种集体的创造性劳动，对拟稿人的要求较高。拟稿人必须具有多方面的综合素质：首先，拟稿人需要有扎实的文字功底，熟知任务，并且拟写的公文文稿应符合领导人的目的和意图，层次分明，详略得当；其次，拟稿人需要有深厚的政治和法律理论基础，能深入理解党和国家方针、政策的精神实质，有效贯彻上级精神，在草拟公文时有理有据并且符合实际；再次，撰稿人需要有优良的道德品质与工作作风，能够实事求是，不弄虚作假，公平正义，不公报私仇。

《党政机关公文处理工作条例》第十九条规定，草拟公文应做到以下七点①：

（1）符合国家的法律法规和党的路线方针政策，完整准确地体现发文机关意图，并同现行有关公文相衔接。

（2）一切从实际出发，分析问题实事求是，所提政策措施和办法切实可行。

（3）内容简洁，主题突出，观点鲜明，结构严谨，表述准确，文字精练。

（4）文种正确，格式规范。

（5）公文涉及其他部门职权范围事项的，起草单位必须征求相关部门意见，力求达成一致。

（6）深入调查研究，充分进行论证，广泛听取意见。

（7）机关负责人应当主持、指导重要公文起草工作。拟稿工作必须仔细、认真，因为拟写的文稿质量直接关系到文件质量。

此外，拟稿时还应注意以下几个问题：

（1）符合领导意图、动机和目的。主旨明确是撰写公文文稿最基本的要求。拟稿人应准确掌握领导指示，对应在文稿中提出什么问题、怎么解决问题，对文种和内容的要求都要进行充分思考后再动笔。

（2）行文依据是公文行文依靠的事实或理论。拟稿人要把行文依据附在文稿后面，属被动行文的需附有关领导批条和收文，属主动行文的需附领导的指示。

（3）草拟全文要按档案管理的要求，使用黑色墨水或黑色签字笔，并且使用符合要求的公文稿纸。公文稿纸内容一般包括：标题、主送机关、抄送机关、主题词、拟稿部门、拟稿人、签发、附件等。发文稿纸样式，见表5—1。

---

① 党政机关公文处理工作条例［S］.（中办发〔2012〕14 号）.

表 5—1　　　　　　　　　　　　　　　　发文稿纸

部门名称					
发〔201　〕　号			缓急		密级
发文日期		会签			
签发					
标题					
主题词					
主送机关					
抄送机关					
拟稿人		拟稿单位			
校对人		核稿人		登记人	
印制人		印制地点		印制份数	
附件					

（正文）

（二）会商

会商是指不同机关或不同部门进行协商的过程。会商避免了各方各执一端、文件内容相互抵触甚至对立的情况，有利于维护公文的有效性、合法性，维护政令的统一性。会商需由发文单位组织，并确保协商对象齐全，广泛征求相关机关或部门的意见。会商时还要注意发文单位应根据要求，考虑实际情况与效果，使用多样化的协商方式，主要有：书面"函会"、电话会议、座谈会、"跑会"等。其中，函会指向对方寄送草拟的文稿和有关函件，请其签注意见后寄回。跑会指主动到对方驻地去面商。

会商未果或向有关上级部门反映未获批准，发文单位不得按自己的意向对外行文。

（三）核稿

核稿是指在拟稿部门定稿以后，交由有关领导签发之前，由秘书部门负责人或有经验的秘书人员对文稿进行全面校核的行为。核稿的目的是确保发文能准确体现领导意图，防止拟稿人遗漏和疏忽大意，确保发文的质量。核稿从某种意义上来说是拟稿工作的延续。在实际工作中，核稿与拟稿工作是循环往复的，审后改，改后再审。因此核稿的内容应该是全面、具体的，主要有以下几个方面：

（1）行文的必要性及主体。对发文条件、发文名义进行考量。如果不需行文，即可就此打住；如果需要行文，应该考虑由哪一级部门行文。

（2）行文的方式。从公文性质、发布和传递范围、公文递送途径及公文行文方向等方面对文稿进行审核，避免违规越级上报、多头主送等现象发生。

（3）公文的内容。审查文稿内容是否符合国家法律法规及现行方针政策；文稿反映情况是否属实；提出的意见要求是否明确具体、切实可行。

（4）公文的文种。文稿文种必须是国家法规标准中规定的文种。

（5）公文的格式。检查公文格式是否规范、正确，是否符合国家规定。

（6）公文的文字表达。详细检查文稿主题是否明确突出；语言是否详略得当、条理清楚；语言是否符合逻辑；人名、地名、机关名称、时间、数字、图标、引文、标点符号是否正确无误；简称是否规范。

对于审核中发现的问题，要根据具体情况区别处理，其方式主要有以下几种：

（1）对于文稿中原则性问题或涉及具体业务的问题的修改，应附上具体修改意见后退回拟稿人或有关工作人员处进行修改。

（2）对于文稿中一般性的问题，可直接进行具体修改。

（3）对于联合行文的文稿，应在本机关审核完毕后进行"会稿"工作，可由主办单位召开会议，由各方共同审核，也可以将文稿依次分送给各有关单位征求审核意见。

（4）对于改动较大或字迹不清晰的文稿，应交由拟稿人誊写清楚后再进行审核。

审核完毕确认无误后，审核人应在"发文稿纸"（见表5—1）的相应栏目内签写自己的姓名，以示负责，再呈送给领导人签发。

（四）签发

签发是对审核无误后的文稿进行最终检查，批注正式定稿，并签注发出意见及姓名、日期的活动。签发的主要作用有以下两点：

（1）确保公文的质量。签发人在批注签发前，需要对文稿进行又一次全面系统的审核，这样做可以及时纠正或弥补文稿中的错漏。

（2）确定公文的正式效用。签发正式赋予公文法定效用，签发后的公文即为定稿，是缮印正本的法定依据。其他人未经签发人同意，不得擅自修改经签发后的文稿，否则将负刑事或法律责任。

由于签发人身份、职位以及权限的不同，签发的类型也是多样的，主要有：

（1）正签：签发人在自身法定职责范围内签发公文。

（2）代签：根据授权，由主持工作的其他领导人代替正职领导人签发公文。

（3）核签：又称为加签，指下级单位或部门的重要公文请上级领导核准签发。

（4）会签：联合行文时，由各相关的同级职权部门的领导人共同签发。

无论何种类型的签发，签发人都必须按照一定的原则进行签发工作。签发的原则主要有三个，即分层级签发、先核后发及规范签发意见。

（1）分层级签发。各级领导人必须根据自身职权范围的规定，签发自身权限所及的公文。以单位名义发出的公文，应由单位领导人签发；以部门名义发出的公文，可由部门负责人签发。越级签发的公文违法违规，不具有正式公文的法定效用。

（2）先核后发。公文必须先经过审核，确认无误后再呈交给领导人签发，避免反复签发，以提高工作质量和效率，并确保公文准确有效。非特殊情况，领导人一般不接受或签发未经秘书部门审核的文稿。

（3）规范签发意见。领导人签发一定要严格审核，应在"发文稿纸"（见表5—1）的相应栏目中签注明确具体的意见，如同意则写"发"、"速发"或"同意"；如不同意则写"不发"等字样，并签注完整的姓名和日期，以示负责。签署意见一般不宜用圈阅代替。代签时,签发人应标注"代"或"代签"等字样。

签发时还应注意的问题有:

(1)签发人在签发时,必须对其所签发的公文内容及语言表达的正确性负完全责任。

(2)在核稿部门审核公文工作完毕后,对于涉及其他相关同级部门或地区的问题的文稿,主办单位应积极组织会签。会签时,每个会签单位负责人都必须在文稿上签署意见并加盖公章。如会签协调无果,应呈报上级部门领导审定。

(3)对于某些以部门名义发出的内容十分重要的公文或职能部门代上级部门起草的文稿,还应在该部门负责人签发后再呈送上级负责人签核。

(五)复核

《党政机关公文处理工作条例》第二十五条规定:"已经发文机关负责人签批的公文,印发前应当对公文的审批手续、内容、文种、格式等进行复核;需作实质性修改的,应当报原签批人复审。"[①] 复核是指缮印公文前秘书部门对定稿进行的最后一次全面系统的复查活动。这是确保成文质量的重要环节,应予以重视。复核的重点主要有以下几个方面:

(1)审批、签发手续是否完备。检查审批人、签发人是否合法;发文意见、签名、日期是否规范签注;未经签发或未经核稿人签字的文稿不能正式印刷。

(2)附件材料是否齐全。核对附件材料的份数、页数与附件证明是否一致;附件内容是否完整无缺。

(3)公文体例格式是否完整规范。检查公文的主送机关、秘密等级、紧急程度、成文日期、发文字号、附件是否完整齐全、符合规定;文稿是否有缺页、跳页、脱页等现象。

(4)行文关系是否正确。复核公文行文的必要性;处理过程是否规范;文种是否合适,是否符合行文关系。

校对是复核的一个重要环节。校对是指对校样、公文的誊写稿、打印稿与原稿进行核对校正,主要是校对和修改书写、排字、符号及体例上的错误。校对的方法主要有对校法、折校法和读校法三种。校对既要忠实原稿,又要善于发现错误。校对应采用国家标准《校对符号及其用法》[②],一般不在原错处更

---

① 党政机关公文处理工作条例[S].(中办发〔2012〕14号).
② 国家出版局. GB/T14706—1993《校对符号及其用法》[S].

改。打印人和校对人应当在终校稿上签注姓名、日期，以明确责任。

在复核环节，如发现问题需要对文稿进行修改，应向签发人提出申请，获得批准后方可修改。修改后的文稿，需要按程序进行复审和签发。

（六）登记

《党政机关公文处理工作条例》第二十五条规定："对复核后的公文，应当确定发文字号、分送范围和印制份数并详细记载。"[①] 登记指发文部门对发出的公文进行统一登记，以便对发文进行清点、统计、控制、查找和回收。发文登记的项目要合理，登记要准确。登记项目主要包括发文日期、发往机关、签收、备注等。发文登记就是把文件的基本信息在印制前登记下来，以便于查阅利用。发文登记也是公文复核工作的有益补充。发文登记表，见表5—2。

表 5—2　　　　　　　　　　　　发文登记表

发文日期	发往机关	文别	签收	签收日期	备注

注："文别"一项，登记"急件"、"密级"、"挂号"等。

---

① 党政机关公文处理工作条例［S］.（中办发〔2012〕14 号）.

二、公文制作

公文制作这一阶段的任务是将前一阶段产生的定稿制作成供对外发出的、具有法定效用的、正式的公文文本，具体工作包括：印制、核发和用印。

（一）印制

《党政机关公文处理工作条例》第二十五条规定："公文印制必须确保质量和时效。涉密公文应当在符合保密要求的场所印制。"① 印制的任务就是对已签发复核的公文定稿进行机器誊写。印制公文时有以下几个注意点：

（1）印制公文需以定稿为依据，不得擅自改动，并要注意保护定稿，不得污损。

（2）印制机密公文时，均由机要打字员和机关印刷厂负责，防止失密。

（3）印制成品要做到美观大方、字迹清晰、符合体式，装订牢靠，无缺页、倒页现象。

（4）印制工作要及时，根据发文要求合理安排主次缓急，保证公文的时效性。

（5）印制公文要建立登记制度，以便核查。

（二）核发

《党政机关公文处理工作条例》第二十五条规定："公文印制完毕，应当对公文的文字、格式和印刷质量进行检查后分发。"② 核发的内容与要求：

（1）文稿是否按规定程序报请有关领导人审批，审批手续是否完备，及审批意见是否明确，审批人是否签署全名及时间等。

（2）文稿中的人名、地名、时间、数字、引文和文字表述、密级、印发（传达）范围、主题词是否正确、恰当，标点符号、计量单位、数字的用法及文种使用、公文格式是否符合规定。

（3）对需要标明密级、紧急程度的公文进行标注。

（4）编排发文字号。

（5）确定分送单位和印制份数。

（三）用印

用印是指在印刷完毕的公文上加盖公章，表明对其法律效力的认可。公章是代表单位职权的一种标志和凭证。签署是指签发公文的领导人亲笔在公文正

---

① 党政机关公文处理工作条例［S］.（中办发〔2012〕14号）.

② 党政机关公文处理工作条例［S］.（中办发〔2012〕14号）.

本上签注姓名。公文用印和签署的意义都在于：作为凭证；代表职权；以示负责。我国公文大都以用印生效为主，命令等以签署为生效标志，合同等既需用印又需签署。领导人应在署名前标明职务身份。

用印的要求有：

（1）用印前要履行批准手续。以单位名义发文时，用单位公章并由单位领导人签字；以部门名义发文时，用部门公章，并由部门领导人签字；公文业务性较强时，可用专用章。

（2）盖章要符合标准，运用合适的印泥。除军事单位外，印章应盖在成文日期上，印记端正、完整、清晰，上不压正文，下压日期。

（3）未经签发的公文一律不予用印。

（4）用印情况要做好正式记录。

签发与签署的联系与区别：首先，两者都是发文过程中赋予公文法定效用的重要环节。其次，两者是不同概念，不能混用：签发是在公文草稿上实施的，是签发人在发文稿纸的相应栏目内的活动；签署在是缮印的正式文本上的落款处签注姓名的活动，并且签署人往往是机关的正职领导，副职领导一般不联署。

三、公文登记与封发

该环节指将公文正本按照签发意见和要求登记、分装，并对外发出。

（一）登记

制作完成的公文在封装前由内收发人员进行发文登记。文书处理人员应及时在文稿登记簿上注明文件发送情况，以备查考。机关发文登记簿应永久保存，所以必须详细登记，而且要字迹清楚，不能草率马虎，以应付日常查询。

发文登记最少应当包括以下几个项目，即序号、公文标题、份数、发往单位、日期、备注等。发文登记簿式样，见表5—3和表5—4。

表 5—3　　　　　　　　　　发文登记簿（大型机关适用）

序号	发文日期	公文标题	发文字号	密级	附件	份数	发往单位	签收人	归卷日期	归入卷号	备注

表 5—4　　　　　　　　　　发文登记簿（小型机关适用）

文号	文件标题	份数	发往机关	存档份数	余存份数	备注

（二）封发

公文封发包括封装和发出两个程序。

1. 封装

封装是指按照规定分拣封装公文，具体步骤一般为：

（1）由内收发人员清点公文份数，按照要求拣配公文。

（2）内收发人员拣配公文完成后进行发文登记。

（3）内收发人员将公文装入封筒，如果公文数量较多，需进行捆包（袋）包装。

（4）内收发人员将封装好的公文移交外收发人员，并履行签收手续。

2. 发出

发出是指将封装好的公文通过合适的方式发送给受文者，具体步骤一般为：

（1）外收发人员同内收发人员履行签收手续接收公文。

（2）对公文数量进行清点并检查封装质量。

（3）发文登记并填写《发文通知单》，见表5—5。

（4）投送。投送方式主要有：印制发送，包括专人投送、普通邮寄、机要交通；传真发送；电报发送；计算机网络发送等。电子公文的投送往往通过邮箱或系统进行，与普通纸质公文的投送存在着很大差别，读者可以参看本书第六章。

表5—5　　　　　　　　　　发文通知单

发文字号	公文标题	密级	份数	签收人	签收日期	备注

第二节　收文处理程序

收文处理程序是指对来自外单位公文进行接收、管理的活动，分为公文收受与分流、收文办理及公文催办与查办三个阶段。《党政机关公文处理工作条例》第六章中规定了公文办理（收文处理）的主要程序，分别是签收、登记、初审、承办、传阅、催办、答复七个方面。① 其中承办工作又包含分办、传阅、拟办、批办、承办和注办六个环节。收文处理程序的流程图见图5—2。

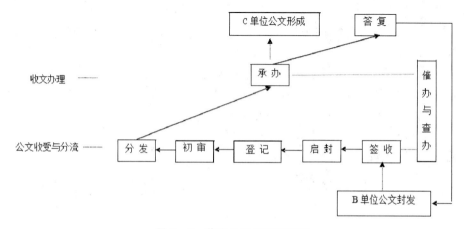

图5—2　收文处理程序流程图

一、公文收受与分流

这一阶段的主要任务是收受公文，并对其进行科学合理的分流，具体包括：签收、启封、登记、初审及分发。

（一）签收

《党政机关公文处理工作条例》第二十四条规定："对收到的公文应当逐件清点，核对无误后签字或者盖章，并注明签收时间。"② 签收指收到文件后，公文接收方在送件方的《发文通知单》（见表5—5）、《回执单》或《公文投递单》上签字或盖章，作为公文交接的凭证。签收是收文的第一个环节，一般由专职或指定的兼职人员完成。签收工作必须严肃认真，一丝不苟地进行。在签

---

① 党政机关公文处理工作条例［S］.（中办发〔2012〕14号）.

② 党政机关公文处理工作条例［S］.（中办发〔2012〕14号）.

收前，签到人员应履行以下手续：

（1）确认。查看信件上的收件单位与本单位名称是否相符。

（2）清点。查看实收件数与文件投递单上的件数是否一致，文件号与"公文投递单"上的号码是否一致。

（3）检查。查看信件有无破损、私拆现象，及公文是否在规定时限内送达。

一般的党政机关单位都设有综合收发室，中等规模以上的单位通常在门卫处设有外收发室，并在办公室设有内收发室。外收发人员签收文件后，应及时交给内收发人员，由其负责启封，并进行二次签收。收受时需要签字或盖章确认，并逐件清点。如发现问题，应当及时向发文机关查询，并采取相应的处理措施。

（二）启封

启封指内收发人员进行二次签收后，统一启封或交送有关领导人亲启。公文启封时应注意：启封应由专人负责；明确表示要亲收的文件，需交有关领导亲启或领导委托的负责人代启；密件要由机要人员启封；发现问题要及时询问、退回或转递。

（三）登记

《党政机关公文处理工作条例》第二十四条规定："对公文的主要信息和办理情况应当详细记载。"[①] 登记即以"账目"形式对公文进行管理。收文登记过程包括外收文登记与内收文登记两个环节。外收文登记指外收文人员签收公文后，对收文情况进行简单记录；内收文登记指内收文人员针对公文做出详细记录。公文经登记后，需在首页上盖本机关收文章。收文章内容包括机关名称、收文号和日期。登记的作用主要包括：方便查阅、检索公文；便于公文的管理及保护；便于公文的催办、统计；是文件交接的凭证。

公文的登记范围还没有统一的界限，主要包括上级机关需办理、指导的文件，下级机关请办、报告的文件，其他机关需要商洽或答复的文件，上级机关会议文件及重要的有密级的文件。

赵国俊等曾总结了公文登记的形式，主要包括登记簿式、卡片式、联单式三种。[②] 近年来，随着电脑技术的发展，计算机登记形式逐渐普及，已经成为公文登记的重要形式之一。同时，卡片式和联单式的登记方式也已逐渐退出历史舞台。

---

① 党政机关公文处理工作条例［S］.（中办发〔2012〕14号）.

② 赵国俊. 公文处理基础［M］. 北京：中国城市出版社，2002.

1. 简易表格形式

公文来往不多或行文关系较为单一的普通机关单位，往往采取最简单的登记方式，即在本子上以表格方式记录收件日期、编号、来文机关、文件标题、密级、附件及备注等信息。

2. 登记簿式

登记簿式登记方式是在装订成册的登记簿上进行登记，这种登记方式又分为以下两种形式：流水式登记，又称合簿式，即按时间顺序进行统一登记，不考虑公文文种和文件运转过程等因素；分类式登记，又称分簿登记，即按来文机关或本机关确定的其他公文分类标准进行登记。登记簿的优点是便于保管和按时间顺序查找，缺点是排列顺序固定，不够灵活，各种已办、未办的公文混在一起，不利于查阅和办理工作的展开。

收文登记的项目主要包括：公文标题、收文号、密级、来文机关、收文日期、份数、承办单位、签收、备注等。收文登记簿式样见表5—6和表5—7。

表5—6　　　　　　　　收文登记簿（大型机关适用）

收文号	来文机关				发文号		
	文件标题						
	收文日期			份数		密级	归档
处理情况							
分送				领导批示	转办	传阅	
						送阅时间	阅毕签名	退回时间
承办结果								

表 5—7　　　　　　　　　收文登记簿（小型机关适用）

序号	收文日期	来文单位	来文标题	发文字号	密级	附件	份数	承办单位	签收	备注

3. Excel 表格式

Excel 表格式是采用计算机 Excel 软件制作的表格，并通过该表管理来文。这种方式不仅保留了登记簿的优点，也克服了纸质登记簿的缺点，同时还具有如下特点：便于保存，由光盘、移动磁盘等介质对公文目录进行存储，可长久保存；存储量大，不仅可以存储大量公文数据目录，并且可以存储重要公文的全文信息；方便检索，可以通过公文数据目录中任意一项对公文进行查找和阅读，有利于工作效率的提高。

计算机登记主要有两种形式：扫描输入与键盘输入。扫描输入是将公文目录或全文进行扫描，将扫描下来的图文信号转换成数字信号，最终用计算机对信号进行存储。键盘输入是由公文录入人员用键盘将公文目录或全文输入计算机进行存储。计算机登记方式的结果以数据库的形式呈现，若只输入公文目录，则产生目录数据库；若输入全文信息，则产生全文数据库。

登记应注意以下几点：

（1）收文和发文，平件与急件分开进行登记和处理，急件优先进行登记和分送处理。

（2）对于收到的公文要当日登记，并考虑公文的轻重缓急，合理安排登记顺序。

（3）注明由领导人亲启的公文，应由收件人或其委托人收阅后，再交给收文人员进行登记。

（4）登记项目应准确完整，避免随便简化或信息记录错误的现象发生。

Excel 表格登记时，登记项目的具体要求如下：

（1）标题。无标题公文需拟写明确简练的标题；标题过长时，可在不对公文内容造成影响的情况下简略登记。

（2）收文号。收文号指收文登记的顺序号。收文号不能出现重号、空号现象。登记簿上的收文号必须与收文章上的一致。有多份的同一公文只用一个收文号，并在后面加斜线或横杠标明份数。

（3）份数。份数以主件份数为登记标准。

（4）密级和保管期限。密级为机密以上的秘密公文需注明密级，保管期限可以不登记。

（四）初审

收文初审是指由文秘部门对由下级单位上报的公文进行检查的工作。初审的重点是：

（1）审核收文是否符合国家法律法规及现行的方针政策。

（2）审核收文是否符合行文规则的要求，是否应由本单位办理。

（3）审核收文的文种、形式是否符合规范。

（4）审核收文中与其他部门或职能范围有关的事项是否已经过协商和会商程序。

文秘部门对收文进行审核后，根据需要对符合规定的公文提出拟办意见，并按相关法律办理；对不符合规定的公文做退回处理。

（五）分发

分发是指文秘部门在对公文进行分类审核和筛选后，根据规定将公文分送到有关部门领导、工作人员处阅知办理。分办公文要分清主次缓急：急件要优先在时限内办毕；平件应在收文之日起三日内呈交给相关部门或领导。分发的主要依据有：公文性质、重要程度、部门职能分工、涉密程度、紧急程度以及有关规定和惯例等。

分发工作应履行相应的交接登记手续。送文前预先附上《公文处理单》（见表5—8）或《公文传阅单》（见表5—9）使其随文运转。收到公文的有关领导和部门，应当及时办理公文，以免积压公文或耽误办理时间。

表5—8　　　　　　　　　　公文处理单

来文单位		份数		收文时间		发〔201　〕　　号
公文标题						
拟办意见						
领导批示意见						
处理结果						
备注						

表 5—9　　　　　　　　　　　　文件传阅单

收文日期		文件信息	标题	
			字号	
批阅范围				
阅毕签名	签阅时间		备注（含清退情况）	

二、收文办理

这一阶段的工作主要是承办收文，解决其所反映的问题，并作出答复。

（一）承办

承办具体工作包括分办、传阅、拟办、批办、承办和注办六个环节。其流程见图5—3。

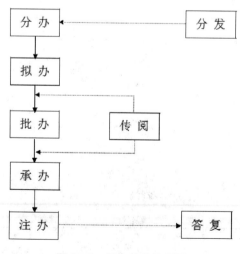

图 5—3　承办工作流程图

1. 分办

分办又称"分发"，是指收文机关依据文件的性质、涉密程度、时限要求、内容所涉及的职责范围，对收文进行分类筛选，然后由指定的有关人员根据公文的重要程度、各部门职责分工及有关程序规定、惯例，将公文分送有关领导、有关部门工作人员阅知办理。分办为公文确定运转方向，是一项事关公文是否能够准确、迅速得到办理的决定性工作。

分办应有专门登记，有关责任者应同收件人履行交接手续。送出公文前应根据需要将《公文处理单》（见表5—8）、《文件传阅单》（表5—9）等附上，使其随文运转。

2. 传阅

《党政机关公文处理工作条例》第二十四条规定："根据领导批示和工作需要将公文及时送传阅对象阅知或者批示。"① 组织传阅是指在收文的份数较少并且需要经过多位机关领导或部门工作人员阅知处理时进行的一项活动。合理地组织传阅工作可以使公文得到及时有效的运转和处理，从而减少时间的消耗，提高工作效率。阅文要求收文单位的有关工作人员对收文进行仔细的阅读分析，准确把握文件意图，为以后收文的办理工作打下基础。

根据收文的性质和内容的差异，可将收文分为阅知件和阅办件两类。阅知件指领导人或相关工作人员只需知晓文件内容并不需要对文件进行处理的收文。分发阅知件应附上《文件传阅单》（见表5—9）。阅办件指领导人要仔细阅读收文后写出意见，进行具体落实或办理的收文。分发阅办件应附上《公文处理单》（见表5—8）。

在组织传阅时有以下一些注意点：

（1）采用合理的传阅顺序。参与办理者在先，只需知晓者在后；机关主要领导人、负责人在先，其他有关工作人员在后；紧急公文在前，平件在后。传阅顺序也不是一成不变的，应随具体情况加以调整。

（2）采用适当的传阅方式。传阅方式应该多样化，主要有：以会议、阅文室形式定期召集阅文者进行集中阅文；内部公告栏；利用计算机网络、传真等现代通信技术传阅公文。另外，选择传阅方式应考虑公文本身的内容、时效性、密级要求等。时效性强或密级要求较高的公文应由专人直接送阅，以防止泄密和公文滞留。对于阅办件和阅知件可区别处理。可以采用多种形式对阅文者进行适当分流以提高传阅的效率，如制作公文副本，使其同时投入不同的运

---

① 党政机关公文处理工作条例［S］.（中办发〔2012〕14号）.

转流程等。以文秘人员为中心的传阅公文方法称为"轮辐式传阅"，即文秘人员组织文件的传阅，并直接与每个阅文者发生单线联系，可避免文件"横传"引起的丢失、滞留或泄密问题。

（3）建立传阅登记手续。对公文的去向随时进行把握和控制，避免文件的漏传、误传或延续。

（4）及时检查阅文情况。对有关领导或工作人员阅后的批示进行有效落实，以方便收文办理工作的顺利开展。文书人员在完成传阅工作后需签注阅毕日期。

3. 拟办

拟办是文秘部门发挥辅助决策作用的重要活动，其目的在于集思广益，为决策活动提供方案，以节省领导的时间和精力，并保证公文得到适当有效的办理。并非所有公文都在拟办范围之列，要视具体情况而定。一般在对自己在此领域有发言权或上级明确指示需要拟办意见时，需经过拟办。

秘书部门提供的拟办意见，又称"办文预案"，相当于请示和建议，供领导拟办时参考。拟办意见基本上可分为两类，一类是为请示公文的办理程序提供意见，一类是为请示公文所反映的问题提供综合性意见。

拟办工作的具体内容主要有以下两点：

（1）对公文进行摘编。摘编是秘书部门对即将投入办理过程并需要拟办的公文进行的加工活动。包括编写文摘、提要或综述，进行有关数据的汇编等。摘编应文字简练、准确完整、突出核心内容，不需做解释或评论。

（2）提出"拟办意见"。拟办意见应简练得体，抓住关键，一般应提出明确的态度及具体的解决措施，并附上有关背景材料。如果提出的方案有两个或两个以上，应指出倾向性意见并注明理由。

对于不同类型的文件，具体的拟办要求如下：

①对上级机关来文的拟办有两种情况，对于阅办性公文，应根据公文提出的办理要求及时限要求，对来文进行拟办；对于阅知性公文，应提出分发意见。

②对于下级单位或平行单位来文的拟办，要根据公文反映的问题，提出有针对性、可操作性的意见。

③对于部门联合办理的公文的拟办，需指明主办部门和其他商办部门。

要做好拟办工作，办文人员应注意：要认真研究公文内容及要求，准确理解来文意图并提出科学合理的拟办意见；要熟悉相关政策规定和本机关业务情况。在拟办过程中可查阅有关资料，辅助拟办工作的开展；要将拟办意见工整地写在《公文处理单》的拟办栏目中，并签注拟办人姓名和拟办日期。

4．批办

批办是指机关领导或综合办公部门负责人对公文及拟办意见进行认真阅读分析后，提出指示性意见的活动。批办是一项以法定责任者为主体的决策性活动。我国党政机关公文的批办工作实行分层制，正职领导主要批办全局性公文，副职领导主要批办职权范围内的一般性公文。

领导人批办公文时应注意：

（1）不得越级批办；

（2）严格控制批办范围；

（3）批办意见需明确具体，切实可行；

（4）不能只阅不批，或以画圈代替意见；

（5）自己无法定夺的问题需拟办后呈交上级领导决定。

秘书部门在批办公文的环节应注意按程序送批公文，先分管领导，后主要领导，以主要领导批示为准，并及时将领导批示后的公文送有关部门承办。

5．承办

《党政机关公文处理工作条例》第二十四条规定："阅知性公文应当根据公文内容、要求和工作需要确定范围后分送。批办性公文应当提出拟办意见报本机关负责人批示或者转有关部门办理；需要两个以上部门办理的，应当明确主办部门。"[1]

承办是公文办理的核心内容和中心环节，只有经过承办，公文才能发挥切实的作用，领导批办的意见才能得以落实。承办工作应遵循政策原则、时效原则和协调原则，其具体内容如下：

（1）政策原则。根据与公文内容有关的法律法规、方针政策及上级机关领导的批示办文。在公文承办工作中，对于经过领导批示的公文，则应照办；若未经领导批示的公文，则应根据有关政策及管理酌情处理。

（2）时效原则。及时办理，不得拖延、推诿，分清主次，区别轻重缓急，对办公文进行科学的分类排序。《党政机关公文处理工作条例》第二十四条规定："紧急公文应当明确办理时限。承办部门对交办的公文应当及时办理，有明确办理时限要求的应当在规定时限内办理完毕。"[2]一般性公文，应抓紧处理，不得积压拖延。如果公文在时限要求内确定难以办毕，应及时向交办部门说明。

（3）协调原则。承办过程中如涉及其他诸多方面的关系，应主动协调，保

---

[1]　党政机关公文处理工作条例［S］.（中办发〔2012〕14号）.

[2]　党政机关公文处理工作条例［S］.（中办发〔2012〕14号）.

证工作目标的实现。承办方应积极征询各方意见，得到有关方面的理解与支持。特别是领导批办意见中明确指出的牵头部门，应主动邀请协办部门进行会商会签，取得协办方的配合与协助。如协调无果，应上报领导定夺或按领导意见进行二次会商。

除此之外，承办工作还应注意：

（1）查看文件内容和领导批示意见，判断其是否属于自己主管业务范围的问题，如果不是，应及时退回交办部门。

（2）研究公文所针对的问题及领导意见，进行深入调查后，实事求是地提出因地制宜的解决问题的方法和措施。承办人如对领导批示意见有保留或补充，可向有关领导主动请示，以领导最终批办意见为准。

（3）综合运用多种承办方式。承办方式除制发公文外，还有电话、面谈、会议、现场指导等。承办人要针对特定对象、场合，将各种承办方式灵活运用于工作实践。

6. 注办

注办是指承办人在公文承办完毕后，在《文件处理单》（见前文表5—8）签注承办过程、方式、后果等信息，以备忘待查。注办是一项重要却易被忽视的工作，应由承办人随手记载完成。由于注办的工作方式不同，其内容也不尽相同：

（1）不需复文的，注明"已办"或"已阅"等字样。

（2）需要复文的，注明复文号与日期。

（3）通过口头或电话答复的，注明通话人、时间及通话内容。

（4）会议解决的，注明会议名称、与会范围与结果。

（5）现场办公解决的，注明参加者、时间、地点、结果等。

注办时应注意：要根据公文性质、来文方向、轻重缓急等分门别类对办毕文件进行处理。注办工作的最后，由主要阅办人、承办人在《公文处理单》签注姓名、日期，以示负责。履行注办手续后，收文的办理程序就结束了。

（二）答复

《党政机关公文处理工作条例》第二十四条规定："公文的办理结果应当及时答复来文单位，并根据需要告知相关单位。"[①] 答复是指在办理完毕后，将承办情况和结果及时向批示领导人和来文单位答复。收文一般应在十五天内办理完毕，并答复报文单位。因问题复杂，十五天内难以办结的，应向报文单位

---

① 党政机关公文处理工作条例［S］.（中办发〔2012〕14 号）.

说明情况。需要办复的公文，无论来自上级、下级，还是平级和不相隶属单位的，都应做到件件有着落，事事有结果。办复后，承办者应将办复的结果、办复的形式及办复人的姓名、办复时间填写在《公文处理单》（见前文表 5—8）的"处理结果"栏内。符合以下情况之一者，应予以答复：

（1）按领导人批示要求，履行了处理程序，并有结果。

（2）对上级机关公文，已通过行文或其他方式贯彻执行。

（3）对同级机关函件已经明确答复；对下级机关请示已作批复。

三、催办与查办

该阶段的任务是对公文的承办情况进行检查与督促，主要包括催办与查办两个环节。

（一）催办

催办是指公文管理与处理机构根据承办时限要求，对公文承办情况实施的督促检查。催办贯穿于公文处理的各个环节，其作用是加速公文文件的运转、避免文件积压、办理拖沓、提高机关工作效率。催办分为内催办和外催办两种情况。其中，内催办指以内收发人员为主体对公文机关内部公文承办情况进行督促与检查；外催办指以发文机关内部门或工作人员为主体，对收文机关文件办理的具体情况进行了解与催询。要做好催办工作应注意：

（1）明确催办范围。需催办的公文主要包括：需答复来文单位的公文，规定承办时限或需要紧急处理的公文，涉及重大问题、突发事件的公文，涉及国家安全与利益的公文。

（2）树立时间观念。公文无论是急件还是平件，都有现行效用，如何保证其在有效时间内发挥最大作用是催办工作的重点。催办人员应定期或随时对承办情况进行催询。《党政机关公文处理工作条例》第二十四条规定："紧急公文或者重要公文应当由专人负责催办。"[①]

（3）灵活运用多种催办方式。催办的方式一般以口头、电话和文字为主，催办人员也可以进行登门催办和会议催办等，要根据不同对象选择适当的方法。

（4）建立科学的登记制度。公文的催办工作情况以《公文催办单》（见表5—10）等形式进行记录，并签注催办人姓名及日期，完备催办手续，以备日后查考。

---

① 党政机关公文处理工作条例［S］.（中办发〔2012〕14 号）.

（5）建立与完善催办工作的组织机构。

表 5—10　　　　　　　　　　　公文催办单

公文标题				文号	
				收文日期	
催办频次	被催部门	送文日期	催办日期	处理情况	
第一次					
第二次					
第三次					

（二）查办

查办是指公文处理的管理机构协助机关领导，对一些重要公文的实际执行情况进行检查，并协助承办单位落实公文内容、解决有关问题的活动。

其主要作用是促进落实公文内容，解决实际问题，及克服官僚主义、形式主义以提高机关工作效率。

查办公文的一般程序为：

（1）查办立项，明确查办事由、办理要求、承办主体、时限及提出办法后的反馈要求。

（2）办理查办，包括交办与查办人员直接承办。

（3）反馈工作，由查办人向领导者反映查办情况与结果。

（4）销办工作，即注销已查办的承办事项，处理办毕公文。

催办与查办有一些相同点：两者均为带有监督性质的管理活动，具有大体相同的活动方式，都致力于促进公文的落实，以提高机关工作效率。

催办与查办也是两个不同的概念，其区别主要体现在以下三个方面：

（1）从工作内容看，催办主要是检查公文是否按时办毕，对于办理过程及结果并没有过多的要求；查办不仅要对承办公文过程进行监控，还要监管公文办理的质量、实效等方面的问题。

（2）从工作性质看，催办是文书部门的一项例行公事，由文书部门主动对公文进行催办；查办是一项查证落实工作，查办的事项需经领导批准授权后才能进行。

（3）从工作对象看，催办工作大多以一份具体公文为单位来开展；查办工作则以"事件"为单位进行，往往围绕一组反映同一事由的公文来开展。

第六章　电子公文处理流程

随着计算机技术的产生和发展，电子文件（Electronic Document）不断得以发展，形成了类型不同、格式迥异的电子文件类型。《电子文件管理暂行办法》（中办国办厅字〔2009〕39 号）第二条指出，"电子文件，是指机关、团体、企事业单位和其他组织在处理公务过程中，通过计算机等电子设备形成、办理、传输和存储的文字、图表、图像、音频、视频等不同形式的信息记录。"[①] 电子公文（Electronic Official Document）是电子文件的一种类型，产生于 20 世纪末期，是随着"政府上网工程"的启动而逐渐兴起的一种新载体类型公文，是信息技术发展和办公自动化背景下公文发展的必然阶段。目前，电子公文产生主要基于两种情形：一是单机环境下，由 MS OFFICE 或 WPS 等办公软件编辑、撰拟、审核，此后对单个文件进行复制、传递或展示；二是在网络环境下，由 MS OFFICE 或 WPS 等办公软件编辑、撰拟，通过专门的系统（例如 OA 系统）进行流转，在这个流转过程中完成核稿、签发等流程，这是电子公文管理的自动化、网络化特征，随着各个单位办公自动化的推进，这已逐渐成为电子公文管理的常态。

第一节　电子公文与电子公文流程系统

一、电子公文

什么是电子公文？关于电子公文的定义，国内目前大概有几十种尚未形成统一认识的观点，这些定义主要来源于法规类、标准类及专著类的文献。笔者列举其中具有代表性的定义，分析它们之间的共性及差别，以期更准确、更全面地把握电子公文的概念特征。

---

① 电子文件管理暂行办法［S］.中办国办厅字〔2009〕39 号.

国家档案局 2003 年颁布的《电子公文归档管理暂行办法》中指出："电子公文是指各地区、各部门通过由国务院办公厅同意配置的电子公文传输系统处理后形成的具有规范格式的公文的电子数据。"① 该办法首次明确规定了电子公文与相同内容的纸质公文具有同等法定效力。同年 9 月，国务院办公厅颁布了《电子公文传输管理办法》，将电子公文定义为："指经国务院办公厅统一配置的电子公文传输系统处理后形成的具有规范格式的公文的电子数据。"② 这两项办法中电子公文的定义是基本一致的，它们主要是针对我国党政机关等职能部门的公文管理实践而提出的，并限定了电子公文的传输系统必须经由国务院办公厅统一配置，不包含所有的电子公文系统（如一些企事业单位的系统）产生的电子公文。

2005 年 2 月，国家标准质量监督检验检疫总局颁布了《基于 XML 的电子公文格式规范》（标准 GB/T19667.1—2005）。该标准的第一部分《总则》中，将电子公文定义为"以数字形式存储于磁带、磁盘、光盘等载体，依赖计算机系统阅读、处理并可在通信网络上传输的公文。"③ 与前文的定义相比，上述定义的内容更为具体，对电子公文的外部形态和运作流程都作了描述。

2008 年 6 月，湖北省交通厅颁布的《湖北省交通厅电子公文流转及 OA 系统运行规则》中提出，电子公文是指"按照国家、省有关公文处理办法，以 OA 系统公文管理模块为平台，借助计算机系统阅读、处理并可在通信网络上传输，具有规范格式的公文电子数据。"④ 和《基于 XML 的电子公文格式规范》中的定义相比较，该规则强调了遵守上级规范和 OA 系统的平台作用，是省级规范中的代表性定义。

关于电子公文的专著都是近年内出版的，学者们对电子公文的定义尚缺乏统一的认识。电子公文的理论研究相对于电子政务、电子文件的研究而言略显滞后。

赵华在《办公室规范管理实务》中指出"电子公文的概念有广义和狭义之分。从广义上讲，是指社会组织运用现代信息管理技术制发的一种以全数字化形式存在的，可以在计算机、局域网以及广域网上进行存储、传递、检索、使用的电子文件。从狭义上讲，是政府部门运用现代信息技术制发的、用以代替

① 国家档案局. GB/T18894—2002 电子公文归档管理暂行办法 [S]. 2003.
② 国务院办公厅. 电子公文传输管理办法 [S]. 2003
③ 国家标准质量监督检验检疫总局. 基于 XML 的电子公文格式规范 [S]. 2009.
④ 湖北省交通运输厅. 湖北省交通厅电子公文流转及 OA 系统运行规则 [S]. 2008 (6).

传统纸质公文的全数字化形式的、具有规范格式的公文的电子数据。"① 该定义中的广义定义范围偏大，其外延与电子文件的定义基本一致，缺乏对电子公文的特有性描述；狭义定义特指政府部门产生的公文，未涵盖企事业单位在行政管理中产生的电子文书。

傅祥在《电子公文制作与传输》中在分析了两种不同的定义的基础上给出了自己的见解，即"电子公文是指机关、团体、企事业单位在处理公文中应用电子计算机系统，以代码形式记录在各类存贮介质上，并经特定传输系统处理后形成的能够使用的具有规范格式和法定效用的电子数据"② 该定义的主体范围既涵盖了国家机关和政府部门，也包括了企事业单位和团体。

柳新华在《电子公文写作：制作、传输、处理》中以简单的一句话来概括电子公文的定义，即"电子公文是通过电脑进行操作、传输、存储的数字化公文"。③ 与前面所有定义不同的是，该定义虽强调电子公文的数字化特征，却对电子公文系统在电子公文形成中的重要作用阐述不足。

不难发现，上述关于电子公文的定义虽然措辞各异，但都共同揭示了电子公文的几个基本属性，表现在：

（1）电子公文是一种电子数据信息，以数字代码形式存在，并且依赖于一定的存贮介质。

（2）电子公文是公文的一种，具有公文的一般属性，具有法定效力。

（3）电子公文具有特定的规范的格式，需依赖计算机和电子公文系统进行操作。

从逻辑上说，电子公文其实就是"数字信息"和"公文"两个概念的交集。因此，电子公文可以理解为机关、企业、事业单位等社会组织在文书工作中应用计算机网络系统和特定公文系统而制发、传输和存储的具有规范格式和法定效力的电子数据。

与纸质公文相比，电子公文具有制作简易、检索方便、低碳环保、存储体积小等特点，更能实现远程快速传输，满足多用户的共享。电子公文使日常政务突破了地理、时空的限制，将手工处理过程中长达一个月的公文传递周期缩减至短短几分钟甚至更短时间，适应了不断增长的业务要求，大大地提高了办公效率。因此，电子公文逐渐成为管理政务、处理公务不可或缺的工具，也将

---

① 赵华. 办公室规范管理实务 [M]. 北京：中国纺织出版社，2009.
② 傅祥. 电子公文制作与传输 [M]. 合肥：安徽大学出版社，2009.
③ 柳新华. 电子公文写作：制作. 传输. 处理 [M]. 北京：中国纺织出版社，2010.

发挥越来越重要的作用。

需要注意的是，中共中央办公厅、国务院办公厅以中办发〔2012〕14 号印发的《党政机关公文处理工作条例》第三十八条提出："党政机关公文含电子公文。电子公文处理工作的具体办法另行制定。"这表明，本书第五章关于纸质公文的内容适用于电子公文。与此同时，在国家尚未出台新的标准或法规之前，《电子文件管理暂行办法》（中办国办厅字〔2009〕39 号）仍然是电子公文管理的基本依据。

二、公文流转

公文流转有时也被称作公文处理或公文传输，是公文管理实践中的一种工作流程。一般的公文流转流程主要分为四个过程，它们分别是：收文管理、发文管理、归档管理、统计查询。

公文流转也可从不同的视角进行分类。例如，按公文的流向，公文流转可分为收文流转和发文流转；从保密程度来看，则可分为绝密流转、保密流转、限制流转和公开流转。

在电子公文流转系统里，公文流转特指包括电子公文（包括原生电子公文和数字化产生的纸质公文）在内的收文处理和发文处理两个主要流程。广义的电子公文流转还可以包括电子公文的归档、存储、打印、查询、统计等。这种广义的电子公文流转流程，见图 6—1。

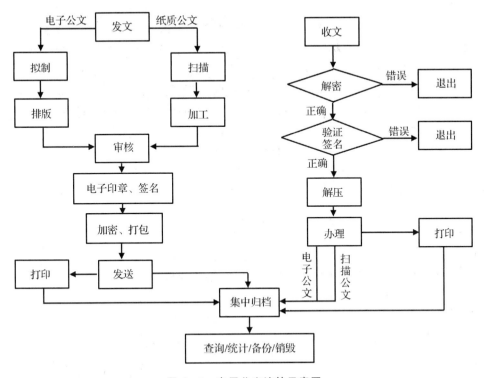

图 6—1 电子公文流转示意图

由图 6—1 可知，公文流转的工作流程十分复杂，因此系统流转系统的设计者必须要掌握公文流转相关的知识，包括公文流转的基本环节、先后次序和分类标准等。只有掌握了公文流转的基本规律，才能设计出用户体验良好的工作流程，进而设计出与实际需求和实践流程相适应、相匹配的公文流转系统。

三、电子公文流转系统

电子公文流转系统（Official Document—flow System）是基于网络环境的办公自动化系统（Office Automation System）的一个核心子系统，它不同于一般的电子文件管理系统，它主要是针对电子公文来设计和实施的，目的是实现电子公文的生成、流转和管理。

我国较为成熟的电子公文流转系统由电子公文技术创始人王东临（现书生公司董事长）于 1996 年研发成功。同年，中国农业银行率先投入使用由王东临组织研发的书生电子公文系统，迈出了我国电子公文代替传统纸质公文的第一步。而现在，电子公文流转系统已经成为我国电子政务中应用最为广泛的成果之一，其应用范围涵盖了政府部门、金融机构、企业等领域，用户遍及全国各省市，大约 90％的县。①

近十年，学界关于电子公文流转系统的讨论很多，学者对电子公文系统的称呼也不尽相同，这些称呼主要包括电子公文系统、电子公文处理系统、电子公文流转系统、电子公文管理系统、电子公文传输系统、电子公文交换系统等。这些系统在概念之间虽然存在一些差别，但都是为电子公文的生成、流转和管理而创建的，在模块设计、安全技术等多方面都有交叉和互相借鉴。为了方便行文和避免多概念产生的混淆，本书将它们统称为电子公文流转系统。

电子公文流转系统设计与实现的龙头企业——书生公司对电子公文流转系统的定义是这样的："利用计算机网络技术、版面处理与控制技术、安全技术等，实现了单位与单位之间红头文件的起草、制作、分发、接收、阅读、打印、转发和归档等功能，以现代的电子公文传输模式取代了传统的纸质公文传输模式"②，该定义率先介绍了电子公文流转系统使用的技术、涵盖的功能。

傅祥在《电子公文制作与传输》一书中提出的概念更加详细："它是指各级机关根据中央、国务院关于大力推荐信息化建设的指示精神而建立的电子政务系统之一，它利用计算机网络技术、版面处理与控制技术、安全技术等，实现了政务部门与部门之间，单位与单位之间红头文件的起草、制作、分发、接受、阅读、打印、转发和归档等功能，以现代的电子公文传输模式取代传统的纸质公文传输模式，简化以往繁杂的工作程序，推动工作指令有效快速传达的公文运转系统。"③

另外，一些期刊论文也对电子公文流转系统进行了探究。例如，2004 年，周永军认为，电子公文流转系统是"利用电脑网络功能，实现从公文的起草、审核、批示、分发及来文登记、归档、承办、传阅等一系列综合性的公文流转全程管理。"④ 2005 年，张南平、李环也提出了类似的观点，并高度评价了电子公文流转系统的重要价值："电子公文流转系统就是利用网络传送文件，将工作流转化为电子信息流，实现发文、收文、签发、批阅等行政事务无纸化。它的目的在于推进政府部门办公自动化、网络化、电子化，通过信息及通信技术的运用，改变目前政府机关之间传统的手工公文流转方式，突破时间与地域

---

① 中国电子公文：十年之变 [EB/OL]．[2012－05－12]．http：//www. bingtuan. gov. cn/publish/portal7/tab591/info30310. htm.

② 公文传输系统标准解决方案 [EB/OL]．[2012－1－3]．http：//www. sursen. com/? p＝48

③ 傅祥. 电子公文制作与传输 [M]．合肥：安徽大学出版社，2009.

④ 周永军. 电子公文管理初探 [J]．农业图书情报学刊，2004，8 (16)

限制，使成员之间得以真正通过电子化渠道进行沟通，提高工作效率从而为进一步实现政府信息化打下良好基础。"①

综上所述，电子公文流转系统需要被置于计算机网络环境，都需要各类相关联的技术支撑，都是为了满足公文运转的一系列流程。因此可以将电子公文流转系统理解为，利用计算机网络技术、版面处理与控制技术、安全技术等信息技术，实现公文从发文的复核、登记、印制、核发，到收文的签收、登记、初审、承办、传阅、催办、答复，再到归档、查询、统计等一系列流程的全过程管理的一种办公自动化系统。

电子公文流转系统直接关系到整个网络办公的使用与发展，同时公文流转是政府以及企事业单位最复杂、最重要的办公业务，它直接体现了政府以及企事业单位中领导的行政职能，是政府以及企事业办公自动化系统中最基本的功能模块。因此公文流转系统作为基础性应用系统中的基础是确保企事业单位高效办事、规范管理的关键。②

电子公文流转系统的产生，方便了机关工作人员、公司职员等的内部沟通，缩短了公文流转周期，同时也方便上级对下级进行工作的指派和工作计划的修正等，让工作人员从长期繁杂的办公事务中解放出来，提高了工作效率，降低了行政成本，进一步实现办公自动化和高效化。

目前，电子公文流转系统主要面向两种不同类型用户，即政府用户和企业用户。现在，不少政府机关、企事业单位已通过自行开发、委托开发或直接购买供应商技术及服务产品等方式广泛地使用着电子公文流转系统，并获得了良好的效益。表6—1列举了目前市场上主要厂商开发的系统名称、应用及使用评价情况。当然，设计公文流转功能的软件和办公自动化系统较多，在此无法一一列举。

---

① 张南平，李环. 电子政务中公文流转系统开发状况概述［J］，福建电脑，2005（8）.
② 刘芳. 公文流转系统的研究［D］. 华中科技大学，2006.

· 155 ·

表 6—1 　　　　　　　电子公文系统开发情况初步调查

开发厂商	系统名称	用户	使用评价
北京书生公司	书生电子公文传输系统	国务院办公厅、中国人民银行、海关总署	成功的针对政府机关公文处理的应用系统，主要侧重于公文的传输等标准化的政务应用，不具备公文的审批、签阅等功能
国家信息中心软件评测中心	政府公文运转系统	国家发展计划委员会、国家经济贸易委员会、中共中央党校	在公文传递的基础上加入简单的公文处理功能，并能对发出的公文进行跟踪。（RiseNet 电子政务整体解决方案中一部分）
北京联想公司	IT 1for1	贵州省黔南州政府、成都市铁路局、乌鲁木齐市审计局	基于 Web 技术开发，采用消息传递中间件，具有一般的公文处理功能。（整体系统中的公文流转功能）
吉大正元信息技术股份有限公司	安全公文传输系统	南方电网、中国核工业集团公司、中国第一汽车集团公司	采用 B/S 结构，客户端采用 IE 浏览器和安全公文处理客户端；服务端构建于 Web 服务器和应用服务器之上；系统支持任何格式公文文件的传输
湖南金智高科技发展有限责任公司	全文批注世纪版	—	C/S 模式，能够对公文内容进行全文手写批注，可以保留痕迹，与 Word 进行无缝结合
上海中安电子商务科技有限公司	电子政务信息管理系统	上海静安区财政局	以流程定义方式进行公文流转，支持手写批阅，对公文的归档处理能力较好。（整体系统中的公文流转功能）
北京冠群联想软件有限公司	问鼎协同办公系统	—	基于浏览器，与 Word、WPS 等无缝结合，具有一般的公文处理功能，能够进行痕迹跟踪。（整体系统中的公文流转功能）

注："—"表示数据尚欠。"使用评价"来自清华大学魏星，笔者进行了数据更新。

随着信息技术和办公自动化系统的深入发展，电子公文流转系统的设计、运行和维护都有所改善，虽然基本功能都实现了，但是从标准的通用性、系统的兼容性、系统的高成本性、技术的完善度等方面来说，现在的电子公文流转系统还不是那么完善，有待进一步的改进和创新。

第二节　电子公文流转系统的组成与特点

一、电子公文流转系统的组成

柳新华在《电子公文写作：制作·传输·处理》一书中将电子公文系统的要素分为电子公文系统的处理内容、软件需求、硬件需求和制度需求。其中，电子公文处理内容包括收文处理、发文处理和公文管理三部分。[①]

傅祥《电子公文制作与传输》中将电子公文传输系统构成分为电子公文、电子公文软件系统、硬件设施、传输网络及相应的管理制度和现代信息管理技术等。[②]

刘梅的《现代公文写作教程》中，采用系统论的方法，用总集和子集的形式来描述电子公文系统的构成要素，"电子公文系统是一个人机构成的复杂信息系统，其系统构成可用如下要素表示：用 S 表示整个系统；用 A 表示电子公文本身；用 N 表示通信网络；用 C 表示计算机及相关设备；用 O 表示操作系统；用 B 表示系统安全技术；用 E 表示电子邮件系统；用 D 表示数据库系统；用 W 表示电子公文的制作工具；用 P 表示系统工作流程；用 R 表示管理制度和规范；用 T 表示系统目标；用 M 表示信息系统人员——领导、开发、管理、维护、使用人员。则 SM＝ {A，N，C，O，B，P，E，T，R}"。[③] 通过这种方法，还可以用要素符号的自由组配来阐述各部分不包括 D、W、M 这种描述方法更简洁，具有创新性。

笔者认为，从不同层面来看，电子公文流转系统的组成也是多维度的。从系统的功能角度看，电子公文流转系统是由用户管理、发文管理、收文管理、归档管理、安全管理等多模块组成的；从系统的内外环境角度看，电子公文流转系统包括计算机硬件设备及操作系统环境、通信环境、软件及技术环境、制

① 柳新华. 电子公文写作：制作·传输·处理 [M]. 北京：中国纺织出版社，2010.
② 傅祥. 电子公文制作与传输 [M]. 合肥：安徽大学出版社，2009.
③ 刘梅. 现代公文写作教程 [M]. 广州：华南理工大学出版社，2005.

度环境、电子公文制作及维护环境、系统管理及使用人员等。这两种角度其实分别是从微观和宏观方面来说明电子公文流转系统的组成。

二、电子公文流转系统的特点

关于电子公文流转系统的基本特点，柳新华将其归纳为四点，即系统与网络支撑、大容量与智能化、便携化与高效率、集成与互联共享。[①] 赵华将其概括为发展性、开放性、系统性、层次性四个方面。[②]

笔者认为，电子公文流转系统作为一个系统，具有任何系统都具有的一般属性，如整体性、层次性、目的性、开放性、相对性、发展性等。

电子公文流转系统的整体性是由系统的有机关联性作为保证的。一方面，系统内部各要素相互关联、相互作用；另一方面，系统与外部环境有物质、能量、信息的交换，有相应的输入、输出。电子公文流转系统的整体性体现在电子公文流转系统是一个由各要素（包括硬件和软件）构成的复杂的完整的信息系统，任何一个要素的缺失都会带来系统的不完整性和部分功能的丧失。只有系统的各要素正常运转，并有效匹配，才能使整体的目标得以实现，使系统整体效能得以良好的发挥。

电子公文流转系统的层次性既可以体现在系统结构上，也可以体现行政级别上。从系统结构上说，电子公文流转系统包括硬件层、操作系统层、应用层、信息层、网络层、管理层、用户层等多级层面，从左到右层层向外推进。从行政级别上说，我国电子公文流转系统分为国家级政府机关层面、市级政府层面、县级政府层面、乡镇和街道办层面以及企业、事业单位等基层组织层面。电子公文系统的层次性，使系统组织在地位、作用、结构和功能上表现出等级秩序性，使系统在不同层次上发挥作用。

电子公文流转系统的目的性属性，具有实践上的指导意义。电子公文流转系统的目的简单明确，就是使公文流转电子化、网络化，从而高效运转。目的性属性启发系统开发者必须根据系统使用的反馈信息不断监控、调整、修正系统行为和功能，实现系统的预期目的。

电子公文流转系统的开放性体现在电子公文流转系统是一个可与标准结合、可进行公文交换、实现输入和输出、可进行网络传递、可与其他系统匹配使用甚至可以不断开发、升级、不断完善的系统。

电子公文流转系统的相对性很容易理解：电子公文流转系统对于电子公章

① 柳新华. 电子公文写作：制作. 传输. 处理［M］. 北京：中国纺织出版社，2010.
② 赵华. 办公室规范管理实务［M］. 北京：中国纺织出版社，2009.

系统、PKI 系统来说，是上位类的系统；而对于办公自动化系统、政务信息管理系统来说，只是一个主要的组成部分。系统的相对性要求设计人员注重把握电子公文流转系统与办公系统的有效组配、集成和无缝衔接，同时注重系统内部的独立子系统的运行状态。它还要求系统用户掌握该系统与其他系统、与内部子系统的关联使用，使办公公文能在各系统有效传输和存取。

电子公文流转系统的发展性表现在它是一个不断发展中的办公系统，随着信息技术、网络技术、安全技术等的不断提高和技术人才的研究创新，电子公文流转系统必定会获得更优化的发展。

除了以上这些一般属性之外，电子公文流转系统还具有某些特定的属性，包括安全可靠性、高效快捷性、易学易用性。此外，电子公文流转系统还有利于长久保护实体文书档案、加大文书档案的保存容量的特点。

（一）安全可靠性

公文涉及党委、政府、企事业单位的秘密资料、科技成果、经济数据等重要信息，一旦泄露会影响国家、企事业单位的经济利益和政治安全，因此公文的保密是至关重要的，必须实施严格的保密制度。

公文对保密性的需求决定了电子公文的安全功能需求。因此电子公文流转系统在设计之初就建立了严格的安全体系结构，从软硬件及网络多方面保障整个系统的安全运行，这些安全技术包括身份验证技术、电子公章技术、数字版权保护技术、工作流定义技术、审批应用技术、基于高强度加密算法的 PKI 技术、数字签名与传输加密技术、痕迹跟踪技术、防火墙技术、病毒防范技术、网络管理技术等。

严格的安全体系结构保障了电子公文系统的长期可靠运行。正如中国农业银行总行的李晓明处长在谈到电子公文系统的应用情况时所说："我们做了各个方面、多样化的测试，10 年中没有出现过文件丢失、被盗、错发、漏发、失密等安全问题，电子公文非常可靠。"[①] 十年的使用实践证明了该系统的安全可靠性。

随着信息化和计算机网络的发展，网络中的安全问题不时出现新情况。而政府、事业单位等内部大多数的数据、资料、文档都放在网络之上，因此一个完善的电子公文流转系统应该能有效地保护这些数据，防止被非法访问和篡改，安全性成为电子公文流转系统的一个重要特征。如何保障电子公文的安全性，本书第九章进行了具体的论述。

---

① 电子公文运行十年显效益［EB/OL］.［2012－5－19］http：//news. sina. com. cn

（二）高效快捷性

高效快捷性是电子公文流转系统最突出的特征。这主要表现在：

（1）电子公文流转系统使日常政务突破了时空的限制，可实现 24 小时不间断办公的功能。同时，电子公文流转系统将公文的收文、发文、归档等流程加快数倍，将手工阶段处理过程中长达一个月的公文传递周期缩减至短短几分钟，解决手工工作过程中存在的流转时间长、文件去向不明以及不便于跟踪等问题，适应了不断增长的业务要求，更革命性地提高了某一组织处理公文的效率。

（2）电子公文流转系统不仅实现企业内局域网与外部因特网的互联，而且可以实现对内网上办公、移动办公和远程管理。即使单位领导出差在外，也可以通过因特网利用该系统进行公文审批、指令下达，实现移动办公，从而提高组织的工作效率。

（三）易学易用性

电子公文流转系统是组织内部人员进行协作的一个信息平台，由于机构人员工作性质与技术水平的差异，一个好的电子公文流转系统应该符合不同层次人员的使用需要，而对于广大用户来说，电子公文流转系统的界面友好，操作简单，易学易用，它促进各类用户能够快速上手，保证各类用户顺利使用，提升用户的使用效果和效率。否则，如果界面不够友好，操作困难，这样的系统往往难以为用户接受，在当前激烈竞争环境中会遭到淘汰。

第三节　电子公文流转系统设计

一、功能需求

分析系统功能需求是系统设计的第一步，而系统设计是系统生命周期的开始，因此分析和确定系统的功能需求是最初也是最重要的环节。

（一）政策需求

系统的运行必须要得到国家审批部门的审批和授权许可，因此技术人员设计系统之前要熟悉国家的相关法规政策，对电子公文流转的各个环节应达到的标准、要求等了然于心，若达不到这些基本标准，会造成电子公文流转系统未经使用就夭折的后果。同时，技术人员不仅要懂技术，也要了解和掌握相应的公文种类、行文规则、收文和发文程序及其方法与要求等公文处理基础知识，这些知识储备有利于他们认清设计和控制流程。此外，为各机关、事业单位、公司设计的电子公文流转系统同时要符合本单位的制度及实施办法。以下是对当前政策的一些解读：

在《电子文件归档与管理规范》（GB/T18894—2002）中有大量条款标明了对电子公文的要求，其实就是对电子公文流转系统的设计要求，例如：

"应明确规定电子文件归档的时间、范围、技术环境、相关软件、版本、数据类型、格式、被操作数据、检测数据等要求，保证归档电子文件的质量。"

"应保证电子文件的凭证作用，对只有电子签章的电子文件，归档时应附加有法律效力的非电子签章。"

"应建立规范的制度和工作程序并结合相应的技术措施，从电子文件形成开始不间断地对有关处理操作进行管理登记，保证电子文件的产生、处理过程符合规范。"

"应采取可靠的安全防护技术措施，保证电子文件的真实性。"

"建立对电子文件的操作者可靠的身份识别与权限控制。"

"设置符合安全要求的操作日志，随时自动记录实施操作的人员、时间、设备、项目、内容等。"

"对电子文件采用防错漏和防调换的标记。"

"对电子印章、数字签署等采取防止非法使用的措施。"

"电子文件的处理和保存应符合国家的安全保密规定，针对自然灾害、非法访问、非法操作、病毒侵害等采取与系统安全和保密等级要求相符的防范对策，主要有：网络设备安全保证；数据安全保证；操作安全保证；身份识别方法等。"

以上条款主要偏重于强调电子公文的安全，这对电子公文流转系统设计提出的要求：电子公文流转系统应该采用安全技术、身份识别与权限控制技术、保密技术等来保证电子公文的安全，利用电子签章技术来保障电子公文的凭证作用，同时设置符合安全要求的操作日志，以便权责明确，及时纠错。

2003 年国家档案局颁布的《电子公文归档管理暂行办法》中也有相关的条款，尽管其中部分内容与《电子文件归档与管理规范》相重复，包括技术的要求、电子公文流转的软硬件环境等，但同样为电子公文流转系统的设计提供了基本依据：

"电子公文形成单位应在运行电子公文处理系统的硬件环境中设置足够容量、安全的暂存存储器，存放处理完毕应归档保存的电子公文，以保证归档电子公文的完整、安全。"

"电子公文形成单位应在电子公文处理系统中设置符合安全要求的操作日志，随时自动记录对电子公文实时操作的人员、时间、设备、项目、内容等，以保证归档电子公文的真实性。"

"归档电子公文的移交形式可以是交接双方之间进行存储载体传递或通过电子公文传输系统从网上交接。"

"档案部门应加强对归档电子公文的管理，提供利用有密级要求的归档电子公文，应严格遵守国家有关保密的规定，采用联网的方式提供利用的，应采取稳妥的身份认定、权限控制及在存有电子公文的设备上加装防火墙等安全保密措施。"

中共中央办公厅、国务院办公厅文件《党政机关公文处理工作条例》（中办发〔2012〕14号）也是电子公文流转系统设计的基础，例如，该《条例》中涉及的公文种类、公文格式、公文版式等规定，都是电子公文流转系统设计必须考虑的。

此外，《中华人民共和共电子签名法》、《版式电子文件长期保存格式需求》（DA/T 47—2009）、《基于 XML 的电子文件封装规范》（DA/T 48—2009）等，都是从各个特定的角度规定电子文件以及电子公文流转系统设计要考虑的方面。

上述标准、法规，尽管是基于不同的层面考虑，但总体上为电子公文系统的设计提供了政策导向。

（二）一般需求

一般需求是指每个电子公文流转系统应该满足的需求，包括系统管理维护需求、安全管理需求、发文管理需求、收文管理需求、归档管理需求、督办管理需求、公文传输需求、查询统计需求。

系统管理维护需求包括系统设置、用户管理、打印机管理、日志管理、权限管理、用章监控，收发文监控等。

安全管理需求指电子公文流转系统应保障电子公文保密性、真实性、完整性、可读性、可信赖性等，保障传输方式、用户证书交换、密钥管理、红头文件及电子印章处理、纸质文件引入、文件数据压缩等。

发文管理需求是指系统需要满足发文的拟稿、复核、印制、核发、用印、封发等基本流程，在电子公文流转系统中定义公文模版库，即依据《党政机关公文处理工作条例》（中办发〔2012〕14号）定义电子公文文种，包括"决议"、"决定"、"命令（令）"、"公报"、"公告"、"通告"、"意见"、"通知"、"通报"、"报告"、"请示"、"批复"、"议案"、"函"、"纪要"（详见第三章）。

收文管理需求指系统满足收文的主要程序，分别是签收、登记、初审、承办、传阅、催办、答复七个方面的流程控制；系统能够根据电子公文的密级，自动完成来文登记，控制公文流转方向、时限和权限等。

归档管理需求，在收发文之后都必须进行归档处理。通过系统对确需存档的公文进行管理、分类、立卷、封卷、归档、查询、借阅、归还、销毁等环节，同时编制检索工具，以备查考。

督办管理需求指对不同类别的公文办理情况进行监督和催促，使办理部门和个人尽快完成公文的办理，以提高公文的办理效率。

公文传输需求主要是通过对不同公文进行不同级别的加解密管理，统一定制不同类别的公文的密级和加解密复杂度，在公文传输中自动采取不同方式和复杂度进行文件的传输。公文传输流程管理具有集中制定不同公文的流转流程的功能，采用工作流对流转的公文进行管理。用户可以定制公文传输流转流程，同时对在途公文进行维护和管理。

查询统计需求首先进行查询，将所要修改的记录查询得到，然后进行修改。每一次查询出的结果都可实时地以报表的形式打印出来。

（三）拓展需求

拓展需求是指针对一些目标用户的特殊功能而额外添加的不同于一般电子公文流转系统的需求。拓展需求是客户方与设计方自行配置和协调的功能需求，因为在实际的电子政务活动中，每一项工作都有其特殊和复杂的业务流程，因而需要灵活的工作模块。

二、功能模块

公文流转系统作为一类非标准性的软件产品，具有很强的随意性和扩展性。正因为如此，不同公司和学者对电子公文的设计和诠释都有所区别。表6—1已对不同的电子公文流转系统进行了比较，学者们所设计的系统功能模块也存在着差异，见表6—2。

表6—2　　　　　公文流转系统设计的系统功能模块

著者	文章名	系统功能模块
甘强	电子公文流转系统的设计与实现	系统管理、发文管理、收文管理、督办管理、公文查询
陈帆	公文流转系统的设计与实现	系统管理、发文管理、收文管理、督办管理、公文查询
徐红广、谢玉基	电子公文办理软件系统的设计与实现	来文登记、待办收文、已办收文、在办收文、未读知会、已读知会、催办信息、回执、我的委托、我的移交、收文查询、收文统计、归档、废文桶

著者	文章名	系统功能模块
卢小兵、许志文	基于办公流程的公文管理系统的总体设计	公文模版管理、电子印章管理、文档管理、公文传输管理、用户安全证书管理
曹阳	电子公文传输系统	文件收发模块、在线编辑附加上传功能模块、公文办理模块、公文归档模块
陈勇	基于电子政务的公文系统功能模块分析与设计	公文归档、整理、鉴定、保管、利用系统功能
冯泽涛、张勇	基于 PKI 的安全电子系统，科技信息	系统设置、公文设置、公文流转
冯艳宜	基于 B/S 架构的办公自动化系统的设计和实现	登录模块、企业普通职工子模块、企业部门管理人员子模块、管理员子模块、信息录入模块
田祎敏	基于 J2EE 的办公自动化系统的设计与实现	登录模块、信息录入模块、人力资源管理模块和系统管理模块
李磊	电子公文交换系统的研究与设计	访问控制、电子公文加密、电子公文安全传输

透过表 6—2 可以发现，用户管理、发文管理、收文管理、归档管理、安全管理等是这些系统共有的模块，即模块主干。由此，电子公文流转系统模块的主要结构，见图 6—2。

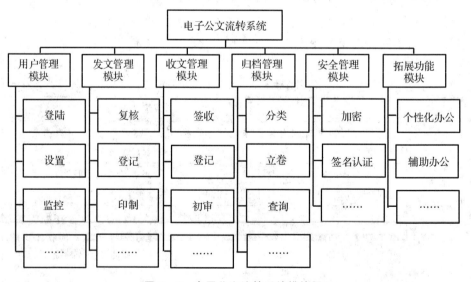

图 6—2　电子公文流转系统模块图

（一）用户管理模块

用户管理模块由系统管理员来操作，系统管理员根据系统的权限进行部门、用户、用户组以及公文流转模块的增加、修改、删除、查询等各项操作，并设置不同级别的用户权限。用户管理模块主要是实现用户登陆、系统设置、系统监控的统一管理，并为用户的安全证书和权限管理提供服务。

（二）发文管理模块

发文管理模块要求电子公文流转系统根据公文的种类，自动完成公文起草、审批和存取过程，满足各种格式公文的需要；根据公文的类别，按照预先定义好的文号生成方式自动添加文号；根据发文管理程序，灵活控制公文的传递流向；根据发文的拟稿、审批、签发、文号、打印的不同域，自动进行不同操作类型的不同操作权限控制。同时，系统能够支持拟稿人起草拟稿、部门领导审批人审稿、单位领导会签、签发文件、批阅流转和自动生成发文号的全过程，并在此过程中自动进行所有修改记录的登记和痕迹保留，能够根据权限不同定制拟稿者或某一管理者全程查看公文的状态、记录。

（三）收文管理模块

收文管理模块要求电子公文流转系统实现收文登录、收文拟办、收文的查询、批阅流转以及办毕文件的处理。即：要求系统根据公文的密级，自动完成存取登记；根据公文的签收、登记、初审、承办、传阅、催办、答复的不同域自动进行操作权限的读取控制；根据公文不同处理的收文程序，灵活控制和定制公文传递流向和流转时限，实现收文签收、登记、初审、承办、传阅、催办、答复一系列操作中的自动流转时间控制，到期可以自动按预先定义好的提醒方式提示催办等。

（四）归档管理模块

归档管理模块要求电子公文流转系统严格按照国家关于公文归档管理方面的相关规定，自动或人工进行归档处理。即通过系统对鉴定后确需存档的公文进行管理、分类、立卷、封卷、归档、查询、借阅、归还、销毁等操作。同时系统提供公文检索工具，以备领导和工作人员的查考。

（五）安全管理模块

安全管理模块要求电子公文流转系统根据收发文过程中的安全性、完整性、真实性等特点，实现电子公文流转系统的收发文时加密、解密、签名认证等功能。其中，用户管理模块是安全管理模块实现的重要基础。

（六）拓展功能模块

拓展功能模块和拓展需求是相对应的。电子公文流转系统除必备的主干模块，还需有灵活的扩展模块。这些模块是针对用户机构的具体实情而制作的。

目前，电子公文流转系统拓展功能包括个性化办公服务和辅助办公服务。其中，个性化办公服务包括个人信息修改、个人日程、个人工作日志、便笺、个人首页定制等功能；辅助办公服务包括会议管理、会议室管理、车务管理、领导日程管理、部门工作日志管理等。此外，电子公文流转系统的拓展功能还包括公文扫描、网络照相、证照管理、归档流程等其他功能。

第四节　电子公文流转系统案例

《警务数字化协同系统》包含以下功能模块：业务管理、辅助办公、个人办公、公共信息、专题栏目以及系统管理模块。业务管理顾名思义是实现用户日常业务工作的模块，所有同用户日常业务管理工作相关的处理均可在本模块中实现，包括业务登记、查询、文件流转及催办等。辅助办公模块包括会议管理、用车管理及领导日程安排。个人办公模块主要涉及工作记事本、个人名片夹管理、个人日程安排、便笺及消息收发，目的是实现和个人办公相关的事务的管理，同时用户还可以在此修改个人信息。公共信息模块包含公告、BBS、单位号码簿、天气预报、全国区位号、列车时刻表、航班时刻表以及资源文件的查询功能。专题栏目模块包含对专题栏目的增加维护，管理授权，信息的发布、审批、查询功能。系统管理模块实现了对整个系统组织机构、文件流程以及各类辅助信息及系统参数的设置及维护。系统界面见图6—3。

图 6—3 警务数字化协同系统界面

图 6-3 中，与电子公文管理相关的主要模块体现在个人办公、辅助办公两个板块中。在上述界面中，可以显示的主要业务信息管理内容，包括待办文件、办公事务、压文情况、查询、流程监控、工作催办、事务督办、授权管理、最新文件、文件移交等。

一、发文处理

用户拟制授权处理的文种，包括下载模板拟制原件、添加原件、登记信息等。各级用户可根据实际需要撰写新公文（如进行收文登记、发文拟稿等），并可将扫描件、常用 Office 格式文件、甚至是系统自身的公文作为新公文的附件。新公文撰写完毕只需点击发送按钮便可将新公文发送给文件的下一步接收人。

工作台选择，见图 6—4。

个人工作台

公文处理

协办确认

审核审批事项

请示申请

督办转办

图6—4　个人工作台

进入个人工作台后，发文处理主要包括如下程序：

（一）选择要处理的文件类型

根据文件部门与类型，选择已设计好的文件模板，见图6—5。

办公事务——拟稿文件选择

部门发文

会议申请及通知

市局发文

太原市公安局党委发文卡

外来收文

信息报送

拟稿及待发送文件...

图6—5　拟稿文件选择界面

【操作说明】

界面中列出的文件种类名称为当前登录用户有拟稿权限的所有文件信息和"拟稿及待发送文件"的链接，此项功能允许用户去查看所有已经保存过但还未进入流转过程的文件信息。由于每个用户可以拟稿的文件种类是不同的，所以不同登录用户看到的界面是不同。

＜文件名称/图标超链＞：进入登记/拟稿界面。

＜拟稿及待发送文件超链＞：进入待发送文件列表界面。

（二）进入待发送文件列表界面

待发送文件界面，见图6—6。

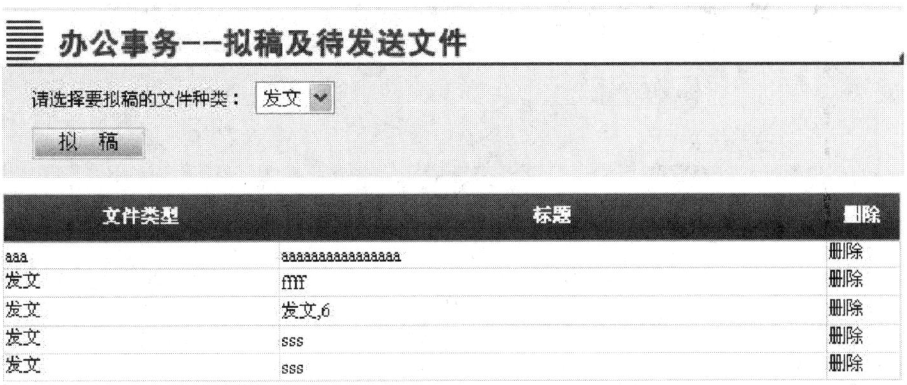

图 6—6　待发送文件界面

【操作说明】

界面中显示的是当前用户所有保存过但还未发送的文件列表，包括文件类型及标题，并在标题处设置链接，点击该链接可以直接进入相应的文件信息修改编辑界面。同时，也可以在本界面直接选中某一文件种类后点击拟稿进入文件拟稿界面。

＜标题超链＞：进入文件信息编辑界面，即相应种类文件的拟稿修改界面。

＜拟稿＞：选择不同的文件种类后点击拟稿按钮进入相应文件的拟稿界面。

＜删除＞：删除相应的文件。

【操作步骤】

如果想继续编辑已经保存过的文件，点击相应的文件标题即可进入相应的信息修改编辑界面，同时也可以通过该文件进入下一步的流转；

如果想删除某份文件，直接点击相应记录后的"删除"即可；

如果想拟一个新的稿件，选择不同的文件种类后点击拟稿即可。

（三）文件登记/拟稿处理界面

文件登记/拟稿处理界面，见图 6—7。

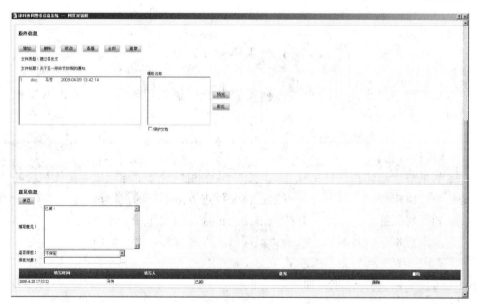

图6—7　文件登记/拟稿处理界面

【操作说明】

　　界面中的信息是根据系统定义的某一文件种类在拟稿时可以编辑的信息自动显示的。界面中有以下按钮是系统默认的操作按钮：保存、删除、新建、相关文件、返回。界面还会有根据用户权限形成的相应的和文件流转相关的操作按钮。

<保存>：系统会根据用户在定义文件时所设定的各字段属性，判断用户输入是否合法，如果合法则保存相应的信息到数据库中。

<返回>：返回上级界面。

<步骤（按钮）>：把文件传给流程中的下一承办者（如果可以选择具体操作者则弹出选择操作者窗口）。同时在后台设置了"抄送"功能，还会在进行步骤操作时提示是否抄送及其相关的被抄送人员信息。且该人员只能进行"阅毕"操作。

二、收文处理

收文处理在本系统中指"待办公文"，是指他人发送给自己办理的公文，系统提供的实时提醒功能会及时地告知用户当前需要办理的待办事务。

用户办理待办公文可对公文进行以下操作：

（1）对正文、附件进行修改。

（2）在意见栏中输入批示意见。

（3）将文件发送给选定人员。

当然，所有的操作都只能在权限设定范围内进行，同时系统还将如实地记录下文件办理的修改痕迹。当前用户对文件内容的修改，系统都会自动记录下修改痕迹，而文件处理表则通过"所见即所得"的权限设置记录下当前用户的批示意见等信息。

用户通过点击界面头部中的"业务管理"模块，并点击左部功能菜单区中"待办文件"功能模块后便可进入此功能界面。在界面的主显示区中将列出当前用户（可能具备多种角色）需办理的各种文件的列表，列表内容包括"文件类型"、"标题"、"缓急程度"和收到文件的"时间"。用户可点击不同的文件的标题进入其相应的办理界面。用户在办理界面中可以查看文件的流转过程和其他人的意见，也可以加入自己的意见。

待办文件列表界面，见图6—8。

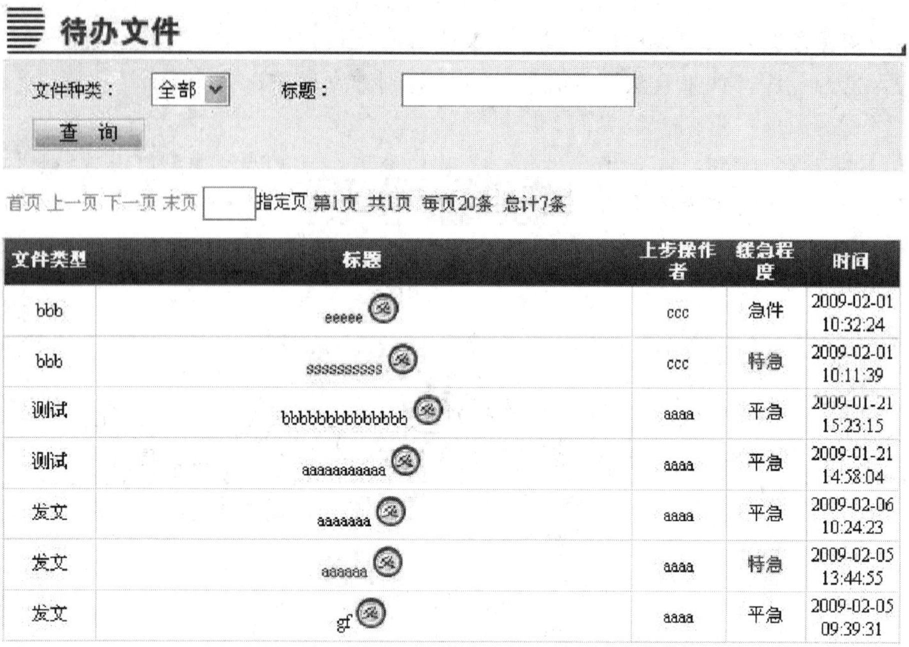

待办文件

文件种类： 全部 标题：

查 询

首页 上一页 下一页 末页 指定页 第1页 共1页 每页20条 总计7条

文件类型	标题	上步操作者	缓急程度	时间
bbb	eeeee	ccc	急件	2009-02-01 10:32:24
bbb	ssssssssss	ccc	特急	2009-02-01 10:11:39
测试	bbbbbbbbbbbbbb	aaaa	平急	2009-01-21 15:23:15
测试	aaaaaaaaaaa	aaaa	平急	2009-01-21 14:58:04
发文	aaaaaaa	aaaa	平急	2009-02-06 10:24:23
发文	aaaaaa	aaaa	特急	2009-02-05 13:44:55
发文	gf	aaaa	平急	2009-02-05 09:39:31

图 6—8 待办文件列表界面

【操作说明】

本界面中列出的是根据当前登录用户的身份，从系统中提取的该用户的待办文件信息。对于同一种文件是根据文件形成的先后顺序来确定它的显示顺序的；如果当前用户的待办文件信息超过一页允许的记录数，系统会分页显示，用户通过点击＜上一页＞和＜下一页＞翻页查看其他待办信息。在待办文件列表中，特急的文件将以红字标注出来。

＜上一页＞：显示当前用户待办的上一页信息，而且只有在当前页不是第一页时才可点击该按钮将显示上一页信息。

＜下一页＞：显示当前用户待办的下一页信息，而且只有在当前页不是最后一页时才可点击该按钮将显示下一页信息。

＜指定页＞：显示输入框中的页数的信息。

＜文件标题处的超链＞：用户若想办理列表中的某一文件，则可点击该文件的标题进入文件办理界面对文件进行办理。

点击标题链接，进入相应的承办单页面，此页面共分成四个部分：文件办理、原件信息、意见信息、流转信息，见图 6—9。

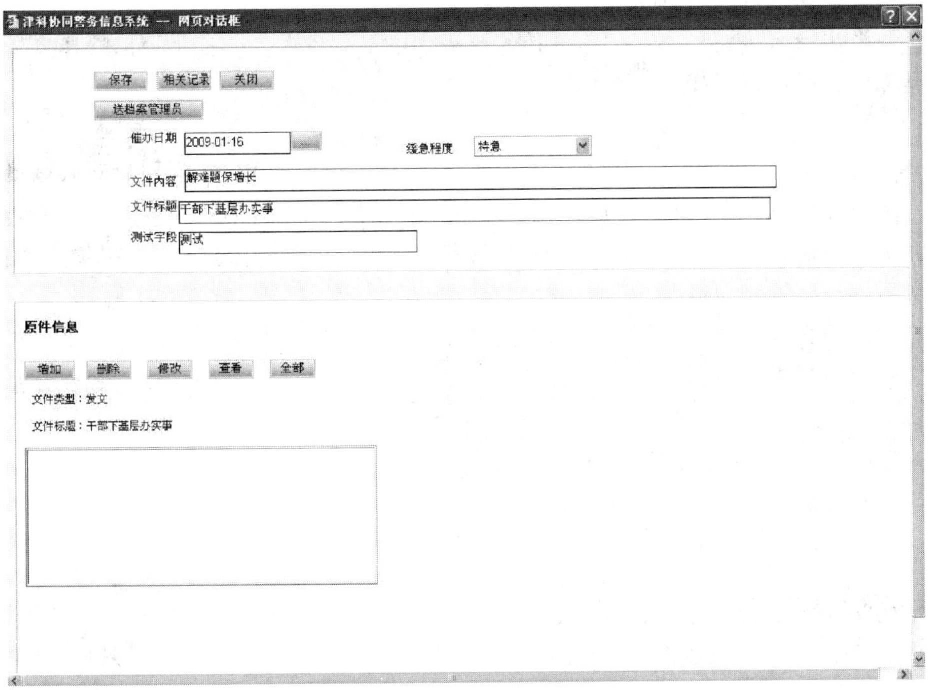

图 6—9　待办文件界面

（一）文件办理

文件办理界面，见图 6—10。

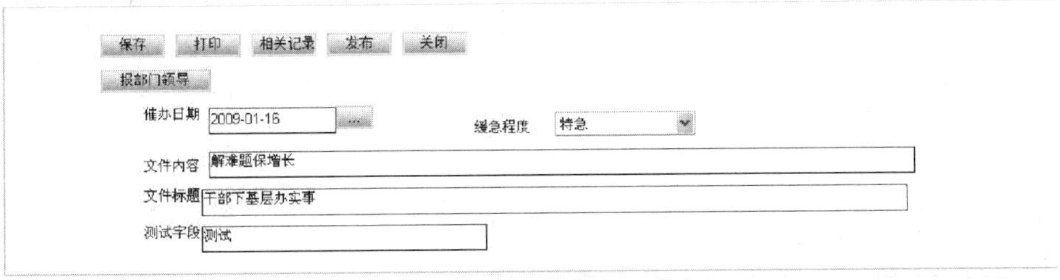

图 6—10　文件办理界面

【操作说明】

不同文件办理界面中按钮的个数会不相同。界面中有一些系统默认显示的按钮如保存、打印、相关记录等按钮信息。同时也会有一些根据当前文件所处的环节及当前用户的操作权限确定的功能不同的操作按钮。

＜保存＞：保存对文件的修改。

＜打印＞：弹出打印界面，用户可以进行相关打印。

＜返回＞：返回到待办文件界面。

＜步骤（按钮）＞：把文件传给流程中的下一承办者（如果可以选择具体操作者则弹出选择操作者窗口）。

【操作步骤】

保存文件：用户可对界面中可编辑的字段内容进行编辑，当用户确认编辑完毕后，可点击第一行中的＜保存＞按钮，若用户的输入不符合要求，系统会弹出对话框提示，如："XXX 字段不能为空"等，用户只需按提示重新进行编辑后再进行保存即可。

进行文件办理：当用户编辑完或保存完一个文件后，可在第二行按钮中选择一个用户想要对当前文件做的流程处理进行点击，系统会按照设置好的流程将文件送到指定的用户。

（二）原件信息处理

原件信息处理界面，见图 6—11。

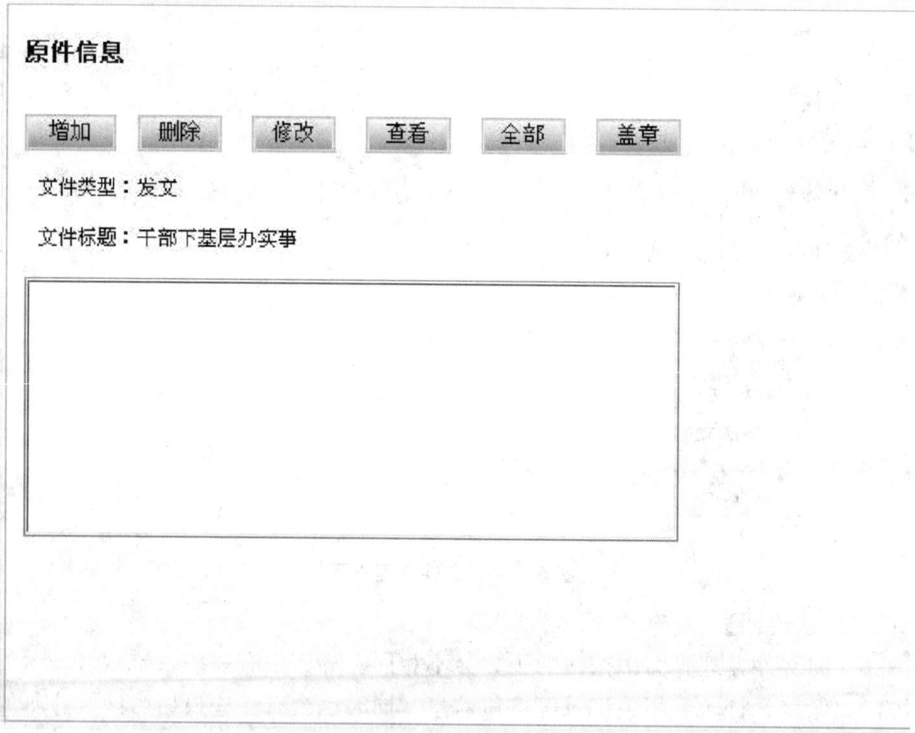

图 6—11　原件信息处理界面

【操作说明】

系统会根据在文件定义及流程设置时确定的对该文件的原件编辑权限决定界面所显示的操作按钮及显示的信息。如果对该文件的原件具有编辑权限则界面将出现增加、删除按钮。如果对该文件的原件具有修改权限则界面将出现修改按钮，同时界面将显示每一原件的编辑用户及编辑时间。

　　＜增加＞：增加一个原件，打开文件选择界面。

　　＜删除＞：删除选中的原件。

　　＜修改＞：打开选中的原件，当用户关闭原件时将原件保存到数据库中。

　　＜查看＞：打开选中的原件。

　　＜返回＞：返回上级调用界面。

文件选择界面，见图6—12。

图6—12　文件选择界面

【操作说明】

用户通过选择文件对话框，将想要增加的原件加入到系统中。

　　＜打开＞：保存新增的原件到某一文件。

　　＜取消＞：返回原件列表界面。

【操作步骤】

（1）增加原件：若要增加一个原件，用户点击＜增加＞按钮，弹出文件选择对话框，选择要增加的文件后点击＜打开＞按钮，若要继续增加，可继续选择文件并点击<打开>按钮，直到全部增加完毕后点击<取消>按钮，此时系统会将用户增加的所有文件保存到数据库中，当增加完毕后系统会提示"增加成功"。

（2）修改原件：若要修改某一原件，用户可先在列表中选中该原件，然后点击<修改>按钮。如果是 doc. 类型的原件，系统会弹出原件修改页面；如果是其他类型原件，系统会自动调用程序来打开文件，若用户的计算机上没有指定能打开该文件的程序，系统会提示用户并允许用户选择一个程序打开文件。当用户打开文件后可对文件进行修改，当用户保存修改过的文件并关闭打开程序后系统会将文件保存到数据库。

注意：不能在修改时将文件另存到其他目录。且一般建议上传不超过12M 左右的原件。

（3）删除原件：若删除某一原件，用户要先选择要删除的原件，然后点击<删除>按钮，当删除完毕后系统会提示"删除成功"。

（4）查看原件：若查看某一原件，用户要先选择要查看的原件，然后点击<查看>按钮，系统会自动调用程序来打开文件，若用户的计算机上没有指定能打开该文件的程序，系统会提示用户并允许用户选择一个程序打开文件。

原件修改界面，见图6—13。

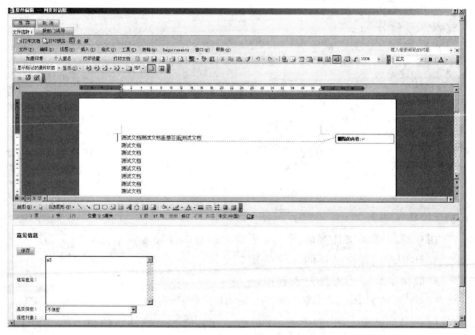

图6—13　文件修改界面

【操作说明】

本页面是 doc 类型的原件修改时弹出的原件编辑界面，页面第一排是保存和返回按钮，下面一排是文件流转按钮，再下面是嵌入式的 word 组件，把选择的 doc 原件打开并进入编辑状态，可以对原件进行修改，最下方是意见信息，可以填写意见。

＜保存＞：点击保存按钮，关闭当前页面，然后进行原件保存操作。

＜取消＞、＜直接关闭窗口＞：放弃本次修改，返回到上一级的承办单页面。

＜流转＞按钮：点击保存按钮，关闭当前页面，然后进行文件流转操作。

意见＜流转＞按钮：点击意见信息部分的保存按钮，系统保存意见信息，并刷新当前页面。

【操作步骤】

修改原件：在查看原件的同时，可以对原件内容进行修改。

填写意见：可以在页面下方填写意见信息并保存。

文件流转：修改完原件，填写好意见，就可以流转当前文件了，点击某个流转按钮即可。

（三）意见信息处理

意见信息处理界面，见图 6—14。

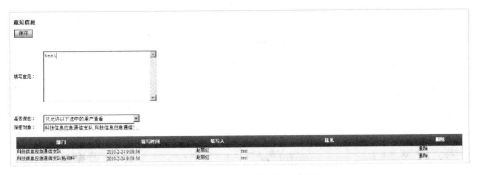

图 6—14　意见信息处理界面

【操作说明】

用户可对文件发表自己的意见，也可查看其他人的意见，用户可在文件办理界面中点击＜意见＞按钮进入本界面，界面中会显示该待办文件的办理转交时间、办理人及其当前用户可看到的其他人的意见，用户也可发表自己的意见。当前列表中的内容是按照填写时间的倒序排列的，如果当前意见长度少于40 个汉字，则完全显示；否则，只显示前 40 个汉字，同时在末尾增加省略号，点击该意见弹出意见详情窗口。

用户首先在意见输入框内输入自己的意见，若此意见可以让所有人看，则直接点击＜保存＞按钮，否则请在"是否保密"的下拉选择框中选择"不允许以下选中的用户查看"或"只允许以下选中的用户查看"，然后再点击"保密对象"输入框旁的按钮，选择要保密的对象，最后点击＜保存＞按钮进行保存。

意见备选：双击"填写意见"文本框，弹出窗口显示界面，见图6—15。

图6—15　弹出窗口显示界面

用户可以根据以往填写的意见进行选择，点击"备选意见"，即可在填写意见中自动生成。还可以根据需要删除任何备选意见，见图6—16。

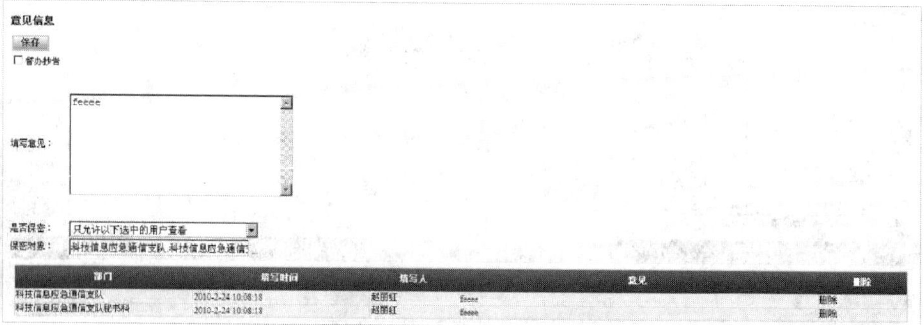

图6—16　备选意见处理界面

将意见添加到督办抄告子系统：☐督办抄告

市局领导（角色）可以决定其处理的每一个文件是否需要督办，在市局领导填写意见时显示该选项。如果市局领导选中该选项，则在督办抄告子系统中生成相关督办，此功能为可选功能。

其中市局领导角色可更改为任意角色，设置 web. config

＜add key＝" RoleID" value＝" 257" /＞

更改 value 值为角色 ID 号就可以

督办抄告子系统也可更改，也需要设置 web. config

<add key =" RecordTableID" value =" 14" />

更改 value 值为表 ID 号就可以

将意见添加到承办单：☐将意见添加到承办单

　　意见填入承办单的功能，可由用户来决定本次的意见是否需要填入承办单。使用操作属性中的"是否上报"来做二次验证。（意见位置出现"是否填入承办单"的选择框，该选择框出现的前提：1. 该步骤该用户的操作设置中已选中"是否上报"；2. 本人是"部门领导"或"单位领导"；3. 根据 2 的属性，在其看到的承办单中有"部门领导意见"或"单位领导意见"字段），见图 6—17。

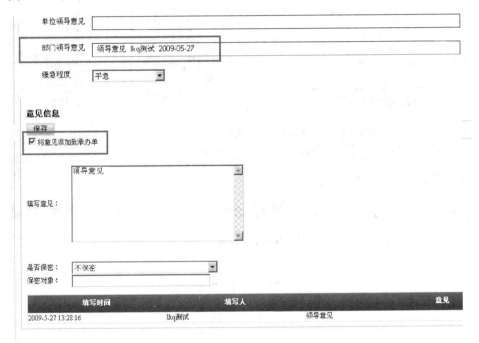

图 6—17　意见填入承办单功能界面

　　当用户具有部门领导或单位领导权限时，且管理员针对该流程设置了是否上报的权限，且该界面信息中包括部门领导意见或单位领导意见时，出现这个复选框。

　　前提设置，见图 6—18。

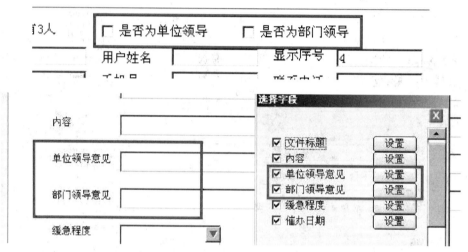

图6—18　前提设置界面

勾选<将意见添加到承办单>后，填写意见，点击<保存>后，弹出对话框，见图6—19。

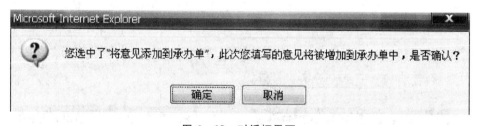

图6—19　对话框界面

点<确定>即可将意见自动添加到承办单中。

<保存>：保存当前用户的意见，如果当前用户曾经对此文件填写过意见，则将覆盖旧的意见。

<返回>：返回上级界面。

<……>：根据用户选择的不同保密对象类型，弹出人员代词部门角色的选择窗口。

<删除>：用户可以删除本人当前提交的意见。

（四）流转信息处理

文件流转过程界面，见图6—20。

图6—20　流转过程界面

【操作说明】

系统对于所有文件的流转过程都会进行记录，用户可在文件办理界面中点击＜过程＞按钮进入本界面，在界面中会显示当前办理文件的文件种类、文件标题及文件的形成时间和文件到目前为止所流转的所有过程。

＜关闭窗口＞：关闭本窗口。

三、电子公文流程监控

电子公文流程监控包括公文本身流程的监控、用户流程监控、部门流程监控三个方面。

（一）电子公文本身的流程监控

本模块的主要操作者是系统中有流程监控权限的用户，该用户可以对当前系统中正在流转的文件进行监控，同时控制或转发某些文件。当前界面为按文件查询的界面，系统中默认的显示当前系统中在流转的所有文件信息，包括文件种类、文件标题和形成时间。

流程监控文件列表，见图6—21。

流程监控（文件）

文件种类： [全部 ▼]

[查 询]

首页 上一页 下一页 末页 [   ] 指定页 第1页 共1页 每页20条 总计12条

文件种类	文件标题	形成时间	删除	详情
发文	aaaaaaa	2009-02-05 13:44:55	删除	查看
bbb	www	2009-02-05 13:11:54	删除	查看
发文	aaaaaaaa	2009-02-06 10:24:23	删除	查看
bbb	ttttttt	2009-02-05 11:38:01	删除	查看
发文	gf	2009-02-05 09:39:31	删除	查看
bbb	hhh	2009-02-05 10:37:23	删除	查看
发文	ddd	2009-01-16 15:46:07	删除	查看
bbb	eeeee	2009-02-05 10:32:24	删除	查看
测试	bbbbbbbbbbbbbb	2009-01-21 15:23:15	删除	查看
bbb	sssssssss	2009-02-05 10:11:39	删除	查看
测试	aaaaaaaaaaa	2009-01-21 14:58:04	删除	查看
发文	bbbbbbb	2009-01-16 11:18:41	删除	查看

图 6－21　流程监控文件列表界面

【操作说明】

<查询>：刷新本界面，如果选择了文件种类后点击查询按钮，则界面将显示某一文种的在办文件列表。

<文件标题处的链接>：进入文件流程控制界面。

<删除>：删除当前的待办文件。

<查看>：查看当前文件的详细内容。

点击文件标题后，进入流程控制界面，见图 6－22。

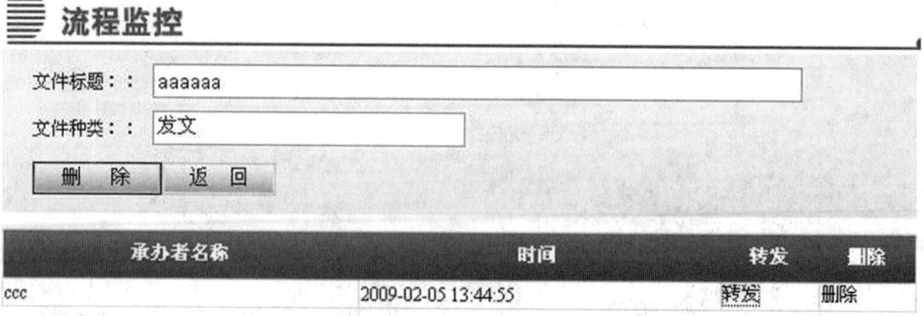

流程监控

文件标题：： aaaaaaa

文件种类： 发文

[删 除]　[返 回]

承办者名称	时间	转发	删除
ccc	2009-02-05 13:44:55	转发	删除

图 6－22　流程控制界面

【操作说明】

由于本界面要控制某一用户或某一部门或某一角色的待办及文件流转，所以列表中显示的为选中的部门、用户或角色的当前所有待办文件情况。点击＜删除＞将删除当前用户、部门或角色的所有待办情况。点击每一记录后的转发链接，将转发相应文件的待办。点击每一记录后的删除链接将删除对应的文件的待办。

界面显示当前选中的对象（部门、用户或角色）的待办文件情况。界面中的对象名称为显示项，用户不能修改。

＜删除＞：点击该按钮将删除当前选择的部门或选择的用户的所有待办文件。

＜返回＞：返回按部门或用户检索结果界面。

＜转发＞：进入文件转发操作步骤选择界面。

＜删除的链接＞：点击该链接将删除相应的待办信息。

＜查看＞：进入查看文件详细信息界面。

点击一条记录后的＜转发＞按钮，进入转发步骤选择界面，见图6－23。

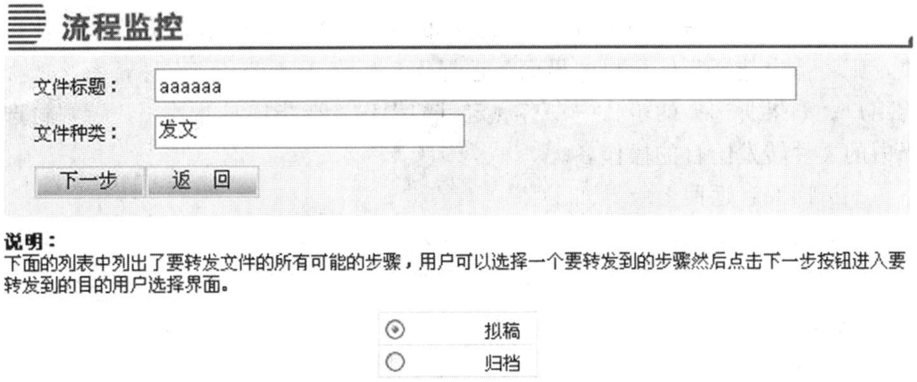

图6－23　转发步骤选择界面

【操作说明】

＜下一步＞：点击该按钮将进入目的操作者选择界面。

＜返回＞：返回上级调用界面。

点击＜下一步＞，进入文件转发目的操作及操作者选择界面，见图6－24。

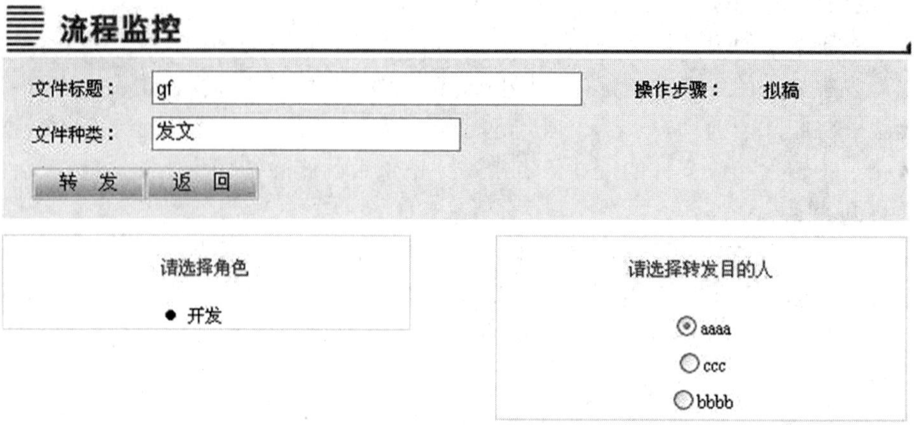

图 6-24 文件转发目的操作及操作者选择界面

【操作说明】

界面中显示的目的操作者为当前文件种类当前步骤的所有的可能的目的操作及操作者的列表。

＜转发＞：点击该按钮后，如果选择的步骤中的目的操作者要指向具体用户，则将弹出选择具体用户的界面，选择用户后点击确定将该文件转发给选择的用户；如果所选择的步骤中没有规定目的操作者要指向具体的用户，则将选择中的文件转发给目的操作者。

＜返回＞：返回上级界面。

（二）用户流程的监控

授权用户可对文件流程进行监控，可按照部门、角色、用户的方式查看文件具体流转的过程及待办用户，并可对错发或者废除的文件进行流程的调整或删除，见图 6-25。

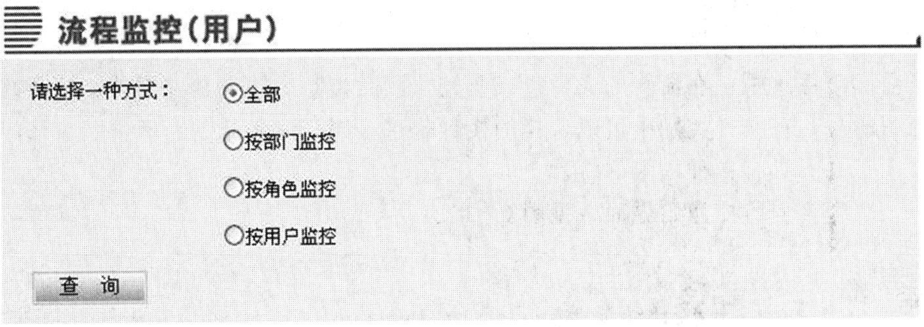

图 6—25 选择方式界面

<选择不同的部门>：根据部门的选择刷新用户列表中的内容。

按照用户查询后的结果页面，见图 6—26。

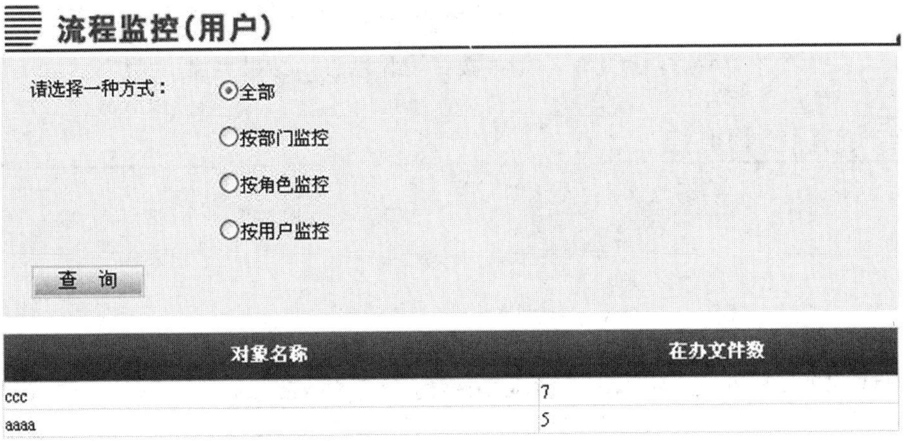

对象名称	在办文件数
ccc	7
aaaa	5

图 6—26 用户查询后的结果页面

【操作说明】

界面显示的是选中的部门或用户或角色的办文总数，及当前在办文件的列表，同时显示收到文件的时间和当前文件的待办环节的名称。在界面中还有<流程控制>的按钮，点击该按钮可以进入按用户角色进行流程控制的界面。

<查询>：根据不同的查询方式并选择不同的对象后点击查询按钮将刷新本界面，显示相应的信息。

（三）部门流程监控

本模块的主要操作者是系统中有部门流程监控权限的用户，该用户可以对当前部门系统中正在流转的文件进行监控，同时控制或转发某些文件。其中要说明的是，在文种类别中可以选择的文种是这个部门流程权限管理员所在部门中每个人所具有文种权限的叠加。

部门流程监控初始界面，见图6－27。

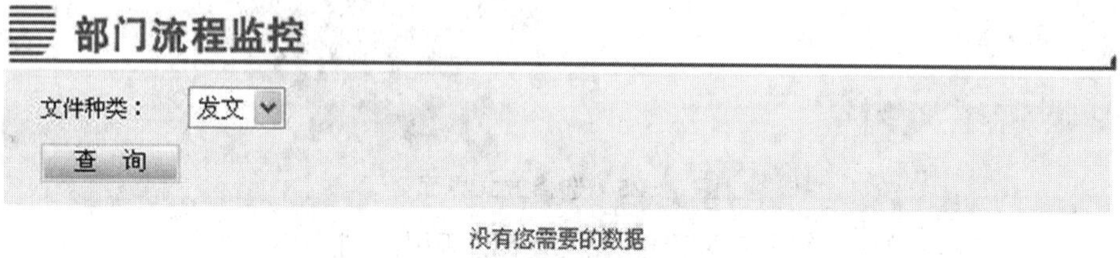
部门流程监控
文件种类：
发文
查 询
没有您需要的数据

图6－27 部门流程监控初始界面

选择文件类型后，点击＜查询＞按钮，显示查询结果界面，见图6－28。

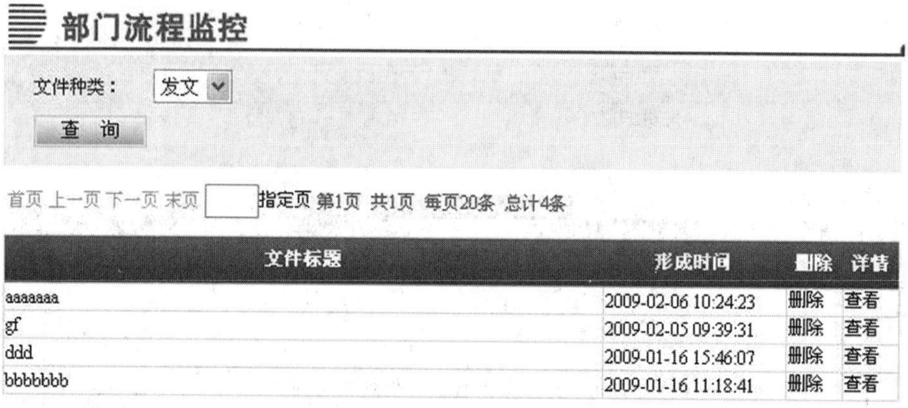
部门流程监控
文件种类：
发文
查 询
首页 上一页 下一页 末页 指定页 第1页 共1页 每页20条 总计4条
文件标题 形成时间 删除 详情
aaaaaaa 2009-02-06 10:24:23 删除 查看
gf 2009-02-05 09:39:31 删除 查看
ddd 2009-01-16 15:46:07 删除 查看
bbbbbbb 2009-01-16 11:18:41 删除 查看

图6－28 查询结果界面

【操作说明】

＜查询＞：如果选择了文件种类后点击查询按钮，则界面将显示部门中某一文种的在办文件列表。

＜文件标题处的链接＞：进入文件流程控制界面。

点击文件标题处链接进入流程控制界面，见图6－29。

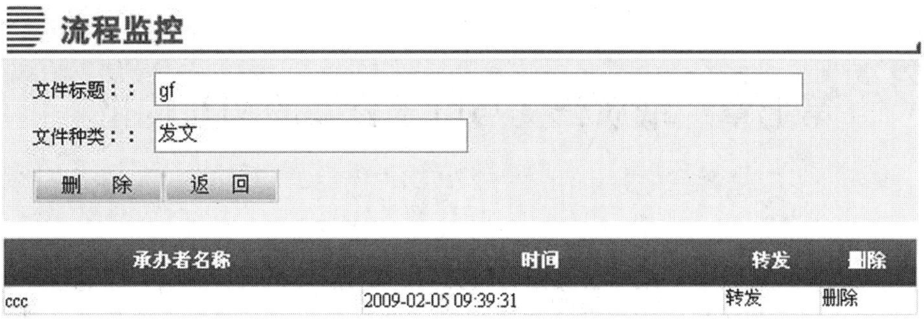

图 6－29　流程控制界面

【操作说明】

＜删除＞：点击该按钮将删除当前文件的所有待办流程。

＜返回＞：返回按文件检索结果界面。

＜转发＞：进入文件转发操作步骤选择界面。

文件转发的操作如"流程监控（用户）"的操作，在此不再叙述。

第七章 纸质公文与电子公文的相互转化

公文管理过程中，纸质公文因其较强的稳定性、较好的耐久性，一直是长期记录、保存和传递公文信息的主要载体。但是，纸质公文缓慢的传递速度，难以满足快速、准确传递公务信息的需求。因此，伴随着办公自动化程度的提高，以及电子政务建设的深入，电子公文逐渐成为公文系统中又一重要组成部分，它们将工作人员从重复繁琐的手工录入和人工流转的诸多环节中解脱出来，以快速、简便、高效的方式实现着公文的形成与流转。目前，电子公文已经成为电子政务、党务系统以及企事业单位 OA 系统中必不可少的组成部分。

但是，电子公文的易修改性、对软硬件较强的依赖性、载体材料较短的保存寿命，以及使用过程中面临的技术和法律上的难题，使得电子公文不能完全替代纸质公文而成为公文系统的主流。针对这一问题，一些学者提出了解决方案。例如，刘家真认为，同一内容的公文，既要以电子格式保存，也应该以纸质形式保存[①]。冯惠玲提出，电子文件与纸质文件管理应处于共存与互动的状态之下，电子文件的管理推动了纸质文件管理的改革。纸质文件管理的经验和信息技术促成了电子文件管理的完善，电子文件与纸质文件管理共存的二元格局将会持续相当长时间。[②] 可见，纸质公文与电子公文并轨共存，形成了当前公文管理的"双轨制"，这将是当前及未来很长一段时期的主要形式。两者的相互转化、长期保存和利用，有助于构建起现代化公文管理的良好模式，从而实现公文管理的最佳实践。

当然，从当前电子公文管理的实践来看，两种倾向需要关注：其一，并不是所有的电子公文与纸质公文都能够相互转换，音频、视频文件便是典型的例子；其二，也并不是所有的电子公文都需要转换，电子公文直接归档也已在不少单位得以实施。尽管如此，纸质公文与电子公文相互转化，采取"两套制"仍然是一种重要的做法，因而需要加强研究。目前，电子公文与纸质公文的转换主要依赖模拟—数字转化技术（A/D）（简称模数转化技术）和数字—模拟

---

① 刘家真. 电子文件管理导论 [M]. 武汉：武汉大学出版社，1999.
② 冯惠玲. 电子文件与纸质文件管理的共存与互动 [J]. 中国档案，2003（12）.

转化技术（D/A）（简称数模转化技术）。本章将围绕这两类技术，对纸质公文与电子公文相互转化的方法与流程加以全面介绍。

第一节　纸质公文的模数转化

纸质公文转化为电子公文，主要通过模数转化技术进行。模数转化技术是指将模拟信号转化成相应的数字信号，再将数字信号送入计算机，由计算机进行处理和运算的过程①。纸质公文模数转化的过程，实际上就是其数字化的过程。当前，主要有纸质公文扫描数字化和纸质公文缩微影像数字化两种形式，其技术路线，见图7—1。

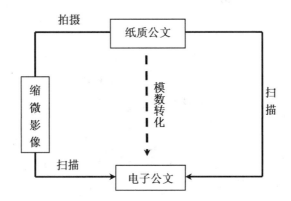

图7—1　纸质公文模数转化技术路线图

一、纸质公文扫描数字化

通过图像扫描实现纸质公文的数字化，是纸质公文向电子公文转化的常用形式。图像扫描数字化，是指运用扫描仪对纸质公文原件进行光学扫描，形成光学图像传送到光电转换器中变为模拟信号，进而将模拟信号转变为数字电信号，并通过计算机接口送至计算机中，形成数字图像的过程。

国家档案局2005年颁布的档案行业标准——《纸质档案数字化技术规范》（DA/T 31—2005），可以作为纸质公文图像扫描数字化的主要操作指南和实施规范。根据该规范，纸质公文图像扫描数字化主要包括公文整理、公文扫描、

---

① 刘家真. 电子文件管理导论［M］. 武汉：武汉大学出版社，1999.

图像处理、图像存储、数据建库与挂接、数据验收与备份六个环节①。

（一）公文整理

公文整理是纸质公文扫描数字化的前期准备工作，需要依据实际情况从内容和形式两个方面对公文进行适当整理，并作出标识，以确保纸质公文扫描数字化的质量。内容上的整理需要对公文目录和内容加以规范，明确著录项、字段长度和具体内容的要求，及时核查和发现公文中错误遗漏或不规范之处，具体体现在题名、责任者、起止页号和页数等要素上。

形式上的整理则体现在对纸质公文物理形态的规范与整序，如为保证公文扫描的效果，需要先拆除公文上的装订物，并保证拆除过程中不能损坏公文纸张，同时，核查和筛选公文，剔除无关或重复的文件，修复破损严重、无法直接进行扫描的公文，并对折皱不平，影响扫描质量的公文原件先进行压平或熨平处理等。

（二）公文扫描

公文扫描是纸质公文图像扫描数字化的主要环节，扫描的效果直接关系着整个工作的质量。纸质公文的扫描需要借助扫描仪来实现，当前，扫描仪种类繁多，需要结合扫描公文的不同类型，选择不同的扫描仪。

1. 扫描设备的选择

依据扫描速度的快慢，扫描仪可被分为高速扫描仪和平板扫描仪两类。高速扫描仪扫描速度快，每分钟可处理 20～120 页纸张，极大地缩短了公文数字化的时间，但其不适用于幅面较大、纸张状况较差或珍贵的公文。平板扫描仪的扫描速度逊于高速扫描仪，但其价格较低，且主要针对 A3、A4 幅面公文的扫描，因而是公文管理部门进行纸质公文扫描的主要设备。

同时，依据颜色的不同，扫描仪又可分为黑白扫描仪和彩色扫描仪两类。纸质公文包含文本、图像、照片等多种形式，但以文本类公文居多。因此，黑白扫描仪即可满足文本扫描的需求。但由于公文中的红色题头、分隔线与彩色标注，因而也需要配备彩色扫描仪辅助使用，以全面满足纸质公文扫描的需求②。

2. 主要性能指标的确定

扫描纸质公文时，除了选择适宜的扫描设备，还应区分好主要的性能指标，以确保纸质公文扫描的效果。具体来说，包括扫描分辨率、色彩分辨率、灰度级和扫描模式等。

---

① 纸质档案数字化技术规范［S］（DA/T31－2005）.
② 杨公之. 档案信息化建设实务［M］. 北京：中国档案出版社，2003.

（1）扫描分辨率。分辨率是体现扫描仪精度的重要指标，也是决定图像质量的关键因素。扫描仪的分辨率是由扫描仪光学部件分辨率及其自身经软、硬件处理后所得。因此，扫描仪光学部件的分辨率，即光学分辨率是决定纸质公文扫描后分辨率的首要因素。光学分辨率是扫描仪感光元件（CCD）在每平方英寸面积内所能捕捉到的实际光点数。当前，市场上扫描仪的光学分辨率主要有 300×600dpi、600×1200dpi、1000×1200dpi 等类型。

一般而言，扫描图像是为了满足在高分辨率设备中的输出。因此，图像扫描多希望获取较高的分辨率，但分辨率过高，会降低扫描速度，增大图像文件的存储空间，不符合公文管理的经济、效益原则；图像扫描分辨率过低，会导致图像输出效果非常粗糙。因此，扫描纸质公文时，应以扫描后的图像清晰、完整、不影响利用效果为准，具体来说，选择 300×600dpi 的分辨率即可。

（2）色彩分辨率。色彩分辨率又称色彩深度或色彩位，是表示扫描仪分辨彩色或灰度细腻程度的指标，其单位是 bit（位）。色彩分辨率以位数来标识扫描所得的像素，1bit 就是黑白像素，8bit 表示从黑到白的 256 个灰度级，24bit 则表示 16777216 种色彩，此外，还有 30bit、36bit、48bit 等。总体而言，色彩位数越多，颜色就越逼真。但由于受到计算机处理能力和输出打印机分辨率的限制，也无须一味追求高色彩位。纸质公文的文本与图片本身质量就不高，因而选择 24bit 的色彩分辨率即可满足公文扫描的需求。

（3）灰度级。灰度级是标识灰度图像亮度层次范围的指标，级别越高，扫描仪图像的亮度范围就越大。当前，扫描仪灰度级多为 1024 级。因此，纸质公文扫描采用此级别即可。

（4）扫描模式。扫描仪扫描模式主要有灰度扫描、黑白二值扫描和彩色扫描。灰度模式是以单一的色调表示图像；黑白二值扫描是以黑白两级灰度表示数字图像。纸质公文扫描时，页面为黑白两字、字迹清晰、不带插图的公文，一般采用黑白二值扫描；页面为黑白两色，但字迹清晰度较差，或带有插图，或页面为多色文字的公文，可以采用灰度模式进行扫描；如果页面中有红色题头、印章或插有黑白照片、彩色照片、彩色插图的公文，则需酌情采用彩色模式进行扫描。总体来说，以黑白二值模式扫描的情况居多。

（三）图像处理

扫描纸质公文后，须对得到的数字图像进行质量检查，如图像的偏斜度、清晰度和失真度等，发现不符合图像质量要求的，需要及时加以处理和纠正。如对出现偏斜的图像进行纠偏处理，以达到视觉上的矫正；对方向不正确的图像需要进行旋转还原，以符合阅读习惯；而对图像中出现的杂质，如黑点、黑线、黑框、黑边等应进行去污处理，以保证页面的清晰，从而最大限度地展现公文的原貌。

在检查单幅图像文件质量的同时，还应进一步核查整份（件）公文扫描的完整性，避免漏扫、错扫、重复扫等情况的出现。发现文件漏扫时，应及时补扫并正确插入图像。发现扫描图像的排列顺序与公文原件不一致时，应及时进行调整。此外，对于大幅面公文分区扫描所得的多幅图像，应进行拼接处理，合并为一个完整的图像，以保证公文数字化图像的整体性；采用彩色模式扫描的图像也需进行裁边处理，去除多余的白边，以有效缩小图像文件的容量，节省存储空间。

（四）图像存储

纸质公文扫描后得到的数字图像，既可直接以图形文件的形式加以存储，也可以通过光学字符识别（OCR）系统识别成文本文件，以文本形式加以存储。以图形文件存储的数字图像，可以再现公文原件的真实面貌，其中印章、签字、批注等信息均可给利用者比较直观的视觉感受，加之避免了大量的校对工作，因而转换费用较低。而以文本形式存储的数字图像，有助于缩小存储空间，实现全文检索，但失去了原件的视觉效果，特别是部分手写字迹，增加了校对的工作量，费用也相应地提高了。为保证公文检索和利用的效率，可以将两种形式一并保存，从而为后期图像数据库和全文数据库的建设提供条件。

当前，图像文件的存储格式，主要有 BMP 格式、PNG 格式、JPEG 格式、TIFF 格式、PDF 格式、CAJ 格式和 CEB 格式等，这些格式各有其优点和缺点。

（1）BMP（Bitmap）格式是 Windows 操作系统中标准图像文件格式，可以用任何颜色深度（从黑白到 24 位颜色）存储单个光栅图像，并与现有 Windows 程序（尤其是较早的版本）兼容，正是因为 BMP 包含的图像信息较丰富，因而它不支持压缩，占用磁盘空间很大，且不受 Web 浏览器支持，故而多在单机上比较流行[①]。

（2）PNG（Portable Network Graphic Format）格式是流行网络图形格式，也可以用任何颜色深度存储单个光栅图像，同时，PNG 格式支持高级别无损耗压缩，但提供的压缩量较少，且不受较旧的浏览器和程序的支持，一般应用于 JAVA 程序中。

（3）JPEG（Joint Photographic Experts Group）格式是最常用的图像文件格式，既具有调节图像质量的功能，也支持多种压缩级别，压缩比率通常在

---

① 周拴龙. 文献数字化理论与技术［M］. 北京：线装书局，2007（8）.

10：1 到 40：1 之间。但是，JPEG 也是一种有损压缩格式，压缩比越大，造成图像数据损伤程度也越大，因而使用过高的压缩比率，将使最终解压缩后恢复的图像质量明显降低。需要说明的是，JPEG 格式压缩的主要是高频信息，对色彩的信息保留较好，适合应用于互联网，可减少图像的传输时间，可以支持 24bit 真彩色，也普遍应用于需要连续色调的图像①。

（4）TIFF（Tagged Image File Format）格式是印刷行业中受到支持最广的图形文件格式。此图像格式复杂，存储内容多，且支持可选压缩，但其占用存储空间也较大，是相应 JPEG 图像的 10 倍，并不受 Web 浏览器的支持②。

（5）PDF（Portable Document Format）格式是由 Adobe Systems 在 1993 年用于文件交换所发展出的文件格式，是一种非常流行的便携式文件格式。该格式能够保留文件的原有格式和开放标准，并能突破平台的限制，在任何系统下显示文件内容，因而是电子书籍、政府文书的主要存储格式。

（6）CAJ（China Academic Journals）格式是用于中国学术期刊全文数据库中文件显示的一种格式。该格式将文字、插图等内容融于同一文件中，并完整地保留源文件的信息，其输出效果与原版一致，并支持批注、标记等功能。虽然 CAJ 格式是为了学术期刊上网而开发的，但在公文数字化存储中也可体现其优越性。

（7）CEB（Chinese E—paper Basic）格式是北大方正电子公司拥有自主知识产权的一种版式文件格式，目前在我国政府机关公文处理中应用广泛。它可以很好地保持源文件的样式色彩，并对文字或图像信息进行很好的压缩，支持色彩控制，具有较好的屏幕效果和输出效果。尤为可贵的是，CEB 格式文件还具有数字签名、数据加密功能，一旦生成便不能随意篡改，保证了公文的安全、完整和保密。符合国家党政机关对公文格式的严格要求，也符合公文数字化的要求。

综合上述图像文件主要存储格式的特点，参照《纸质档案数字化技术规范》（DA/T 31—2005）的规定可知，纸质公文扫描后，如果采用黑白二值模式扫描得到的图像文件，一般采用 TIFF（G4）格式存储；采用灰度模式和彩色模式扫描的文件，一般采用 JPEG 格式存储；提供网络查询的扫描图像，也可存储为 CEB、PDF 或其他格式。同时，在确保扫描图像清晰可读的前提下，应尽量减小图像文件存储的空间。

同时需要注意到的是，关于不同类型的扫描公文，到底采取哪种格式进行

---

① 周拴龙. 文献数字化理论与技术［M］. 北京：线装书局，2007（8）.
② 周拴龙. 文献数字化理论与技术［M］. 北京：线装书局，2007（8）.

扫描，也需要根据国家相关的标准执行。截至目前，我国关于扫描电子公文的格式推荐为 TIFF、JPEG 格式。而在国外，PDF 也是一种主要的格式，为此，国际标准《文件管理—电子文件长久保存文档格式—第 1 部分 1.4 版 PDF 的使用（PDF－A－1）》（Document management－Electronic document file format for long－term preservation－Part 1：Use of PDF 1.4（PDF/A－1））》（ISO19005－1－2005），《文件管理—可移植文件格式—第 1 部分：PDF 1.7（Document management－Portable document format－Part 1：PDF 1.7）》（ISO32000－1－2008），和《文件管理—长期保存的电子文献文件格式—第 2 部分：ISO32000—1 的使用（PDF/A－2）（Document management－Electronic document file format for long－term preservation－Part 2：Use of ISO32000－1（PDF/A－2））》（ISO19005－2－2011）均对其作出了专门的规定。对于我国而言，制定专门的通用格式，对于电子公文扫描后的数字化文件的长期保存是非常重要的。

（五）数据建库与挂接

纸质公文扫描存储后，需要对图像文件和纸质原文进行核查。每一份纸质公文都有一个与之相对应的唯一文号，因而可以用该文号作为该文件扫描后得到的图像文件的名称。有的纸质公文一份中有多页文件，也可以用文号为名称建立文件夹，按页码顺序对每个图像文件进行命名。在确保图像文件的文件名与纸质公文的文号或页号一致和唯一的基础上，可以尽快建立起纸质公文的目录数据库，并采用人工校对或软件自动校对的方式，对目录数据库的建库质量进行检查，对不合格的数据及时进行修改或重录。

目录数据库经质检合格后，可以通过网络将公文信息及时记载到数据服务器端汇总，并通过编制程序或借助相应软件，实现目录数据对相关数字图像的自动搜索，并加入对应的电子地址信息，实现批量、快速挂接。

（六）数据验收与备份

数据建库与挂接完成后，仍需要以抽检的方式对模数转化所得的数据进行检查，以保证目录数据库、图像文件及数据挂接的总体质量，其抽检比率应大于或等于 5％。只有抽检合格率达到 95％及以上时，才能予以通过。

验收合格的数据，应及时进行备份。备份的载体应多样化，并可以在线、离线或异地保存的形式实行多套备份。备份后的数据同样需要检验，以确保其真实性、完整性与可读性。

二、纸质公文缩微影像数字化

自 1984 年全国图书馆文献缩微复制中心成立以来，影像缩微技术就被广泛运用于各种公文、图书或期刊的缩微复制上，缩小了存储空间，增加了信息存储量。影像缩微技术是一项成熟、稳定、安全的技术，已有 160 年的发展历程。20 世纪以来，伴随着数字影像技术的产生与发展，原本存储在缩微胶片的模拟信号，又可经过电子扫描，以离散的"1"和"0"存贮于电子存贮介质上，从而形成数字信息，实现公共信息资源的共享，这不啻为纸质公文向电子公文的模数转化提供了另一条新的途径，即先将纸质公文缩微拍摄于胶片之上，再对缩微胶片进行数字化转化。事实上，20 世纪 80～90 年代，有些档案馆（尤其是综合性档案馆、大型企业档案馆）曾做过纸质公文（档案）的缩微工作，产生了不少缩微品。进行模数转化，就是将这些缩微品直接进行数字化的过程。

（一）纸质公文的影像缩微

纸质公文的影像缩微是指通过照相设备、缩微摄影机或其他摄影方法，将原始的纸质公文按照一定的缩小比例，经光学成像、图像分解和光电转变等过程摄录在胶卷或平片上，形成模拟信号的过程①。国家档案局 1992 年颁布的档案行业标准《缩微摄影技术在 16mm 卷片上拍摄档案的规定》（DA/T 4—1992）、《缩微摄影技术在 A6 平片上拍摄档案的规定》（DA/T 5—1992），以及国家质量监督检验检疫总局 2008 年颁布的国家标准《技术图样与技术文件的缩微摄影　第 1 部分：操作程序》（GB/T 17739. 1—2008）等，均可为纸质公文的影像缩微提供技术指导和行为规范。

1. 前期准备

纸质公文影像缩微之前，同样也需要对公文原件逐件逐份地从内容和形式上加以检查和整序。内容上的检查应以确保公文的完整、排序的正确为目标，并对出现破损、卷曲等影响拍摄效果的公文做好修整工作。形式上的准备，则需要依次拆除公文上的装订物，依据胶片的长度和原件的数量，计算好画幅数，同时，还应选择正确的缩率，并在拍摄过程中保持不变。一般而言，多选择中缩率进行影像缩微。

2. 影像缩微

纸质公文在幅面、纸张、字迹、信息、内容等方面均有不同。不同的公文状况决定了在进行影像缩微时，也应相应地选择不同规格的胶片和不同的缩微方法。常见的情况有以下三个方面：

（1）从纸质公文的幅面而言，A3 幅面以下的公文主要采用 DR1600

---

① 杨公之. 档案信息化建设实务 ［M］. 北京：中国档案出版社，2003.

16MM 缩微卷片拍摄机进行拍摄；A3 幅面以上的公文，包括较大幅面的图纸，采用 SMA—135MM 缩微卷片拍摄机进行拍摄；而对于珍贵的历史公文，无论其幅面多大，均应采用 S105C A6 缩微平片拍摄机进行拍摄。

（2）从纸质公文的记录载体而言，使用透明纸张，如硫酸纸、玻璃纸和聚酯薄膜等作为记录载体的公文，缩微翻拍时可以采用底灯照明的方式，无底灯照明时，亦可在原件下紧贴衬放白纸。对于纸张较薄且双面有字的公文，需在原件下衬托深色的纸张，防止正反面字迹在胶片上形成重叠影像。而对于以蓝底白条的蓝图纸作为记录载体的图纸类公文，缩微翻拍时可适当降低曝光量，以增大反差。当出现蓝图底色深浅不均，无法兼顾的情况时，则需采用两种或多种曝光量各拍一幅，并插入"影像重叠"的图形符号。

（3）从纸质公文的记录材料而言，当纸质公文上有扩散的印章字迹、复写纸字迹和圆珠笔字迹时，需要适当增加曝光量以增强字迹清晰度；复写纸正面字迹消褪而背面尚存时，可在背面衬以白纸以提高反差，也可拍摄公文背面，冲洗时将胶片反转以获取正面信息，但这种情况需添加说明。当纸质公文上有褪色的纯蓝墨水字迹、红色墨水字迹、彩色水笔字迹或铅笔字迹时，需在摄影机前加上与字迹颜色互为补色的滤色镜，以提高纸张与字迹颜色的反差。同时，降低曝光量，减慢冲洗速度，将胶片背景密度值控制在 0.8 左右。此外，部分纸质公文还有立体凹凸的钢印字迹，拍摄时需用纸板等物遮挡一侧部分光源，采用侧光照明，并适当增加曝光量，以获取较为满意的效果。

依据纸质公文实际情况，选择合适的缩微设备与缩微方法后，还需严格按照相关标准的规定，设置缩微胶片的区段。缩微胶片的区段分为片头、正文前标识区、正文区、正文后标识区和片尾五个区段，其结构如图 7－2 所示。

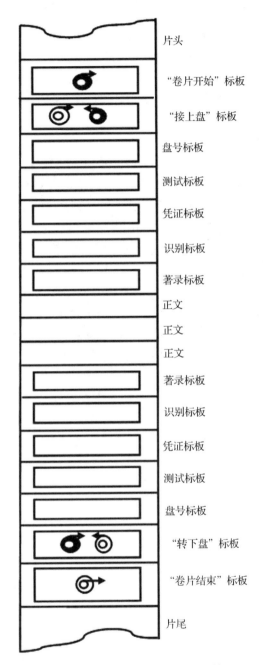

片头

"卷片开始"标板

"接上盘"标板

盘号标板

测试标板

凭证标板

识别标板

著录标板

正文

正文

正文

著录标板

识别标板

凭证标板

测试标板

盘号标板

"转下盘"标板

"卷片结束"标板

片尾

图 7-2　缩微胶片主要区段结构图

具体来说，每盘胶片的片头和片尾均应留下不少于 700mm 的空白片作为护片和引片。正文前标识区需首先拍摄"卷片开始"字样，如果是承接上盘，则需拍摄"接上盘"的图形符号。此后，需依次拍摄出测试标板、凭证标板、识别标板和著录标板四项，以保存纸质公文的相关辅助信息。正文区是记录纸质公文原件内容的核心部分，需依据"文号—公文封面—文件目录—卷内文件"的顺序依次拍摄，拍摄完毕后，同样需要拍摄"卷片结束"的图形符号标板，以保住整卷胶片的完整与完全①。

（二）缩微影像的数字化

纸质公文经影像缩微技术转化为模拟信号后，仍然需要通过数字影像技术，进一步由模拟信号转化为数字信号，以实现公文信息的海量存储和高度共享。这种方法早已在欧美、日本、新加坡等国得到广泛应用。1991～1995年间，美国耶鲁大学图书馆发起了"开放图书计划"（Project Open Book）研究工作，旨在探索将耶鲁大学图书馆过去十年翻拍所得的珍贵图书胶片大规模转化为数字图像保存的可行性。其具体目标体现在三个方面：第一，创建一个可容纳1万卷的数字图像图书馆，进而对胶片内容的选择、数字图像的质量及转化成本加以评估；第二，创建结构化索引，确保数字图像的检索和信息的获取；第三，通过耶鲁大学校园网，初步开展数字图像的分布式访问。

为确保项目的开展，耶鲁大学图书馆构建起一个多工作站转化系统，聘请大量工作人员从事胶片的转化、索引建立和图像保存工作，并选择施乐公司作为其主要合作伙伴，使用施乐公司开发的工具对数字图像进行质量检测。实践证明，先将原件翻拍成缩微胶片，再将缩微胶片扫描成数字化图像，是最为妥善的方法。值得提出的是，耶鲁大学图书馆在实践中发现，在600dpi分辨率下运用二进制扫描技术将产生高质量的数字图像，也最符合成本效益原则。此外，选用缩微负片扫描得到的数字图像，较之于缩微正片得到的图像质量更佳②。

在我国，缩微影像的数字化也成为我国档案界的惯常做法，国家档案局更是制定了《缩微胶片档案数字化技术规范》对其进行指导与规范。借鉴档案部门的经验，参照国家档案局的规范，纸质公文缩微影像的数字化，也需要做好以下几个方面的工作：

---

① GB/T 16573—1996缩微摄影技术在16mm和35mm银—明胶型缩微卷片上拍摄文献的操作程序—产业标准—道客巴巴［EB/OL］.［2012—04—04］. http：//www. doc88. com/p—5490423434. html.

② Conway P. Yale University Library's Project Open Book. D—LibMagazine February［EB/OL］.［2012—4—16］. http：//www. dlib. org/dlib/february96/yale/02conway. html.

1. 主要设备的性能

纸质公文缩微影像的数字化，主要通过缩微胶片扫描仪来实现。目前常用的是美能达 MS7000 缩微胶片扫描仪[①]。美能达 MS7000 缩微胶片扫描仪是当前全国档案和公共图书馆系统使用较为普遍的缩微影像数字化设备，主要由扫描和阅读两部分系统组成，扫描系统实现的是对缩微胶片的数字化扫描，阅读系统实现的是缩微胶片的屏幕阅读。其结构见图 7－3。

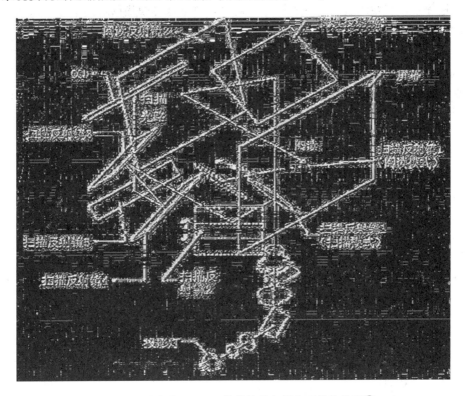

图 7－3　美能达 MS7000 缩微胶片扫描仪系统结构图[②]

在聚光照明系统作用下，扫描系统中的投影灯照亮缩微胶片，胶片中的影像经投影镜头，扫描反射镜 1、2、3、4、5 投射到表面光电器件 CCD 上，扫描反射镜的转动使图像相对 CCD 运动从而完成图像扫描。CCD 所具有的光电转换功能将其亮暗不同的光线转换成相应的电荷信号，形成相对于胶片影像的模拟图像。

①　笔者根据 http：//www．konicaminolta．com/及其相关研究文献编写．

②　张军．MS7000 缩微胶片扫描仪故障判断经验谈［J］．数字与缩微影像，2011（2）：7.

阅读系统中的投影灯同样在照明系统的作用下照亮缩微胶片，缩微胶片则通过投影镜头经阅读反射镜 1、2 在屏幕上成像以供阅读[①]。

2. 主要指标的选择

缩微胶片扫描数字化过程中，缩微胶片的质量直接决定着扫描数字化的质量与效果。事实上，用于扫描的缩微胶片多为缩微胶片的副本，即清洁过的第二代银负片复制品，因而在清晰度、解像力等方面均会稍逊于原件。因此，扫描过程中，需要结合胶片的不同实际情况，科学选择扫描的性能指标，以弥补缩微胶片自身的不足，最大限度地提高扫描的质量与效果。

一般而言，扫描缩微胶片多采用黑白二值扫描，以单色调（黑白）为主。《台湾缩微资料数位化工作流程（初稿）》中对扫描的技术规格作出了具体的设置。其分辨率一般为 400dpi，色彩位深度为 1bit，存储格式为 TIFF6.0 无压缩；或者分辨率为 300dpi，色彩位深度为 8bit 的灰阶等级[②]。而《重庆市电子档案管理技术标准》则将转化分辨率定为 200dpi；字符较小，或是需要运用 OCR 软件进行识别的公文，可将扫描分辨率提高至 400dpi；部分效果较差、原始幅面较大的材料，也可采用 600dpi，但不宜再增高，否则电子文件放大后将会出现不同程度的重影，影响读取效果。

同时，对于反差较低的胶片，需要适当提高对比度，以增加其反差；对于同一文件中有不同反差的胶片，应尽量照顾低反差的信息部分，也可采用以不同亮度和对比度分别扫描多幅存储的方法，以保证胶片不同区域的清晰度。此外，扫描过程中，还需根据画幅的大小，适当调整变焦镜头的倍率，确保画面的完整和美观，调整镜头焦距，确保影像字迹的清晰。

3. 主要流程的设计

缩微影像的数字化，其工作流程主要包括扫描准备、胶片扫描、图像的质检与修改、图像的处理四个环节[③]。本书仍以美能达 MS7000 缩微胶片扫描仪为例，对其加以介绍[④]。

（1）扫描准备。缩微胶片扫描的前期准备工作，既需要保证基本硬件设施，也需要全面了解和掌握缩微胶片的内容和形式。缩微胶片扫描的基本硬件设施，至少需要两台计算机，一台用于缩微胶片的扫描，另一台则用于图像的

①　张军. MS7000 缩微胶片扫描仪故障判断经验谈 [J]. 数字与缩微影像，2011 (2).

②　刘江霞. CIM 与 COM 的应用与发展研究 [J]. 数字与缩微影像，2009 (4).

③　缩微胶片档案数字化技术规范—百度文库 [EB/OL]. [2012－04－03]. http：//wenku. baidu. com/view/a353ae24af45b307e8719744. html.

④　熊灿兵，郎斌. 美能达 MS7000 缩微胶片扫描系统应用探讨 [J]. 数字与缩微影像，2006 (2).

同步处理，其基本的配置是 Pentium Ⅲ 500、128M 内存、WinNT 以上，并用网线将两台计算机连接起来。同样，在全面了解胶片所拍摄的公文内容、年度、纸张与字迹颜色等质量状况后，还需要制定出缩微胶片的扫描计划、扫描顺序和扫描等级，科学选择曝光量、对比度等技术参数，对照纸质公文缩微翻拍时的操作记录或纸质公文的原件，合理确定每盘胶片扫描的次数。

（2）胶片扫描。胶片扫描是缩微影像数字化扫描的主要环节，需要科学选择扫描的方式，合理调整扫描的技术参数。

以美能达 MS7000 扫描仪为例，它的扫描方式有三种，分别是连续扫、分段连续扫和单幅扫。连续扫只需根据缩微翻拍时的操作记录，掌握每盘胶片拍摄的总画幅数，进而依此设定扫描次数，使整盘胶片的扫描一次性完成。分段连续扫是指根据所拍公文的内容将纸张、字迹颜色相对集中的一段影像，分段设定所扫的次数，经若干次扫描后完成对本盘胶片的扫描。分段扫描比一次性连续扫描质量要好，但需要先期确定扫描的段数，和每段扫描的胶卷数，且需要人员的监督，防止出现操作的紊乱。单幅扫扫描出的文件质量较好，但扫描速度较慢，效率不高，可以作为连续扫或分段连续扫的补充。

在扫描参数的选择上，美能达 MS7000 扫描仪也有两种方式：一种是在扫描前，将图像尺寸、自动对焦、自动纠偏、胶片极性、图像存储格式和分辨率等参数一次性设定好，不再逐盘更改，从而提高扫描速度。一般而言，为保证取得较好的扫描质量，扫描分辨率多设定在 300dpi。如果公文纸张和字迹都很清晰，还可降低至 200dpi，从而节省更多的存储空间。另一种则是灵活地设定扫描参数，主要体现在对比度和曝光量上。每盘胶片的密度是不同的，因而对比度和曝光量的设定也应不同。扫描时可以先选择几个影像进行试扫描，观察扫出图像的亮度和质量，以此为参照进行微调，直至扫描出的图像清晰且边框没有黑边为止，并以这一组数值作为整盘扫描的对比度和曝光量。一般来说，扫描仪扫描的速度是每分钟 16 个画幅，因而整盘缩微胶片的扫描时间约为两个半小时，在进行扫描的同时，也可配合图像质检等其他工作同时进行。

需要说明的是，美能达 MS7000 缩微胶片扫描仪主要适用于 16mm 和 35mm 两种规格缩微卷片的扫描加工。其制造商汉龙公司还专为其开发了 DrageFilm 软件。DrageFilm 软件界面部分包括菜单、文件属性窗口、FileList 的属性窗口、图像显示窗口以及多页 TIFF 文件预览窗口，从而保证了缩微胶片上的影像一经扫描到计算机上后即可被转化成电子公文，并可进行各种操作处理，以便满足不同用户的使用需求。

（3）图像的质检与修改。缩微胶片扫描数字化的目的是为了公务信息资源的共享和利用，因而要求图像应具有较高的质量，并由专人逐页地进行检查，及时剔除存在质量问题的图像文件，如字迹模糊、画面发黑等情况，并及时做好记录，以便扫描完成后根据记录及时进行补扫。

补扫图像文件时，可以采取两种方法：一种是继续使用美能达 MS7000 胶片扫描仪重扫，通过调整曝光量和对比度达到更好的效果；另一种则是采用普通扫描仪扫描公文原件。一般而言，只有在缩微胶片扫描仪无法满足补扫要求时，才使用后一种方法。图像文件补扫后，要及时替换之前质量较差的文件。

（4）图像的处理。缩微胶片影像转化成数字文件后，需要对数字文件和目录数据库进行挂接、分发，这个过程主要通过 eFilmArchive 软件实现。eFilmArchive 软件是对扫描形成的数字文件进行挂接、分发处理的专门软件，由图像处理、图像质检、光盘发布三个独立模块组成。缩微影像与电子公文挂接之前，需要先录入胶片扫描图像所在目录、原始数据库文件，以及片轴缩微信息，通过系统自动生成缩微胶片的案卷信息，进而开展对图像的处理。

处理图像时，先将需要处理的目录添加到目录列表中，再进行文件的检查与处理，重点检查每份文件的次序是否正确，第一张图像是否在开头位置，最后一张是否正常结束，如果目录对应的文件不在相应的位置，则需更改数据库中对应的缩微号，重新排列图像顺序。如果单张图像文件质量存在问题，则需借助 eFilmArchive 软件中的多页 TIFF 编辑操作界面，对图像文件进行剪切、复制、粘贴、删除、旋转、纠偏等修改操作，继而将处理记录与结果录入到指定文件夹下。

图像检查处理完毕后，需要借助"光盘发布"模块对图像文件进行保存。eFilmArchive 软件的"光盘发布"模块实际是一套光盘刻录系统，可以将处理好的图像文件整理并刻录到光盘上，并采用硬盘和光盘双重备份，做好公文数据信息的同步保存，以确保公文数据的安全。

综上所述，直接扫描纸质公文和先缩微后扫描，是纸质公文转化为电子公文的两种主要形式。直接扫描法获取的电子公文较为清晰，而先缩微后扫描的方法对纸质公文二次损坏最少。因此，需要根据纸质公文实际保存状况和信息需求，选择适宜的转化方法。对于脆弱破损或纸张质量较差的历史类公文，可以采取先缩微后翻拍的方法，以最大限度地延长纸质公文的保存寿命。

第二节　电子公文的数模转化

将纸质公文转化为电子公文，目的是为了提高公文流转速度，改进工作效率，促进公务信息的共享与利用。同样，将电子公文转化为纸质公文，则是为了妥善地维护好存贮于电子介质上的数字信息的长期安全。电子公文存储信息的载体是脆弱的，因而其信息的存储是不稳定的，加之对计算机软硬件环境的依赖，使得电子公文的真实性、完整性和有效性面临着极大的威胁。

不仅电子公文如此，整个电子文件系统的安全保护都已成为当前许多领域，尤其是档案界关注的重点。2008 年 12 月，国家档案局局长杨冬权在全国档案局馆长会议上指出："……有条件的地方，还应逐步将电子文件转换成其他载体保存，实现异质备份，以防止若干年后电子文件因阅读设备不配套而无法读取。"因此，异质备份已成为电子文件保护的重要途径。这一途径在 2009 年 7 月的海峡两岸档案暨缩微学术交流会，以及中央企业档案工作会议上都得到再一次的强调。

在耶鲁大学"开放图书计划"的研究基础上，1994～1996 年间，美国康奈尔大学发起了该计划的对比项目——"数字化转换为缩微胶片计划"（Digital to Microfilm Conversion Project）的研究工作。在这一研究中，数字影像不再是信息存储的最终形式，而是存储的中间媒介，将数字影像输出转化为缩微胶片，将是一种长期妥善的保存方法①。

为此，我国国家档案局也于 2010 年 1 月 1 日正式颁布了档案行业标准《电子公文信息输出到缩微胶片上的技术规范》，以指导我国的实际工作。参考借鉴这些研究成果与实践方法，模数转化技术可以实现纸质公文向电子公文的转化，那么数模转化也同样可被运用于电子公文向纸质公文的转化过程中，这两项技术原本就是一对可逆的过程，是模拟信号与数字信号衔接转化的两个相反的过程。

具体而言，电子公文的数模转化就是将电子公文上的数字信息输出到缩微胶片上，转化成信息基本相同的模拟信号，再冲洗或转印成纸质文本的过程②。在此，本章将着重介绍数字信息以缩微胶片输出的过程。

数字信息缩微胶片输出是一个较新的研究领域，围绕它的研究成果并不多。依据《电子公文信息输出到缩微胶片上的技术规范》，其工作流程主要包括以下几个环节。

一、前期准备

前期准备工作是数字信息缩微胶片输出工作流程中极其重要的一个环节。

---

① 刘江霞. CIM 与 COM 的应用与发展研究［J］. 数字与缩微影像，2009（4）.

② 数模转换—百度百科［EB/OL］.　［2012－03－12］. http://baike. baidu. com/view/873549. htm.

数字图像的规范与完整，将直接决定着胶片画幅的尺寸、影像的编排、缩率的选择，以及检索标识的生成。

前期准备工作的第一步，就是制作标板数字图像。依据国家标准《缩微摄影技术 图形 COM 记录仪的质量控制 第 1 部分：测试画面的特征》（GB/T 19474.1—2004）的要求，每盘缩微胶片上均载有检索标识。因此，数字图像在输出前，同样需依据标准的规定，制定出符合规范的识别标板、凭证标板、著录标板等检索标识。

第二步是妥善处理好数字图像。数字图像的文件格式、色彩模数和图像质量等因素，直接影响着缩微胶片输出的质量。数字图像文件的文件格式、色彩位数也并非越精、越高就越好，缩微胶片的质量还受到胶片输出设备性能的制约，因而需结合输出设备的性能与规定，妥善选择图像文件参数。当前，我国用于缩微胶片输出的图像文件多是 A0 或 A0 以下幅面纸质公文数字化后产生的数字图像，并不包括特殊和超大尺寸纸质公文数字化的文件，缩微胶卷也主要是 16mm 和 35mm 卷片两种规格。康奈尔大学的示范项目选用 600dpi 和 1bit 扫描发行的图书，将获得的数字化影像输出到缩微胶片上，胶片质量基本满足或超过 ANS1/AIIM 缩微质量标准和长期保存要求，数字信息缩微化的过程中解像力没有损失[①]。

数字图像输出的缩微胶片，每盘胶片的区段，同样包括片头、前标识区、正文区、后标识区和片尾五部分。因此，第三步就需要依据胶片的长度、缩率、标板数、分幅、合幅等计算出一盘胶片所能输出的画幅数，以便统一安排输出次序。

第四步就是要科学选择缩微胶片，一般来说，应使用安全片基、高解像力及具有中、高反差性能的银—明胶型 16mm 或 35mm 的卷式黑白缩微胶片。

二、图像输出

数字图像的输出是电子公文数模转化的核心环节，将电子公文上的数字信号通过数字信息胶片输出设备转化为模拟信号。在这一环节中，输出设备的选择、画幅尺寸的维护、缩率的确定，以及输出形式的采用，是需要关注的四个主要环节。

（一）输出设备的选择

在探索和研究数字信息缩微胶片输出技术的基础上，新加坡、美国和我国

---

① 张美芳. 走出困境——缩微信息与数字信息的相互转换［J］. 数字与缩微影像，2009（3）.

的研究工作者相继研制出了专门的设备，用于电子公文数模转化的实践。本书以新加坡 Micrographic Data 公司推出的 MD—AW2 288 型数字存档机为例，对电子公文的数模转化设备作简单的介绍。

MD—AW2 288 型数字存档机是当前技术较为前沿、性能较为完备的数字信息缩微胶片输出设备之一，主要由数字影像输入系统、拍摄系统、LCD 屏显示系统和缩微胶片输出系统四大部分组成。数字影像输入系统是电子公文、数字影像文件输入部分，具有较好的兼容性和普适性，可同时接受包括单画幅—TIFF、多画幅—TIFF，单页式 PDF、多页式 PDF，JPG、JPEG2000、GIF、PNG、BMP、Word、Excel 等在内的所有黑白、灰度或彩色色彩模式的影像图片，A0（含 A0）以下幅面的文件也可同时适用。拍摄系统和 LCD 屏显示系统是数字影像的处理系统。拍摄系统内置德国光学镜头，可提供 150 对线的综合缩微解像度，确保获得的缩微影像能达到传统缩微胶片拍摄的效果；LCD 显示屏可用于拍摄前画面的缩放、校准，以及拍摄后质量的检测。鉴于 LCD 显示屏尺寸为 30 寸，A0 幅面文件的影像将在显示屏上被缩小为 A2 幅面大小拍摄，A2 幅面则无需缩小，以提升质量。拍摄完毕后，缩微胶片输出系统可同时提供 16mm 和 35mm 的传统缩微银盐黑白、灰度和彩色卷片多种形式的输出，且具有较高的输出速度。其中，16mm 黑白和灰度胶片输出速度可达每小时 2400 个单面/单画幅，或 4200 个双面/双画幅；16mm 彩色胶片输出速度为每小时 1800 个单面/单画幅，或 2600 个双面/双画幅；35mm 黑白或灰度胶片输出速度可达每小时 600 个画幅；35mm 彩色胶片输出速度可达 450 个画幅。MD—AW2 288 型数字存档机详细技术资料，见表 7－1。总而言之，数字存档机大大提高了电子公文数模转化的效果与速率，目前已在部分档案机构中得到了运用。

表 7－1   MD—AW2 288 型数字存档机详细技术资料

规格/特性	主要特点
输入档案格式	所有黑白、灰阶或彩色： 单画幅—TIFF，多画幅—TIFF； 单页式 PDF，多页式 PDF； JPG，JPEG2000 等
输出片种	16 和 35mm 的传统缩微银盐黑白、灰度和彩色卷片
曝光处理	带底光的高解像彩色 LCD
LCD 显示屏尺寸	30 寸（A2）

规格/特性	主要特点
相对于胶卷解像度	相对可达 150 对线
显示屏像素大小	0.1995 毫米
最大幅面（原稿图形）	A0：影像显示在 30 寸显示屏成 A2 幅面大小拍摄曝光； A2：幅面无需缩小，提升质量。
显示屏亮度	可调式 250 至 540cd 每平方米（250—540cd/M^2）
数码视频输入（DVI）色深	36 位输入，输出 36 位。
输出	任何品牌的 16 和 35mm 黑白传统缩微胶卷，包括： AGFA（爱克发）AHU 银盐片； AGFA（爱克发）RAPID 带灰度银盐片； ILFORD（依尔福）彩色胶卷。
黑白二值影像	有
灰阶影像	有
彩色	有
16mm 黑白胶卷存档速度（每小时）	达 2400 个画幅（单面/单画幅）； 可达 4200 个（双面/双画幅）
16mm 灰度胶卷存档速度（每小时）	达 2400 个画幅（单面/单画幅）； 可达 4200 个（双面/双画幅）
16mm 彩色胶卷存档速度（每小时）	达 1800 个画幅（单面/单画幅）； 可达 2600 个（双面/双画幅）
35mm 黑白胶卷存档速度（每小时）	达 600 个画幅
35mm 灰度胶卷存档速度（每小时）	达 600 个画幅
35mm 彩色胶卷存档速度（每小时）	达 450 个画幅
冲洗机及冲洗剂	任何 16/35mm 传统深槽式缩微冲洗机和冲洗液（彩色冲洗例外）

（二）画幅尺寸的维护

缩微胶卷中画幅的尺寸，依据胶卷的规格而略有不同。对于 16mm 的缩微卷片而言，其画幅的宽度为 $13.3^{0}_{-0.9}$ mm，其长度则因其幅面的大小而有所不同，一般而言，全幅的画幅长度为 $18.5^{0}_{-1.0}$ mm，半幅的画幅长度则为

$9.8^{0}_{-1.0}$mm，其画幅格式见图7-4。相邻画幅间应保持相同的间隔，一般不应小于0.5mm。

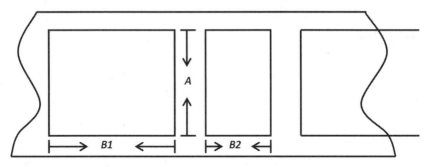

图7-4　16mm卷式黑白缩微胶片画幅尺寸图

全幅（A×B1）；半幅（A×B2）

对于35mm缩微卷片而言，则需要综合考虑画幅尺寸、影像区尺寸和进片距尺寸三组参数。其中画幅长度为$45^{0}_{-1.0}$mm，宽度为$32^{0}_{-1.0}$mm；影像区长度为41.0mm（max），宽度为30.4mm（max）；进片距则为$52^{0}_{-1.2}$mm，其格式具体见图7-5。

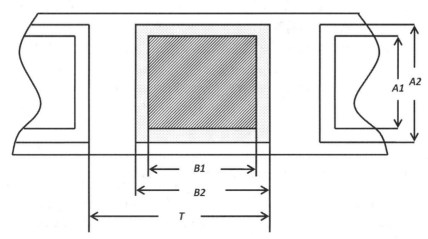

图7-5　35mm卷式黑白缩微胶片画幅尺寸图

画幅（A2×B2）；影像区（A1×B1）；进片距（T）

（三）缩率的确定

缩率是数字图像在缩微胶片上输出时，原图被缩小的比率。缩率的选择，应以确保胶片上的影像还原后清晰可读为基本原则，同时也需要结合数字图像自身的质量、输出设备的技术路线，以及对缩微胶片的质量要求来综合考量，而且，缩率一旦确定后，轻易不做更改，在同一盘胶片中应使用相同的缩率。

总体而言，对于 16mm 的缩微卷片，其缩率一般在 1/24 到 1/30 的范围之内。对于 35mm 的缩微卷片，A 系列尺寸的纸质公文数字化后产生的数字图像，其缩率基本保持在 1/30、1/21.2 和 1/15 之间，其他尺寸的纸质公文数字化后产生的数字图像，输出时的缩率则可以选择 1/30、1/24 和 1/16 三者之一。

（四）输出形式的采用

上述基本格式和参数确定后，需要结合数字图像的大小和缩小比率，选择输出的形式。一般而言，数字图像输出时，既可以采用全幅画幅的方式，也可以采用分幅输出的形式，或者是合幅输出的方式，需要视实际情况决定。对于 16mm 的缩微卷片来说，假如数字图像的尺寸和缩率不能输出一个全幅画幅时，则需要分幅输出，输出时的数字图像需要按照阅读的顺序依次排列，并在分幅处留下对应纸质公文原件 25mm 的重叠。对于 35mm 的缩微卷片来说，如果缩小比率偏大，全幅画幅输出时，会影响影像的清晰度，同样也需要分幅输出。分幅输出时，需要按照阅读顺序排列，并在分幅处保留一定的间隙，此处的间隙大于 16mm 的间隙，至少应为对应纸质公文原件 100mm 的重叠。同时，为了防止输出的紊乱，分幅输出时每幅都应在画幅的右下角画幅与影像区之间输出分幅序号，依次为 1/n、2/n、3/n……（n 为分幅数）。除了分幅输出外，为了节省胶片，提高效率，如果两幅或多幅数字图像在一定的缩率下可以输出在同一画幅中，那么就可以采用合幅的形式输出，画幅之间同样也需要保持一定的间距，并按照阅读习惯依次排列。

除了输出形式外，每盘胶片同样也需要保持其原有的区段设置，即片头、"卷片开始"图形符号、片盘号、前标识区、正文区、后标识区、片盘号、"卷片结束"图形符号以及片尾（具体顺序见图 7—6），以保证每盘胶片形式上的规范与一致。

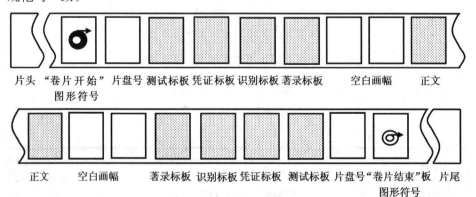

| 片头 | "卷片开始"
图形符号 | 片盘号 | 测试标板 | 凭证标板 | 识别标板 | 著录标板 | 空白画幅 | 正文 |

| 正文 | 空白画幅 | 著录标板 | 识别标板 | 凭证标板 | 测试标板 | 片盘号 | "卷片结束"板 | 片尾
图形符号 |

图 7—6　缩微胶片输出顺序示意图

三、胶片的质检与处理

数字图像输出在缩微胶片上后，需要对缩微胶片的清晰度、密度、解像力、硫代硫酸盐的残留量，以及缩微胶片表面的物理性能进行逐张的核查，以确保模数转化的质量和效果，对于存在问题或不合格的胶片，应及时进行处理。

具体地，缩微胶片上记录的影像应保持公文信息的原貌，没有丢失和增加任何信息，发现有部分文件遗漏时，则需要进行补充输出，并将补充输出的胶片按原来顺序接入整盘胶片中，其缩小比率与本盘胶片的缩率保持一致。假如无法接入整盘胶片中，则可以在本盘胶片的"卷片开始"符号之前接片，其顺序依次为"'卷片开始'图形符号数字图像—补充输出说明数字图像—补充输出的电子公文信息"。

在进行密度、解像力等技术参数的核查时，可依照国家标准《缩微摄影技术 图形 COM 记录仪的质量控制 第 2 部分：质量要求和控制》（GB/T19474.2—2004）的规定，使用密度计测量最大和最小的漫射密度，最大漫射密度应大于或等于 1.00，最小漫射密度应小于或等于 0.15＋片基密度，且密度差不得低于 0.9。而在解像力的测试上，不同的缩小比率，其解像力值也有所不同，《电子公文信息输出到缩微胶片上的技术规定》给出了具体的解像力要求，见表 7—2。可以此为依据，对缩微胶片进行检测。

表 7—2 　　　　数字信息输出到缩微胶片上的解像力要求

缩率	解像力线对/mm
1/30	135
1/24	120
1/21	117
1/16	113
1/15	106

此外，缩微胶片上的 LE[1] 值为 500 时，硫代硫酸盐残留量需低于 1.4ug/cm²；LE 值为 100 时，硫代硫酸盐的残留量应低于 3.0ug/cm²。同时，胶片

---

[1] 注：国家标准《缩微摄影技术 银－明胶型缩微品的冲洗与保存》（GB/T15737—2005）中，LE 值（LE designation）是记录材料和有关识别系统的"概率寿命"的标称值。LE 后面的数值是以年来表示概率寿命，在 21℃和 50％RH 的条件下存储时，信息可以在该期间内无明显损失地被识别，例如 LE－100 表示信息在至少 100 年内可以被识别。

上也不应有划伤或指纹，以及水渍、油渍和未洗净的显影液或定影液，否则都将会影响到缩微胶片上的信息的长期保存。

电子公文上的数字图像被输出为缩微胶片，是电子公文模数转化的核心内容和关键环节。缩微胶片输出后，既可就此以缩微品的形式保存下去，也可以进一步冲洗或转印成纸质公文。

第三节　模数、数模转化一体化

由本章前述内容可知，当前纸质公文的管理、利用和永久保存大致会采取"纸质公文 $\xrightarrow{\text{模数转化}}$ 电子公文 $\xrightarrow{\text{数模转化}}$ 胶片输出"的方式进行。这种流程环节大致如图 7－7 所示。

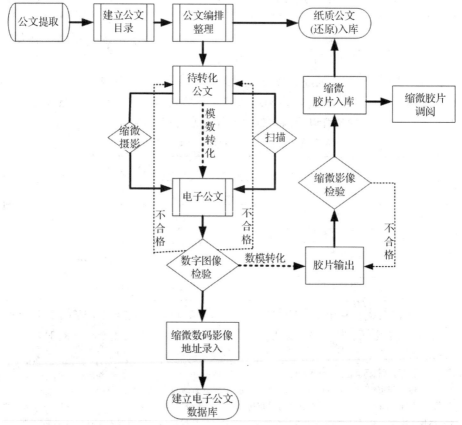

图 7－7　纸质公文与电子公文模数、数模转化流程图

由图7—7可以看出，以单一线性的方式开展纸质公文向电子公文转化，进而以胶片输出保存，这是一个复杂而繁琐的过程。纸质公文向电子公文的"模数转化"，以及电子公文向缩微胶片的"数模转化"作为两个相互割裂、彼此独立的环节，无疑会大大增加人力、物力和时间上的支出，两个环节的衔接存在一定的障碍，工作效率也将大大降低。因此，如何将模数转化、数模转化结合起来，是一个值得探讨的课题。

我国的档案部门也意识到这一点，并积极探索利用数字技术和现代信息技术，实现"模数"、"数模"转化一体化的科学方法。2011年初，国家档案局科学技术研究所开始联系有关单位进行相关设备和软件的研发。经过一年半时间，"纸质档案缩微数字一体化工作站"① 终于研发成功，解决了数模、模数同时转化的问题，大大地提高了工作效率。

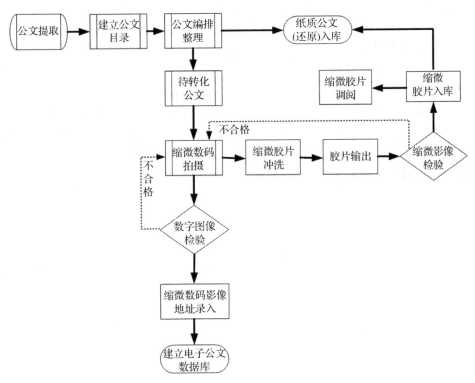

图7—8　纸质公文缩微数字一体化主要流程图

纸质档案缩微数字一体化工作站主要由缩微拍摄系统、数字化拍摄系统、

---

① http：//www.dajs.gov.cn/art/2012/8/13/art_1230_40998.html.

缩微数字一体化系统、灯光照明系统四大部分组成，集合了缩微技术和数字化技术两方面优势，旨在打破传统缩微胶片数字化（模数转化）和电子档案转化为缩微胶片（数模转化）相分离的局面，实现纸质档案缩微拍摄、数字化加工，以及胶片输出合二为一，其主要流程见图7—8。

纸质公文缩微数字一体化工作站是一项兼具科学性、安全性和技术性的新成果，其拍摄系统独特的"一机多头"模式，拓展了拍摄档案的幅面；对两种镜头光轴无法重叠问题的解决，确保了两种幅面公文快速转换、连续拍摄；照明系统中选用的LED冷光源有效地保护纸质公文不受损坏；研制完成的公文数字化管理系统，实现对公文数字化加工业务流程、图像处理、数据管理、数据安全等环节的全程控制和管理。实验证明，纸质公文缩微数字一体化工作站平均每人每台每班次可处理缩微影像7500幅，数字图像7500帧，大大精简纸质公文管理流程，提高工作效率，并使加工制作成本降低30％以上。该工作站已经通过国家相关部门和专家的鉴定，投入实际工作进行应用已指日可待[①]。

总体而言，纸质公文与电子公文是不同时代的产物。实践证明，计算机技术的发展，公文管理业务水平的提高，未必消弭两者之间的联系，反而密切了两者的关联。盲目地强调以电子公文颠覆传统的纸质公文，或者是固守着纸质公文的窠臼，都是不合适的，只有将两者完美地结合起来，既发挥电子公文的快捷、便利和高效，也强化纸质公文的永久、真实以及法律凭证效力，才能提高公文管理的水平，开辟出公文应用与管理的广阔前景。

---

① 邓小军. 纸质档案缩微数字一体化工作站. 项目通过鉴定［J］. 中国档案，2012（9）：8.

第八章　办毕公文处理

随着机关工作的开展和结束，大量的办公文件形成并累积下来。其中经处理、结束现行效用、进入非现行阶段的公文，称作办毕公文。发文机关制作、签署生效并完成发文程序的文件，由本机关上呈上级机关的请示批复，本机关接收的来自上级机关或平行机关承办完毕的文件，机关内部使用完毕的文件等，都是办毕文件的基本形式。

办毕公文的处理，具有决定文件"去、留、存、亡"的重要作用①。在相关规定和标准下，对办毕公文的内容和价值进行鉴别，进而分类，将无保存价值的文件剔除，对有保存价值的文件进行系统整理的行为，称为办毕公文处理。

第一节　办毕公文处理概述

一、办毕公文处理的意义

周耀林等在《文书学教程》一书中指出："办毕文件处理上乘文书处理工作，下接档案管理工作。"② 这表明了办毕公文所起到的承上启下的作用。作为文书工作的结尾和档案工作的开端，办毕公文处理工作对整个文书、档案管理工作以及机关工作都具有重要的影响。

正确处理办毕公文对于保证机关工作的连续运行具有重要的作用。办毕公文虽完成了现行阶段，并不意味着失去价值。一方面，办毕公文真实、完整地记录了机关的工作过程，体现了机关的工作思想和工作方法，包含着丰富的工作经验，是机关的精神财富。另一方面，办毕公文的系统保存和管理让机关工作有据可查，既可以对现实的工作形成借鉴，也便于对过去工作的检查和进一

---

① 曹润芳. 文件写作与处理［M］. 北京：中国档案出版社，2006.

② 周耀林，张煜明，任汉中. 文书学教程［M］. 武汉：武汉大学出版社，2009.

步完善。

正确处理办毕公文对于保护国家秘密，防止信息泄漏具有重要的意义。办毕公文包含了国家和机关的大量重要信息，而随意处置办毕文件，如堆放或任意丢弃会造成信息丢失、信息泄漏等，对国家和机关的利益造成严重的损害。在处理办毕公文的过程中，无论是剔除或者留存的公文都需要按照国家的有关规定，审慎鉴别，严格执行。任何个人不得随意保留或销毁任意公文。

正确处理办毕公文对于完善机关信息管理工作，促进机关信息利用，提高机关工作效率具有重要价值。在办公自动化环境下，公文制作简化，公文复制方便，公文大量产生和积压。通过办毕公文处理，对公文信息内容进行鉴别、筛选，保留具有保存价值的部分公文，减少冗余信息，从而减少公文量，节省保存空间，节省管理时间，大大降低了机关公文信息管理的成本。同时有用信息得到凸显和保护，让机关工作人员从大量的无用信息中获得解放，避免信息过载和信息干扰，方便信息利用，提高机关工作效率。

正确处理办毕公文，对于做好公文工作和档案工作具有重要的影响。办毕公文既是文书工作的结果，也是档案工作的重要对象。办毕公文是否得到妥善处理对文书工作和档案工作具有重要的影响。它决定着公文的去留，直接关系到档案工作的内容和质量。

二、办毕公文处理的要求

办毕公文处理既是公文工作的结束，也是档案工作的开始，处在这个承上启下的重要位置，办毕公文处理工作质量直接关系到公文的妥善保管和后期档案历史价值的保存、开发和利用。因此，这项工作具有自己独特的要求。

（一）保密

办毕公文虽然已进入非现行阶段，但是并不代表它就没有价值了。办毕公文所包含的信息和数据关系到机关的主要业务，体现着机关的指导思想、办事方法，同时关系到党、国家和公众的利益和安全。一旦泄露，有可能对国家和机关造成严重的损害。办毕公文处理工作的重点之一就是做好保密工作，防止信息泄漏和信息丢失。这就要求文书和档案工作人员坚守职业道德，严格遵守保密规定，在文书工作的各个环节注意避免信息泄露的可能性。首先，在公文收集和归档过程中，要全面收集，审慎鉴别，防止有保存价值的公文到处丢放，避免公文丢失造成信息丢失；其次，机关文书工作人员应注意及时收回发出和传阅的公文，将公文的知悉者控制在一定的范围和数量；最后，销毁公文时应注意在监销的前提下确保彻底销毁，防止信息泄露等。特别是在 OA 环境下，电子公文具有易复制、易修改的特点，做好电子公文的保密工作就需要我们加强对电子公文系统的用户和权限的控制，做好工作日志，实时记录电子公文的使用和修改情况。

（二）规范

办毕公文处理工作是一项事务性、技术性的工作，程序繁杂、琐细，工作人员应该认真学习相关法规和行业标准，并结合本机关、本单位的实际情况，制定出更具可行性和可操作性的本机关规定和办法，严格执行，确保办毕公文工作和档案的整体质量，有利于档案的长期有效保存。例如，在判断办毕公文去与留，存与毁的问题上，工作人员不能单纯凭借自己的主观判断，决定其处置方案，应该根据《归档文件整理规则》、《机关文件材料归档范围和文书档案保管期限规定》等标准规范或者本机关、单位的有关规定，决定办毕公文的去除或留存。同时，办毕公文在归档整理的过程中，分类方案的确定和保管期限的划分，须把国家或者单位的分类方案和《保管期限表》作为工作的依据，不能主观臆断，这样才能保证机关内部工作的统一和连续。此外，为了适应 OA 环境下数量剧增、比重渐大的电子公文的管理，相关部门颁布了《电子文件归档与整理规则》，适用于党政机关的电子公文的归档与管理。

（三）定时

办毕公文是否得到定时的处理具有重要的意义。首先，定时处理办毕公文，有利于将办理完毕已经传阅的机要公文及时收回，确保信息安全，有效防止信息泄露；其次，定时处理办毕公文，有利于保证公文和档案主体的完整性，避免公文丢失；再次，办毕公文处理工作本身是文书工作的一环，避免等到年末或者工作检查的时候，办毕公文堆积成山，处理起来就困难重重，及时处理有助于节省工作时间，化大为小，化难为易，提高机关文书工作的效率，保证文书工作的质量；最后，办毕公文处理也是一个剔除无用信息，系统化、条理性保管有用信息的过程，其定时处理的工作结果方便了机关内部人员的信息利用，使他们免除许多无用信息的干扰，提高了信息利用效率和工作效率。所以工作人员必须具有时效观念，积极主动地处理办毕公文。

办毕公文的定时处理有平时处理和定期处理两种。平时处理时间较短，有助于避免公文挤压和散置的状态，缓解定期处理时的压力，降低定期处理的工作难度。定期处理更加规范、严格，可以更好地保障归档公文的整理质量，维护归档公文的整体性和真实性。针对纸质公文，采取平时归档和年终归档相结合，《机关档案业务建设》规定："文书档案在次年六月底以前接收完毕，其他门类和载体的档案的接收，应按有关规定执行。"① 例如，云南大学档案馆的归档时间要求，见表8-1。

表8-1　　　　　　　　　云南大学档案馆档案归档时间表②

档案类别	归档时间
党群、行政、教学、科研、基建等管理型档案	次年六月
教学业务性档案	次年一月
科研结题或鉴定	结束后两周
基建项目	验收、审计后两个月内
财务档案	次年12月底
出版物档案	次年1月底

当然，上述案例只是一个代表，各个单位需要根据本单位实际情况制定归档时间表。对于一般性的办毕公文而言，次年一至三月归档，都是正常的。

此外，电子公文的归档时间更为灵活，不同的归档方式、归档时间运用起来也更加灵活。例如，物理归档可以参照纸质公文的归档时间，而电子公文的归档情况则存在较大差异，通过系统进行管理的公文可以实时进行，脱机介质的归档则可以在次年三月底前完成。

三、办毕公文处理前工作

办毕公文处理前，需要对办毕公文的价值进行鉴定，这是办毕公文处理的前提。

（一）办毕公文价值鉴定

"有文不归档"不利于维护机关档案资源的完整性，但是"有文必档"也是不正确的。只有对今后的工作具有查考等利用价值的公文才是我们的归档保存范围。将大量不符合归档条件的公文进行归档既不能保证档案整体质量，浪费机关的管理资源，也会造成信息冗余，不利于日后的信息利用。所以公文的价值鉴定是一件严肃、谨慎的工作，它是对公文进行销毁、清退或归档保存的重要依据，关系到公文的去留存亡问题。

公文的价值鉴定是采用一定的标准和方法，对公文的价值进行鉴定，决定其最后处置的一系列工作。公文的价值鉴定主要有两方面的内容：一是决定公

---

① 肖秋会. 档案管理概论［M］. 武汉：武汉大学出版社，2009.

② 云南大学档案馆. 纸质文件归档指南［EB/OL］.（2011-05-13）［2012-04-28］. http：//www. doc88. com/p-58077412570. html.

文是否具有归档价值；二是以保管期限的形式对公文的价值大小进行衡量。文件档案的鉴定包括"馆外鉴定"、"进馆鉴定"、"馆内鉴定"，其中"馆外鉴定"分为"立卷鉴定"和"档案室鉴定"①，本文的价值鉴定指的正是馆内鉴定中的立档鉴定。

（二）办毕公文的归档价值表现

一般而言，只有具备保存价值和符合归档条件的公文，才进行保存和归档。公文的保存价值，本质上体现为文件的凭证性价值和情报性价值（参考性价值）②。一方面，由于办毕公文是对历史活动的原始性记录，这就决定了档案对于过去发生的事情在特殊情况下具有凭证作用，例如解决国际争端、经济纠纷时，可以作为具有说服力的有效证据。另一方面，办毕公文是一种原始信息，具有重要的参考价值。例如工作中，利用办毕公文所记载的信息来分析利弊、辅助决策；在科研中，利用办毕公文的信息增加研究的科学性和真实性等。这些价值是办毕公文所具有的普遍价值。同时，因为办毕公文归档后即是档案，从这个角度看，它与档案具有相同的价值表现。

从办毕公文的内容上看，由于公文涉及的面很宽，包括政治、经济、文化、科技、军事等各个领域，所以，办毕公文具有政治、经济、文化、科技、社会、法律等多方面的价值体现。这样的例子很多，在此不再一一列举。

（三）影响公文价值的因素

本章中影响公文价值的因素指的是立档鉴定阶段，我们应对什么因素进行考量，以判断公文的价值。公文的鉴定应在考虑公文的责任者和内容的基础上，对公文的文种、稿本、外观、相对价值、流转情况等多种因素充分考量。

1. 公文的内容

就公文内容而言，反映国家政策、社会历史发展方向、社会现状和基本情况的公文具有较大的价值；相反，日常事务性活动的记录则价值较小。其次，机关立档过程很重要的一个参考依据就是以反映本机关职能活动和历史面貌的公文为主，公文内容与该立档单位相关性越强，价值越大。

2. 公文的责任者

公文的责任者又叫公文的立档单位或作者，一般而言，公文价值的大小与公文责任者的地位高低相关，上级单位和重要人物形成的公文具有较大的价值；相反，下级机关的公文具有的价值要小些。因此，也仅仅限于这些机关有价值的公文才归档。

---

① 肖秋会. 档案管理概论［M］. 武汉：武汉大学出版社，2009.
② 朱玉媛. 档案学基础（2版）［M］. 武汉：武汉大学出版社，2008.

3. 公文的文种

当代党政机关常用的十五种公文文种中，一般而言，决议、决定、命令（令）涉及的全局性工作较多，更加权威，其价值往往大于通知、函等公文。如《某单位关于国庆节放假的通知》即不具备保存价值。

4. 公文的稿本

公文有草稿和定稿、正本和副本之分，有些公文还有试行本、暂行本、修订本等特殊形式。原则上，正本和定稿的价值应大于副本和草稿的价值，修订本是根据实际情况进行了合理调整后的版本，其价值往往高于早期的公文版本。

5. 公文的外观

公文的外观，如公文的载体材料、书写材料、字迹、笔迹、图案、公文自身的保存状况以及可修复性强弱等，都在不同程度上影响公文的价值。已经毁坏且无法修复、字迹模糊不清、无法读取的公文往往不具备长期保存的价值。如果该份公文价值很大，需要长期保存，则需要通过修复技术恢复其外观。

6. 公文的相对价值

公文的价值会受相关公文的价值的影响。这个是符合我们立档时保持公文的有机联系的准则，例如"请示"和"批复"，如果整理过程中遗失了其中一份文件，另一份文件的价值也会相对降低。一个归档的项目公文如果不完整，缺少该项目内的公文，那么这整个项目归档后的价值，包括其公文价值，也相对降低。

7. 公文的流转情况

对于办毕公文而言，完整的处理程序和相应的证明材料对一份公文的价值意义重大。例如，如果一份公文上留有领导意见或者重要人物的修改痕迹则往往导致其价值增加；如果该份公文手续不齐，如没有签署、批复等，公文的价值则相对较低。

（四）公文价值鉴定的方法

公文价值鉴定是一个复杂的问题，不同学者对此持有不同的看法。但普遍认为，公文价值鉴定是一件严肃、谨慎的工作，应该遵循一定的工作方法。

1. 立足全局

判断公文价值的时候，应该站在国家和人民的整体利益出发，不能仅根据某一单位或某一方面进行简单的判定。

2. 整体判断

在公文价值鉴定时，应充分考虑公文及其相关公文的状况、公文所依附的整体公文的状况，不能孤立地看问题。

3．发展预测

公文价值鉴定不仅仅是一件整理性工作，也是一份具有判断性和预测性的工作。要充分预测到公文转化为档案后本机关和社会各界对档案的利用需求，从利用范围、利用频率等多方面进行预测，综合判断其价值。

4．有疑暂存

对于部分无法判断其价值的公文，不可擅自归档，这样会造成归档数量剧增、质量下降，也不能进行自行销毁，因为一旦销毁，这些办毕公文就不可再生了，从而可能导致珍贵的公文资源的流失，不利于维护历史的完整性和真实性。在这个时候，暂存是一种比较可取的方法。这些暂存的公文，定期地进行鉴定，再最后决定其销毁或归档保存。

当然，公文价值鉴定，正如档案价值鉴定一样，是一项非常复杂的工作，涉及的方法有多种多样。限于篇幅，本书不再展开论述。读者可以参阅相关论著。[①]

四、办毕公文的流向

办毕公文处理是对办理完毕的公文进行价值鉴定，决定其留存或销毁的处置方式，并进行归档保存、清退、销毁或暂存的活动，决定着公文的最终去向，见图 8—1。

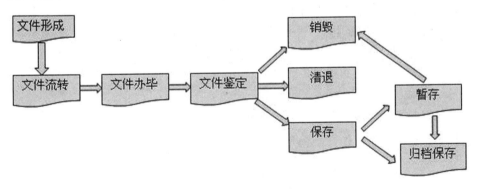

图 8—1 办毕公文处理流程图

（一）销毁

销毁是针对办毕公文中经核实鉴定后确认无保存价值的公文，按照有关规

---

① 傅荣校．档案鉴定理论与实践透视——基于效益和效率思路的研究［M］．北京：中国档案出版社，2007．

定，对公文所包含的内容信息和记载载体进行毁灭性处置的行为。随着公文数量的剧增，公文不但累积，不断引起库房容量紧张，而且导致信息冗余。因此，销毁无留存价值的公文，可以减小信息冗余度，促进信息利用效率的提高，减小公文归档工作的工作量，节约时间，减少管理成本，提高资源的有效利用率。

公文的销毁主要经过以下程序：鉴定—报批—销毁—留存。

1. 鉴定

工作人员应认真学习《归档文件整理规则》、《机关文件材料归档范围和文书档案保管期限的规定》等有关规定，在熟悉本机关职能活动具体情况的基础上，制定一份详细、操作性强的销毁范围规定。然后，按照规定，对每一份办毕公文从内容、形式、责任者以及对机关和国家的现实价值和长远价值等角度，进行综合价值鉴定，将不具备保存价值的公文清理出来。由于公文的销毁具有毁灭性、不可再生性的特点，鉴定时需要审慎、严谨，避免误销毁文件而造成不可挽回的损失。一般而言，不具备保存价值的公文均属于应销毁的公文。公文的保存价值应该综合考虑公文的内容、形式、责任者、时间、对机关和国家的现实价值和历史价值，鉴定工作中应避免片面、主观。

2. 报批

工作人员将清理出来的公文，在《公文销毁清单》上认真填写拟销毁公文的详细信息，如发文单位、标题、份数等；再书写销毁申请，和已经设置好的《公文销毁清单》一起上报。一般公文的销毁，上报给文书部门和相关业务部门负责人审核；重要公文以及涉密公文除文秘部门负责人审核外，还需由对应的领导人和保密部门审查批准。

3. 销毁

销毁是对公文进行完全毁灭的一项工作。因此，是一项很严肃的工作。在具体执行销毁公文时需要注意：第一，销毁必须在两个指定人员监销的情况下才能进行，并指导确认公文彻底销毁，任何组织和个人不得任意销毁任何一份公文；第二，销毁方式的选择要具备彻底性，防止信息泄露，可以采用碎纸机等销毁器具，大量的也可送往造纸厂，禁止直接卖给收废站；第三，电子公文的销毁应该采用彻底删除的方式，而不是一般的"回收站"删除方法，确认电子公文已从硬盘或软盘上彻底删除，以防泄密。

4. 留存

公文销毁后，需要将《公文销毁清单》留存一段时间，以备查用。清单上应该注明审批人、经办人、监销人、销毁时间等，以示负责，以备查考。

（二）清退

在公文处理中，将办理完毕的公文按照制发机关的规定和要求，在限定的时间内，退给指定机关的工作，叫做公文的清退。公文清退主要针对纸质公文而言，尤其是涉密的、信息内容不宜扩散的纸质公文。对于电子公文而言，由于其载体和内容的可分离性、信息内容的可复制性，清退工作不能真正解决问题。公文清退可以从时间和地域上有效控制涉密信息的传播范围，防止信息泄露、误传甚至丢失，维护公文的严肃性和准确性，保障国家和机关的利益。

一般而言，清退是按照接收的公文要求退还给原发文机关，或者指定机关，如果公文上没有注明但不适合长期传阅和在本单位保存的公文，文书部门工作人员应及时与公文制发机关联系，按照他们的意见进行清退。

需要清退的公文主要有：发文机关指定清退的公文、有重大错误需要修改完善的公文、征求意见或审阅的公文、限制阅读范围的公文包括一些内部参考和资料、一些明令撤销或废止的公文、绝密级公文等。

公文清退的时间主要有两种：一种是在每年规定的时间统一清退，另一种是办毕即退。后者一般是针对明文规定要及时清退或者涉密且不宜扩散的公文。

公文清退工作的程序：公文清退需要按照一定的程序进行，首先填写《清退文件清单》，详细注明公文本身的信息，如发文机关、文号、密级、内容、份数等情况，还需要注明清退情况，如清退人；其次，清退给指定机关时，需要接收人逐一核实、审查，并在《清退文件清单》上确认签字并注明时间，以示负责；最后，本机关的文书工作人员需要在收文登记簿上标明公文去向以备查考。

（三）暂存

在办毕公文中，会有一部分因不具有长期保存的价值而不适合归档，但另一方面它们对现在和将来的工作有一定的影响或者可能有利用价值而不能进行销毁，对待此类公文，机关文书部门通常会采取暂存的办法。暂存即将公文暂时留存一段时间备用。暂存可以保证归档工作的质量；方便公文的日常使用，避免频繁利用已归档的公文；减少档案部门的工作压力，为归档公文的管理节约大量的成本。

一般而言，不属于归档范围且无需清退，但在一段时间内具备查考价值的公文或材料，利用频率高的公文副本或者资料都应该暂存起来。例如总结、计划、工作简报、写作素材等。此外，一些暂时无法妥善决定其去或留的公文，为避免误判也适合暂存。

文书部门也应该将暂存公文收集集中，按照一定的整理秩序进行简易性的系统整理，统一保管，便于日常的查找利用。暂存公文的利用方式包括内部查阅、汇编或对于可公开的内容进行信息公开。对于暂存公文，应该进行定期清理，进行归档或销毁的处置，避免公文积压和无用信息的干扰，增加文书部门的工作量。在 OA 环境下，针对电子公文的暂存，在电子公文处理系统的硬件环境中应具备足够容量的暂存存储器，存放应暂存的公文，以确保公文完整和安全。

（四）整理归档

办毕公文的整理是将记录和反映机构工作活动原貌的、已经处理完毕并具有一定保存价值的公文，按照一定的规则和标准进行整理，组合成一个有机统一体，以备查考利用。办毕公文的归档，是定期将系统化整理的办毕公文按规定向档案部门移交。无论是物化载体形式的公文，还是电子公文，归档就是将公文的实体保管权限和法律保管权限移交给档案管理部门[1]。一般地，没有经过系统整理的公文不能向档案部门移交。办毕公文整理归档，就是将有保存价值的公文进行有序化、规范化、系统化的管理。从公文本身而言，整理归档可以全面而系统地保证公文的完整、安全，维护公文之间的有机联系；从机关工作而言，降低公文管理的难度和成本，提高机关工作效率，同时也为日后公文的查找和利用提供了便利，有利于机关工作的顺利开展。

公文的整理归档是一个繁琐而有序的过程，它包括了收集、鉴定、装订、分类、整理等多道工序，对于归档的范围、归档的时间、归档的要求等各方面都有较严格的规定。在实际工作中，要认真学习国家和本机关的相关管理规定，严格按照法规、规章的要求进行管理，同时，也需要工作者发挥主观能动性和创造性，从国家和机关的利益出发，对整理归档中出现的无法依章办事的问题，进行解决。对于公文的整理归档，是纸质公文和电子公文管理面临的共同问题，本书采用流程管理的思路，进行比较系统的阐释。

第二节　纸质公文的归档

实际工作中，纸质公文的整理归档采取"三合一制度"，即"由归档制度、分类大纲、保管期限三部分组成的"的一种综合文档管理制度[2]，这项制度是人们在文书档案管理工作实践中总结形成的，是行之有效的工作制度。

---

① 刘家真. 电子文件管理［M］. 北京：科学出版社，2009.

② 周耀林，张煜明，任汉中. 文书学教程［M］. 武汉：武汉大学出版社，2009.

一、纸质公文归档依据

2000 年 12 月 6 日，中华人民共和国国家档案局发布了中华人民共和国档案行业标准《归档文件整理规则》（DA/T22—2000），对公文归档工作的原则和方法等作出了明确规定。该规则既适用于整理纸质公文，还兼顾了办公自动化环境下，电子公文的现代化管理的需求。这对目前双轨制的公文管理现状具有重要的意义。

《归档文件整理规则》（DA/T22—2000）从归档范围、归档原则、归档要求、归档方法等方面对归档公文整理工作全面地给出指导性意见和相关标准，有利于管理的规范化和统一，便于保证归档公文和移交档案的质量，便于档案部门的管理和利用。

采取上述规则，将大大提高公文归档的质量。当然，上述规则的部分条款的指示的明确性低，对于部分条款的理解和执行力度也是因人因地而异。各机关单位应该在该标准的指导基础上，结合本单位的实际情况，具体问题具体分析，制定适合本单位的指向明确、可执行、易操作的归档工作准则，形成自己的归档制度，作为本机关的文书档案工作的重要依据。例如公文的归档范围问题，标准中只是对需要归档的公文进行定义，判断的标准就是可以作为档案保存的文书材料，即有保存价值的公文材料。但在具体的执行中，工作人员因为知识背景、职能分工的不同，对这种概念性的判断标准的理解不同，我们需要在熟悉本机关职能活动和机构设置的基础上，客观、明确、详细地指出需要归档和不需要归档的公文材料范围，而不是对每一份公文进行主观的判断。

二、纸质公文归档制度

归档制度由归档要求、归档时间、归档范围等部分组成。

（一）归档要求

《归档文件整理规则》规定，一方面"归档文件应齐全完整"[①]，包括内容上的安全、完整，也包括载体的安全，例如碰到破损的应进行整修后再进行归档，遇到容易模糊和褪变的应进行复制后再归档。另一方面，整理归档公文所用的材料，如纸张、装订材料等应符合档案保护的要求。

归档公文应尽量保持公文与公文之间的有机联系，反映公文的形成规律和特点。具体来讲，在归档时应尽量将一个机关、一个单位、一个项目或者一个

---

① 中华人民共和国国家档案局. DA/T22—2000. 归档文件整理规则［S］. 北京：国家标准出版社，2000.

问题形成的前前后后的公文系统地集中组合成卷，保持它们之间的有机联系。

归档公文的整理应便于日后的保管和利用。主要内容有：对不同保存价值的公文，划分不同的保管期限，并将其分开整理，便于日后档案的保管和利用；不同制作材料的公文应分开整理，采用不同的保管条件、利用条件进行整理；密级不同的公文应分开整理，不同密级的公文其保管的要求不同，区分清楚可以避免泄密带来的巨大损失。

（二）归档时间

办毕公文的归档主要有随时归档和定时归档。随时归档主要指各单位的文书部门平时对办毕公文进行分类和简易的体系化整理。定期归档指在相关规定时间之前完成公文的立卷归档工作并向有关的档案管理部门进行移交。针对纸质公文而言，定期归档一般指公文部门在次年六月底以前向档案室移交归档公文。其他会计、基建项目等档案的归档时间要参照有关专门档案的管理规定进行。例如，云南大学档案馆的归档时间要求如前文表8-1。

（三）归档范围

归档范围指公文应该归档的范围。通常情况下，"凡是反映本机关职能活动、对本机关或社会具有查考利用价值的办毕公文"[1]，都是应该进行归档的。除了《归档公文整理规则》中的归档文件的定义，国家还制定了《机关文件材料归档范围和文书档案保管期限的规定》，该规定进一步明确了办毕公文中应该归档和不应该归档的公文范围，成为鉴定公文价值和决定其去向的重要依据。

1. 归档范围

各机关应在《机关文件材料归档范围和文书档案保管期限的规定》的指导下，结合本地区、本部门的公文管理的具体情况，综合考虑公文的价值，制定出适合本机关的公文归档范围，避免具有保存价值的公文得不到较好的保管而导致公文内容和载体上的危险，同时避免不符合归档要求的公文占用机关的管理资源。

下面按文件制发机构与本单位的关系不同，分析公文归档范围，详细内容见表8-2。

---

[1]　王健. 文书学［M］. 北京：中国人民大学出版社，2005：297.

表 8-2　　　　　　　　　　**机关公文归档范围简表**①

公文来源	公文类型	文件（材料）类型
上机机关	（1）上级机关召开的需要贯彻执行的会议的主要文件； （2）上级机关颁发的属于本机关主管业务并要执行的文件以及普发的、非本机关主管业务但需要贯彻执行的法规性文件； （3）党和国家领导、人民代表、上级机关领导等视察、检查本地区本机关工作时的重要指示、讲话、题词、照片和有特殊保存价值的录音、录像（以下简称声像材料）等材料； （4）代上级机关草拟并被采用的文件的最后草稿和印本；上级机关转发本机关的文件（包括报纸、刊物转载）	纸质文件、音像材料、照片材料、机读文件、实物档案等
本级机关	（1）本级人代会、政协、顾委、党、政、工、青、妇领导机关召开代表大会、代表会议、工作会议的全套会议文件，以及各种声像材料（由召开机关收集归档）； （2）本机关党组（或实行党委制的党委）、行政领导会议文件，本机关召开的工作会议、专业会议材料； （3）本机关颁发的（包括转发及与其他机关联合颁发的）各种正式文件的签发稿、印制稿，重要文件的修改稿； （4）本机关的请示与上级机关的批复文件，下级机关的请示与本机关的批复文件； （5）本机关及其内部职能部门活动形成的工作计划、总结、报告； （6）反映本机关业务活动和科学技术管理的专业文件； （7）本机关检查下级机关工作，调查研究形成的重要文件； （8）本机关或本机关汇总的统计报表和统计分析资料（包括计算机存储材料等）； （9）本机关形成的财务报表、凭证、账簿、审计等文件； （10）本机关党委、团委、工会和内部组织机构在工作活动中形成的重要文件； （11）内部重要的人民来信、来访材料、领导的指示和本机关处理人民来信、来访形成的记录、摘要单、调查处理报告、统计分析材料等； （12）机关领导人公务活动形成的重要信件、电报、电话记录，从外机关带回的与本机关有关的未经文书处理登记的文件；	

公文来源	公文类型	文件（材料）类型
本级机关	（13）本机关及本机关批准的有关区域变化、解决山林、地界、水利纠纷、征用土地以及基本建设工程施工、竣工、购置大中型设备的文件，本机关直接管理的科研、生产、建设项目的科技文件； （14）本机关成立、合并、撤销、更改名称、启用印信及其组织简则、人员编制等文件； （15）本机关制订的工作条例、章程、制度等文件； （16）本机关（本行业）的历史沿革、大事记、年鉴，反映本机关（本行业）重要活动事件的简报、声像材料，荣誉奖励证书，有纪念意义和凭证性的实物和展览照片、录音、录像等文件； （17）本机关（包括上报和下批）干部任免（包括备案）、调配、培训、专业技术职务评定、聘任、党员、团员、干部、工人名册、报表，纪律检查，治安保卫以及职工的录用、转正、定级、调资、退职、退休、离休、复员、专业、评残、抚恤、死亡等工作及干部奖惩等文件； （18）本机关及本机关办理的干部、工人的转移工资、行政、党、团、工会组织介绍信及存根； （19）本机关财产、物资、档案等的交接凭证、清单； （20）本机关编印的情况反映、简报等刊物定稿和印本，编辑出版物的定稿、样本； （21）本机关与有关机关单位签定的各种合同、协议书等文件； （21）本机关与外国签定的条约、议定书、协定、合同、换文（正本、副本）和机关外事活动中形成的请示、报告、计划、考察总结、重要简报、会议纪要、记录、声像材料、有参考价值的资料、互赠礼品清单、工作来往文件等； （22）各种普查工作中形成的文件； （23）按有关规定应当归档的死亡干部档案材料	
下级机关	（1）下级机关报送的重要的工作计划、报告、总结、典型材料、统计报表、财务预算、决算等文件； （2）直属单位报送的重要的科技文件； （3）下级机关报送的法规性备案文件	

续表

公文来源	公文类型	文件（材料）类型
其他机关	（1）同级机关和非隶属机关颁发的非本机关主管业务但需要执行的法规性文件； （2）有关业务机关对本机关工作检查形成的重要文件； （3）同级机关和非隶属机关与本机关联系、协商工作的重要来往文件	

2. 不归档范围

明确公文的归档范围，还需要进一步确认本机关公文的不归档范围，对于属于不归档范围内的公文，采取销毁或者暂存的方式。任何个人不得擅自归档不属于归档范围的公文，特别是国家规定的不得归档的公文材料。通常情况下，不归档的公文有：一般事务性、临时性公文，如一般性的群众来访、一般会议通知等；公文的草稿、校样；使用完毕的征求意见稿，会议讨论稿；重复公文，多次复印的公文材料；一般机关发文的信封等。

二、纸质公文整理流程

运用流程管理的原理科学地进行文书档案的管理，具有重要的意义。首先，运用流程化的文档工作思路有助于实现文档管理工作的规范化，每一个环节都有章可循，每个环节的衔接也让整个繁琐、复杂的整理工作有序进行；其次，采用流程化的管理思路明确了文档管理人员之间的分工协作和职责，每个人明确自己的工作责任，同时对自己的工作负责，这样可以提高文档管理人员的工作效率和工作质量；最后，流程化的管理思想可以对公文归档整理过程实施全过程和分阶段的质量控制和监督，避免重大错误的出现。

为了确立本机关的公文管理流程，文书处理部门应当在熟悉本机关业务和职能的前提下，确定具体的整理环节和顺序，建立科学的管理制度和监督检查制度。这可以算是公文归档整理实现流程化管理必要的前提条件和准备工作。根据《归档文件整理规则》，纸质公文的归档流程如下：

组件→装订→划分保管期限→分类→排列→编号→编目→装盒[①]。

（一）组件和装订

根据《归档文件整理规则》，公文装订应以件为单位，即采用公文级整理

[①] 中华人民共和国国家档案局. DA/T22—2000. 归档文件整理规则［S］. 北京：国家标准出版社，2000.

方式。件既可以是单份公文，也可以是相互佐证和相互补充的联系紧密的多份公文。例如，正文和附件合为一件、稿本和正本合为一件、原件与复制件为一件、转发文与被转发文为一件，报表、名册、图册等一册（本）为一件，来文与复文可为一件[①]等。

一"件"内包含多份公文时，件内公文排序需要遵循一定的规则，习惯上人们会遵循表8—3的装订规则。

表8—3   "件"内多份公文的排列顺序表

前（先）	后
正文	附件
复文	来文
批复	请示
公文处理单	正文
原件	复制件
正本	定稿
汉文本	少数民族文字或外国文字文本

在公文装订之前，在必要的前提下，需要对公文进行一定的修复处理工作，如对书写材料不耐久和容易模糊褪变的公文材料进行复制，对破损公文进行修补和托裱等。通常，公文装订需要去掉金属钉子，采用"三孔一线"的装订方式。新《规则》对装订材料和装订方法不再做统一要求。公文装订的主要目的在于形成"件"这个最小单位，固定张数和页次，维护公文的完整性，为日后的保管、监督及利用提供方便。

（二）公文保管期限

保管期限是指公文转化为档案后继续保存的时间。公文保管期限的划定是办毕公文处理的重要内容，也是日后归档处理工作和保管工作的重要依据。保管期限的正确划分有利于更好地综合管理档案馆资源，集中力量更好地保护具有较高保存价值的档案，有利于公文档案管理单位的资源优化。

1. 保管期限表

鉴于保管期限表在档案价值鉴定和档案保管工作上面的重要作用，建国前后，我国根据社会发展，先后6次修改和调整了档案保管期限表。现行的保管

① 中华人民共和国国家档案局. DA/T22—2000. 归档文件整理规则［S］北京：国家标准出版社，2000.

期限表是国家档案局于 2006 年发布施行的《机关文件材料归档范围和文书档案保管期限的规定》。该规定对保管期限表进行了调整，仅有"永久"和"定期"两种，并且对"定期"保管期限实行了标时制，分为 30 年和 10 年两个具体年限，时间期限规定更为明确、具体。这样既有利于档案保管流程的畅通，使机关库藏档案处于优化状态，又解决了档案保管的有期无限和鉴定而不毁的问题，有利于引导对到期档案的及时处置，提高了档案价值鉴定工作的质量和效率。

表 8－4 机关文件材料保管期限简表

来源	文件内容	保管期限
本机关	法规政策性文件	永久
	重要会议、重大活动形成的主要文件材料	永久
	职能活动形成的重要业务文件材料	永久
	重要问题的请示和批复、批示	永久
	重要的报告、总结、综合统计报表等	永久
	机构演变	永久
	人事任免	永久
	房屋买卖、土地征用、合同协议、资产登记等凭证性材料	永久
	召开会议、举办活动的一般性文件材料	定期
	职能活动中的一般性业务材料	定期
	人事管理中形成的一般性材料	定期
	一般问题的请示与上级机关的批复、批示	定期
	一般性工作报告、总结、报表	定期
上级	属于本机关主管业务的重要文件材料	永久
	属于本机关主管业务的一般性文件材料	定期
	（或同级机关的）非本机关主管业务但需贯彻执行的文件材料	定期
下级	（或同级机关的）重要业务问题的来函、请示与本机关的复函、批复等	永久
	（或同级机关的）一般业务问题的来函、请示与本机关的复函、批复等	定期
	呈送的年度或年度以上的计划、总结、统计、专题报告等	定期
其他：基建、会计等专门材料的保管期限参照有关专门档案的相关管理规定		

2. 编制本机关的档案保管期限表

《机关文件材料归档范围和文书档案保管期限的规定》是国家颁发的适用于全国各机关文书档案鉴定和管理工作的指导性规范性文件，从国家的角度出发，根据档案价值划分相应的保管期限，具有普适性、高度概括性和宏观指导性。在具体的工作环境中，各机关的文书管理工作人员在鉴定公文档案价值时，不能指望着对号入座，要求《机关文件材料归档范围和文书档案保管期限的规定》囊括所有的公文材料和档案。各机关还是应该在《机关文件材料归档范围和文书档案保管期限的规定》的指导下，深入调研归纳本机关的公文材料类型，从国家和机关的角度出发，多方面考虑公文档案的价值，确定公文的保管期限，制定出符合本机关的《保管期限表》，指导本机关的文书档案工作。

编制本机关的保管期限表时应注意以下问题：

（1）全面性：尽可能地囊括本机关的所有公文材料内容和类型。

（2）细分化：分类应该尽可能的细致，是为了在操作指导上更加的具体和直观，减少操作中的主观性，节省时间；在保管时间上，应借鉴美国等国家的保管期限表，对定期进行更加细致、直观的划分，最好可以转化为具体的数字，如1年、2年、5年等。

（3）明确性：有的学者认为《机关文件材料归档范围和文书档案保管期限的规定》具有模糊性和不确定性，一个很重要的原因就是《机关文件材料归档范围和文书档案保管期限的规定》中有很多"重要的"、"一般的"字眼，操作起来具有明显的主观性。这个问题可以通过具体的描述，去掉这些模糊性很强的字眼，或者在"重要的"、"一般的"后面，尽可能将公文类型一一列举，让文书工作者一目了然，减少不确定性。

（4）体系化：在全面和细分的基础上，应该根据一定的分类方法，将公文类型和保管期限统一起来，形成一个分类清楚、层级清晰的表格。例如，可以按照发文机关与本机关的关系进行划分，也可按照公文的内容，即公文所反映的活动进行分类。

（5）可修改性和可延展性：随着社会发展，一方面，无论从载体还是内容上来讲，公文档案的类型都在不断的增多；另一方面，公文和档案的价值也不是一成不变的，对机关和国家的意义也不是一成不变。编制的保管期限表应该能够与时俱进，增补或删除公文类型，根据价值的变化，修改公文的保管期限。

这里，笔者选取一例加以说明。山东省国土资源厅在《机关文件材料归档范围和文书档案保管期限的规定》的基础上，因地制宜，制定出按机构职能部门分类的详细、可操作性强的《山东省国土资源厅文件材料归档范围和文书档案保管期限规定》，这个文件中的附件《文书档案分类方案与保管期限》[①] 对文件保管期限做了详尽的划分，附件将国土资源厅的文件按职能机构划分为20个大类（包括党组、办公室、政策法规处、规划处、财务处、耕地保护处、地籍处、土地利用处、征地管理处、矿管处、资源储量处、地质环境处、地质勘查处、测绘管理处、执法监察局、科技与外事处、人事处、机关党委、离退休干部处、纪检监察处），在每一个大类下或按照保管期限进行划分，或按照某一小类的内容中再按保管期限进行划分，覆盖面广泛、期限划分细致、便于操作，形成了一个全面、系统、科学的保管期限表。我们选取该附件的前面五个大类作为我们的案例，以供参考。

1. 党组（机构1）

永久保管：

1.1　党组会议记录和汇报材料

1.2　厅党组会决定事项

1.3　上级与本厅关于干部任免的报告、批复

1.4　关于机构设置、调整、人员编制的报告、批复

1.5　上级机关与本机关关于干部职工审查、结论、复议等报告

1.6　厅党组表彰决定

30年保管：

1.1　本厅收发电报

1.2　上级党政机关颁发的针对本厅主管业务的文件

10年保管：

1.1　中央、国务院、省委省政府等普发的文件

2. 办公室（机构2）

永久保管：

2.1　厅长办公会议记录、决定事项

2.2　厅务会议记录、决定事项

2.3　厅长碰头会议记录

2.4　本厅年度工作计划、总结

2.5　本机关编辑出版的各种统计资料、大事记、组织沿革、年鉴等

2.6　本机关关于启用印章、职责范围、名称更改的报告、通知、批复

---

① 山东省国土资源厅. 山东省国土资源厅文件材料归档范围和文书档案保管期限规定〔EB/OL〕. (2008－07－29)〔2012－04－28〕. http：//www. sddlr. gov. cn/shzhxx/zhytsh/2008－08－20/5655. htm.

2.7　关于处理人民来信来访的文件材料

2.7.1　有领导重要批示和处理结果的材料　　　永久

2.7.2　重要的调查材料　　　　　　　　　　　30 年

2.7.3　无结果的材料　　　　　　　　　　　　10 年

2.8　上级机关领导对本单位和本单位对下级机关检查工作中形成的文件材料

2.8.1　重要讲话、题词、录音、录像、照片等文件材料　永久

2.8.2　一般性文件　　　　　　　　　　　　　　　10 年

2.9　本单位召开的工作会议、专业会议文件材料

2.9.1　通知、会议指南、代表名录、开幕词、闭幕词、报告、总结、会议讲座通过的规定、办法，照片、录音录像材料　　　永久

2.9.2　会议讨论文件、典型材料　　　　　　　30 年

2.9.3　参考材料、参阅文件等　　　　　　　　10 年

2.10　本机关与其他机关联合召开的会议文件

2.10.1　本机关主办的会议的重要文件　　　　永久

2.10.2　由其他单位主办的会议文件　　　　　10 年

30 年保管：

2.1　本机关关于文秘、宣传、档案、督查、保密、政务大厅等管理制度和办法

2.2　本机关表彰通报

2.3　本机关领导在调研活动中形成的文件材料

2.4　国土资源部及省属单位针对本机关工作的有关文件

2.5　关于对省人大、省政协提案答复

10 年保管：

2.1　本机关编制的各种文件汇编、工作通报、国土资源信息等

2.2　本机关上报的各类汇报材料

2.3　本单位参加非主管部门召开的会议需要执行的会议文件

2.4　国土资源部及省属单位普发的文件

2.5　本单位与有关单位协商工作的来往文件

2.6　下级机关报来的工作计划和总结

3．政策法规处（机构 3）

30 年保管：

3.1　国土资源规范性文件

3.2　国土资源地方性法规、规章

3.3　关于法律问题的答复、复函

3.4　行政复议、行政诉讼、征地补偿安置争议协调裁决卷宗

3.5　立法规划和计划

3.6　工作总结报告

10 年保管：

3.1　法制宣传资料

3.2　地方立法会签件

3.3　依法行政文件材料

3.4　专业会议文件材料

4. 规划处（机构 4）

永久保管：

4.1　关于下达或调整土地利用规划的文件

4.2　对各市土地利用规划及建设用地的批复、复函

4.3　对建设用地折抵指标和指标置换、开发整理规划的批复

4.4　年度报表

30 年保管：

4.1　国土资源部关于城市建设用地计划的规定

4.2　关于全省建设用地增减挂钩、土地利用计划报告等

10 年保管：

4.1　关于建设用地问题的预审意见

4.2　关于建设用地问题的初审意见

4.3　上级关于国土资源规划计划的文件

4.4　业务会议文件材料

5. 财务处（机构 5）

永久保管：

5.1　国土资源部、省政府、省财政厅等部门下达的各种计划和预算指标

5.1.1　年度或年度以上的　　　　　　　　　永久

5.1.2　一般性的　　　　　　　　　　　　　10 年

5.2　国有资产管理（登记、统计、核查清算、交接等）文件材料

5.2.1　重要的　　　　　　　　　　　　　　永久

5.2.2　一般的　　　　　　　　　　　　　　10 年

5.3　关于下达投资计划的文件材料

5.4　关于批复直属单位财务预算的文件

5.5　关于基本建设形成的文件材料

5.5.1 图纸、协议、审批手续等 永久

5.5.2 一般性文件 10 年

5.6 本机关及所有单位报表

5.7 与有关单位签订的合同、协定、协议、议定书等文件材料

5.7.1 重要的 永久

5.7.2 一般的 10 年

30 年保管：

5.1 本单位关于财务管理的规定、办法

5.2 关于内部审计的文件

5.3 政府采购方面的有关文件材料

10 年保管：

5.1 国土资源部、省政府、省财政厅等部门关于财政法规规章制度、办法等的文件

5.2 本单位有关财务工作的请示、报告

5.3 有关业务会议文件材料

......

（三）公文分类

公文的分类，指将收集齐全、办理完毕的公文根据某方面特征的异同，如来源、内容、形式、时间等，按照一定的分类标准和分类方法，形成一个多层次多级别的分类体系。

1. 分类方法

常用的分类方法有年度分类法、保管期限分类法、组织机构分类法、问题分类法等，《归档文件整理规则》选择了年度分类法、组织机构（问题）分类法、保管期限分类法。

（1）按年度分类。机关往往是按照年度来安排、计划和总结工作。因此，每一年度内的公文往往有着密切的联系，将不同年度的公文分为不同类别加以区分，有利于客观如实地反映机关工作一个工作期的特点以及和其它年度进行比较性分析，对下一年度的工作开展提供信息支持，有利于现行利用和归档后的利用。按年度分类就是按照公文的形成和处理的年度分类，不同年度公文一般不得放在一起。但在实际工作中，也有许多跨年度的公文，针对这些公文，出于公文的连续性考虑，一般应按照表 8－5 中所包含的方法处理。

表 8－5　　　　　　　　跨年度公文归档年份处理简表

公文类型	公文归档年份
请示和批复	若两全，则归批复年；若无批复，归请示年
规划和预算	规划、预算放对应的第一年，如上年度制定的本年度预算应在本年度归档
总结和结算	总结、结算放对应的最后一年，如本年度做的上年度的总结应在上年度归档
会议文件	会议的开幕年归档
诉讼文件	结案年归档
法规性文件	发布年份归档
收文	以收到公文的日期为准

（2）按保管期限分类。按保管期限划分一般不作为整个分类层次的第一层分类标准，指的是依据公文不同的保存价值，形成不同的类别加以保管，一般而言有永久、长期、短期三种，当然还可以细化到具体的数字长度。

（3）按机构（问题）分类。按机构分类是指根据机关的内部组织机构，将相同组织机构制发或者承办的公文作为一个类别，这种分类法更好地保持了公文之间的联系，全面而清楚地反映整个单位的各个组织机构的活动，便于日后的查找和利用。

按问题分类指的是将反映统一问题内容的公文作为一个类别，这种分类方式在科技档案管理上面较为多见，但是这种分类方法不适合机构设置复杂的单位在第一层次的分类。这种分类法方便专题的检索和利用。

一般而言，单一的分类方法并不能满足单位庞大、复杂的文书档案管理需求。因此，单位会在不同的分类层级综合运用两到三种分类方法，即复式分类法。常用的分类方法有：年度—机构—保管期限分类法；年度—问题—保管期限分类法；组织机构—年度—保管期限分类法；问题—年度—保管期限分类法等。

2. 分类方案

各单位应该结合自身的机构设置、主要职责和业务活动、公文形成数量和特点，因地制宜，编制适合本单位的分类方案，保证公文的连续和完整。在确定好分类方案后，就可以形成一个分类别、分层次的体系分类表，为日后的归档排列工作提供依据。在公文分类过程中，就可以对号入座，将某一特征相同的公文合为一类。

分类方案应包括：

（1）类别：按照一定标准划分出来的不同类别的名称。

（2）条款：预拟的案卷题名。条款应尽量简略、准确地表达公文的重要特征，如形成者、内容、时间、保管期限等。一个条款对应一个案卷。

（3）条款顺序号：为了固定每一条款的排列顺序而给每一条款的顺序号。

（四）公文排列

公文排列的结果就是确定归档公文的先后顺序。一般而言，指在整个归档公文体系中最小一级的类目里采用"事由原则"将关系紧密的公文排列在一起，并按照一定的规则，排列先后次序。如在"年度—机构—保管期限分类法"这种分类体系中，就是在保管期限分类法中将相同保管期限的公文根据反映事情的发展过程结合时间先后顺序进行排列。

（五）公文编号

编号是在装订、分类和排列的基础上对每一页，甚至每一份公文、每一件公文进行编号。具体内容包括：页次和归档章。

页次指的是在装订好的一件公文中的每一页公文在整"件"公文中的次序号，这是相对该"件"公文内的总页数而言的，单面公文为一页，双面公文为两页，页次号应该标在有文字面的右上角和背面的左上角，避免漏编和重编。

全宗号、年度、保管期限、件号（馆编件号和室编件号）、机构或问题（不是所有的都有此项）等合组成归档章。各单位还可根据自身需要增设几项或者不要机构问题项。归档章尽量位于公文中的空白位置，不要覆盖了公文自己和领导批示等，而以归档公文首页上居中的空白位置为宜。填写归档章时，应严格按照规定的格式进行，严肃谨慎。常见的归档章格式见表8—6。

表8—6　　　　　　　　　归档公文目录格式图①

全宗号	年度	馆编件号
机构或问题	保管期限	室编件号

（五）编目

编目是指归档公文目录的编写工作。编目用表格的形式，通过对公文的主要特征，如件号、责任者、文号、题名、日期、页数和备注等进行描述，清晰、准确、系统、全面地反映归档公文的内容和其他特征。编目的工作对象为装订归档的每一"件"公文，体现在表格中为一个条目，常见的归档公文目录

---

① 中华人民共和国国家档案局. DA/T22—2000. 归档文件整理规则［S］. 北京：国家标准出版社，2000.

格式见表8—7。

表8—7　　　　　　　　归档公文目录格式图①

件号	责任者	文号	题名	日期	页数	备注

注：①责任者：公文的发文机关或署名者，可以是几个机构或者几个人的联合。②文号：发文字号，如"国办发〔2011〕90号"这个文号中，包含了机关代字、年度、顺序号，即国务院办公厅2011年第90号公文，应照实抄录，不得随意省略。③题名：公文标题，可简写；但完整的题名应体现出作者、问题和文种。④日期：公文的发文时间，包含多份公文的一"件"公文以首份公文的日期为准。⑤备注：补充说明公文关于密级、缺损、修改、补充、销毁等情况。

归档公文目录也应该归档保存，所以在制作过程中，应符合归档材料的有关要求，如纸张、墨迹等。在现存"双套制"的公文管理制度下，归档公文目录也应该具有两种形式，一种方便计算机的检索，提高检索的速度和准确率，另一种则要适用现存的手工检索需要。归档公文目录应该编制成册，并编制封面。封面内容应包括：全总名称、年度、保管期限、机构等。

（六）装盒

装盒就是将装订好的公文按照件号顺序依次装入盒内，并完成卷内备考表的填写、盒子封面和盒脊等项目的编制的过程。

装盒时，一般将同一类别的公文装入同一个盒子，而不同类别的公文不宜装在一起，如不同年度、不同保管期限的公文一般不放入同一个档案盒子。盒内公文的排放应该按照一定的顺序，如室编件号等，依次排列，方便查找和利用完毕后归位。

档案盒的封面应该包括以下内容：全宗名称、全宗号、年度、保管期限、机构（问题）、起止件号、盒号等。全宗名称和全宗号应该对应，指的是立档单位名称。

档案盒盒脊可参考归档章内容，设置全宗号、年度号、保管期限、起止件

---

① 中华人民共和国国家档案局. DA/T22—2000. 归档文件整理规则［S］. 北京：国家标准出版社，2000.

号（室编和馆编两种）、盒号等项目。各单位可根据需要进行调节。

卷内备考表是对整个档案盒公文的齐全与否、字迹和纸张情况、整理情况（日期和工作人员）等加以补充和说明，还必须包括整理人和检查人签名，以示负责。备考表放置在所有归档公文的末尾。

整理完毕后，将所有的档案盒上架排列，则整个归档整理过程结束。

第四节 电子公文的归档

电子公文的归档指公文形成部门向档案部门移交具有保存价值的电子公文以及相关的纸质公文。电子公文由于载体的多样性、系统依赖性和技术的复杂性，其归档工作比纸质公文的归档工作复杂。

一、电子公文归档主要标准

除了《归档文件整理规则》（DA/T22—2000），还有 2002 年颁布的《电子文件归档与管理规范》（GB/T18894—2002），该规范适用于机关有保存价值的电子文件的形成、积累、归档、保管、利用、统计等。该规定针对性地提出了电子公文归档的要求、时间、方式等。这个标准得到了应用和推广，许多省市将此规范本地化，用于指导当地的电子公文的归档与管理。国家档案局 2003 年颁布的《电子公文归档管理暂行办法》也为电子公文的管理提供了依据。

二、电子公文归档制度

与纸质公文的归档制度相同，电子公文的归档也应该由归档要求、归档时间、归档范围等组成，但由于电子公文的复杂性，所以电子公文归档制度更加复杂，本书将从归档要求、归档时间、归档范围、归档方式和方法、归档份数等方面展开对电子公文归档制度的论述。

（一）归档要求

《电子文件归档与管理规范》中明确指出"文件形成部门或信息管理部门应定期把经过鉴定符合归档条件的电子文件向档案部门移交，并按档案管理要求的格式将其存储到符合保管期限要求的脱机载体上"①。除了纸质公文的归

---

① GB/T18894—2002. 电子文件归档与管理规范［S］. 北京：国家标准出版社，2002.

档要求以外，电子公文还有自己特殊的归档要求，概括起来如下：

（1）完整：电子公文的归档除了保存公文本身的信息以外，公文的元数据信息、硬拷贝的物质载体及其说明文字，这些都是电子公文不可或缺的部分，只有收集完整，才能保证电子公文的有机联系和完整。

（2）有效：一方面要确保归档电子公文的真实有效性，如电子邮件的保存，除了应保存邮件信息，还应保存收发信息；操作日志显示公文的修改痕迹；电子印章、数字签名保证公文的责任者来源的真实性等。另一方面要确保电子公文的可读性或可获取性。电子公文的归档格式应该规范，符合文档管理系统的要求。物理拷贝件应该为计算机等相关设备可读取和获取。

（3）安全：电子公文的安全是电子公文工作的基本要求。电子公文归档工作应该从以下方面保证其安全性。首先，定时检测，对电子公文归档的技术条件、库房环境进行定期的检测，确保电子公文保管安全；其次，对于已归档的电子公文应采取脱机保存方式，避免网络环境不安全因素的影响和破坏；再次，具有永久和长期保存价值的电子公文，在归档时，应同时保存电子公文的纸质版本或缩微品；最后，电子公文的归档工作应注重备份，且以异地异质备份为佳。

（4）系统：电子公文的归档应该维护公文之间的有机联系，使一个单位的电子公文归档工作的结果成为一个有机联系的整体。整个单位的电子公文应该有严格的分类体系和明确的保存位置，同时还应保持系统内的一致性。例如"双轨制"环境下，电子公文及其纸质公文的相关说明文字在系统内应保持一致。

（二）归档时间

《电子文件归档与管理规范》规定电子文件的"逻辑归档可实时进行，物理归档应参照纸质文件的规定定期完成"[①]。对电子公文而言，一般应在办理完毕后及时归档，随办随归是办毕电子文件处理中的常用原则。同时，电子公文的最佳归档时间应该根据电子公文的具体情况而定，如电子公文本身、电子公文的网络环境和硬件条件等。一般而言，针对电子邮件的公文，采取半年归档一次或实时归档；对于 Web 文件，本机构的可以采取一年一次的年度归档，公共网站的则采取随时采集随时归档的方式为佳；针对数码照片、扫描件和社会征集件应随时归档，而对本单位直接形成的电子照片文件应该在照片形成一周或一月后内移交归档。

---

① GB/T18894－2002. 电子文件归档与管理规范［S］. 北京：国家标准出版社，2002.

（三）归档范围

电子文件的归档范围关系到电子公文归档的完整和有效性。具有参考和利用价值的电子公文应归档。电子公文的归档范围可以从载体形式、内容等方面进行规范。

1. 载体形式

应归档的电子公文的载体形式有文本文件、数据文件、图形文件、图像文件、声音文件、多媒体文件、网站文件、电子邮件、超文本文件、命令文件、物理归档方式产生的拷贝件、硬盘以及"双套制"管理环境下的相应的纸质文件和相关说明文字。

2. 内容

（1）电子公文本身：指机关或单位活动中产生并办理完毕，具有凭证和参考价值的电子公文，其具体的归档范围可以参考纸质公文的归档范围，详见本章相关内容。

（2）管理公文：指电子公文归档管理过程中产生的一系列公文，如鉴定工作的活动记录和鉴定结果（保管期限）、公文登记工作产生的电子公文登记表以及前期著录工作产生的各种元数据。

（3）技术公文：能够生成、运行电子公文的命令文件和设备运行所需要的操作系统、应用软件及相关的数据、文档资料。这些文件纳入归档范围是由电子文件对计算机的依赖性决定的。

不少地方出台了电子公文归档管理范围。以天津市为例，《天津市电子公文归档管理暂行办法》中明确电子文件的归档内容："符合规范的电子公文正文（版式文件）、电子公文定稿（签发文）和附件、重要文件的历次修改稿、电子公文文件处理单以及领导审阅签署的重要意见、记录文件产生修改过程的日志文件、电子公文元数据、电子公文的电子签名等，并要求同一内容的上述文件保管期限应保持一致[①]。"

（四）归档方法和方式

1. 归档方法

电子公文的归档方法主要有两种：电子公文归档和"双套制"归档。"双套制"归档，也就是在当前纸质公文、电子公文共存的双轨制下，采取电子形式和纸质形式归档的方法，这是目前普遍采取的管理方法。

2. 归档方式

---

① 天津市档案局. 天津市电子公文归档管理暂行办法 [EB/OL]. (2006—02—20) [2012—04—28]. http://www.lawyee.net/Act/Act_Display.asp? RID=691656.

《电子文件归档与管理规范》规定，电子文件的归档方式主要有逻辑归档和物理归档。逻辑归档指"在计算机网络上进行，不改变原存储方式和位置而实现的将电子公文的管理权限向档案部门移交的过程"，物理归档指"把电子公文集中下载到可脱机保存的载体上，向档案部门移交的过程"，并且"凡在网络中予以逻辑归档的电子公文，均应定期完成物理归档"[①]。

逻辑归档中，电子公文形成部门只需将公文归档的逻辑地址告知档案部门，这样既可以方便档案部门查阅和监控电子公文，也可以方便公文形成部门的利用。逻辑归档后由于权限限制，公文形成部门便无法对公文进行修改，保证了公文的真实性。逻辑归档要防止网络安全隐患、计算机软硬件系统的不稳定性的潜在危险，除了进行备份，另一个重要方式就是定期进行物理归档。物理归档还有两种形式：网络归档（在线归档）和介质归档（脱机归档）。网络归档指在线将电子公文传输给档案部门，由档案部门存储到自己的本地载体；介质归档指将电子公文存储到脱机载体上，并向档案部门移交。物理归档既有利于电子公文的集中管理和安全，还减少网络负荷、提高网速。

（五）归档份数和载体

归档份数针对电子公文的物理归档而言，《电子文件归档与管理规范》指出"把带有归档标识的电子文件集中，拷贝至耐久性好的载体上，一式 3 套，一套封存保管，一套供查阅使用，一套异地保存"。

归档载体的优先次序如下：只读光盘、一次写光盘、磁带、可擦写光盘、硬磁盘等，软磁盘不能作为长期保存的载体。[②]

三、电子公文归档流程

相较于纸质公文的归档流程而言，电子公文的部分环节有所提前，但整体流程大致相同，见图 8-2。

---

① GB/T18894-2002. 电子文件归档与管理规范［S］. 北京：国家标准出版社，2002.

② GB/T18894-2002. 电子文件归档与管理规范［S］. 北京：国家标准出版社，2002.

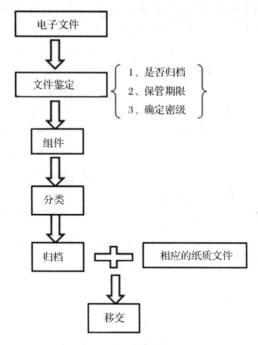

图 8-2 电子公文归档流程图

（一）鉴定

电子公文的鉴定主要有：公文真实性、完整性、有效性的检验；（内容）鉴定；技术鉴定。

（1）公文真实性、完整性、有效性的检验可以保证收集公文的整体质量和安全。由文书形成单位公文管理人员对公文进行检验，负责人签署审核意见。校验和审核结果填入《归档电子公文移交、接收检验登记表》。

（2）内容鉴定指根据电子公文所包含的信息进行判定其是否属于归档范围、保管期限以及密级。内容鉴定的标准参考纸质公文的归档范围和保管期限的内容，密级则参照纸质公文保管密级的规定进行划分。

（3）技术鉴定指对电子公文各方面的技术状况进行全面检查，包括公文的可读性分析、公文的安全状态（无病毒检测）和载体性能的检测。技术鉴定一方面可以保证电子公文的安全，另一方面可以保证归档公文的完整，如需要特殊软件才可运行的电子公文，需将其软件和相关的文字说明一起归档。

（二）组件

电子公文的整理参照纸质公文的整理，以件为单位。其中与此份公文相关的背景信息、元数据公文及操作日志应组成一件，其他的参照纸质公文的组件规则，如正文与附件为一件、请示与批复为一件。

（三）分类

电子公文的分类方法跟纸质公文的分类方法一样有三种：年度分类法、保管期限分类法、机构问题分类法。但是由于管理需要，两种公文在分类法的组合上的侧重点不同，纸质公文强调公文的来源，而电子公文更强调将相同保管期限的公文划分到一起。电子公文建议采用的分类方法是"年度—保管期限—机构（问题）"或"保管期限—年度—机构（问题）"①。

（四）归档

电子公文的归档，即将经过组件分类后的电子公文根据其档案特点，从计算机或网络的存储器上复制或刻录到可移动介质上的过程。主要有两种形式，一种是非网络化归档，也就是介质归档，即是公文形成部门应该将公文归档的标识以及辅助认证工作，转录到物质载体上，连同相关的纸质公文一起归档。另一种是网络化归档，要求公文形成部门将归档后的电子公文及相关的背景信息公文、说明公文一起经网络传给档案部门，由档案部门进行电子公文到物质介质的转存工作。电子公文的存储载体上应该贴上标签，注明载体序号、全宗号、类别号、密级、保管期限、日期等。

（五）移交

归档的电子公文的移交需要履行相应的手续。需要对移交范围、移交格式等进行规范。②

1. 移交范围

公文移交进馆（室）范围的确定是决定档案馆（室）馆藏结构是否合理、内容是否丰富的重要关口，因而移交公文时需要明确本单位移交进馆（室）公文的范围，做到不丢失一份应当移交的公文，也不移交和接收一份冗余公文。

从内容上来看，机关电子公文的移交范围应当按照相关法律法规来确定，简单地说，就是与本单位工作直接或间接相关的且对国家、社会或单位有长久利用价值的电子公文需要移交；从形式上来看，电子公文应当包括纸质、缩微等实体公文经过扫描等数字化加工以后的成果，也包括在 OA 系统或其他政府办公系统中逻辑归档或物理归档形成的电子公文。

电子公文的元数据是保证电子公文原始记录性的关键，是移交中必不可少的内容。《文书类电子文件元数据方案》已于 2010 年 6 月起正式实施，该标准

①　GB/T18894－2002. 电子文件归档与管理规范［S］. 北京：国家标准出版社，2002.

②　笔者参考了李文媛著述，部分内容进行了修改。见：李文媛. 我国机关电子档案移交与接收流程的研究［D］. 武汉：武汉大学，2011.

规定了文件实体元数据、机构人员实体元数据、业务实体元数据以及实体关系元数据四个域共 88 个元数据。各单位应当对已办理完毕的电子公文，按照此标准采集电子公文及其元数据。

"电子文件的收集范围，按国家关于文件归档的现行有关规定执行"[①]，"电子公文参照国家有关纸质文件的归档范围进行归档并划定保管期限"[②]。可见，目前我国并未对电子公文的收集范围作出明确规定，但是具体的机关电子公文的移交范围，还是需要机关单位根据纸质公文归档范围等相关规定，在档案馆（室）的指导下、立足本单位业务情况进行细化。

2. 移交格式

电子公文的生命是由它的真实、完整、有效来支撑的，规范的格式标准有助于保证电子公文的真实、完整和有效。所以，移交进馆的公文格式必须有较为统一的要求。

综合国家各相关标准来看，按照电子公文的类型来分，主要的通用移交格式，见表 8—8。

---

① GB/T18894—2002. 电子文件归档与管理规范 [S]. 北京：国家标准出版社，2002.
② 电子公文归档管理暂行办法 [S]. 北京：国家标准出版社，2002.

表 8－8 　　　　　　　　　　电子公文移交通用格式

公文类型		通用移交格式	格式特征
文本公文	纯文本	TXT	格式简单透明、不绑定软硬件、不含结构信息、不含加密、能用基本文本编辑工具阅读、占用空间少
		XML	遵循 XML 技术规范、格式开放、不绑定软硬件、格式自描述、不含加密、易于转换等
	格式化文本	RTF	格式开放、不绑定软硬件、不含加密、易于转换等
		UOF	遵循国家标准、支持数字签名、格式自描述且开放、不绑定软硬件、不含加密等
		WPS	支持数字签名、可向其他文本格式转换等
		DOC	常见文档格式、可容纳更多文字格式、脚本语言及复原等资讯、格式封闭、属微软专属格式、兼容性较低
	版式文本	PDF/A	遵循国际标准、支持数字签名、格式开放、不绑定软硬件、格式自包含、格式自描述、固定显示、不含加密、可向其他文本格式转换等
		CEB	支持数字签名、格式自描述、固定显示、可向其他文本格式转换等
		SEP	支持数字签名、格式自描述、固定显示、可向其他文本格式转换等
图像公文		TIFF	支持无损压缩、不绑定软硬件、易于转换、聚合能力强等
		JPEG	遵循相关标准规范、格式透明、不绑定软硬件、易于转换等
图形公文		SVG	基于 XML 的矢量图格式、可任意缩放而不影响图形质量、占用空间小、需要 Web 浏览器插件
		DWF	开放、安全的文件格式、文件高度压缩、传递迅速、无管理外部链接和依赖性
音频公文		WAV	支持数字水印、支持无损或其他公开的压缩算法、易转换等
		MP3	压缩算法公开、格式紧凑、占用空间少、易转换等
视频公文		AVI	支持数字水印技术、支持无损或其他公开的压缩算法、易于转换等
		MPEG	压缩算法公开、不绑定软硬件、易于转换等

机关档案室需要确保拟移交公文的格式是符合国家相关规定的标准格式，非标准格式的能转换成规范格式的必须转换，不能转换的则应将其属性标识、参数以及非通用格式的相关软件一并移交，如果其读取设备非通用则其读取设备也应当保留。

3. 信息组织

电子公文的移交应该采用封装的方式，即按照指定结构来封装电子公文的内容信息和元数据，以满足电子公文信息长期保存、迁移和利用的需要。

《基于 XML 的电子文件封装规范》规定了电子公文的封装结构，确定了"电子文件封装包"的格式，将电子公文数据、《文书类电子文件元数据方案》以及该标准中的元数据全部纳入其中，见图 8－3。

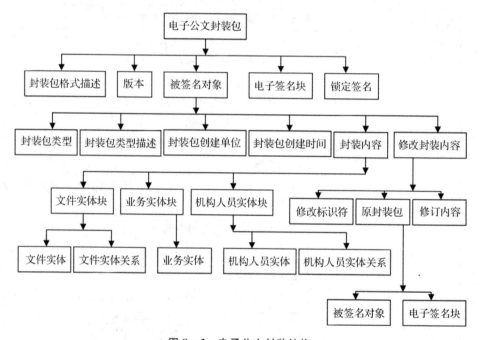

图 8－3　电子公文封装结构

注："封装内容"和"修改封装内容"有且仅有一个出现，由"封装包类型"的值来制定。

电子公文在移交过程中，为了避免大量公文因分散排列而产生不必要的混乱，无论是在线移交还是离线移交，都需要按照一定的存储结构打包或存储、刻录，即需要建立各类文件、文件夹来有序存放说明文件、目录文件、电子公文封装包以及其他相关文件。

拟移交电子公文在载体内的文件存储结构，见图 8－4。

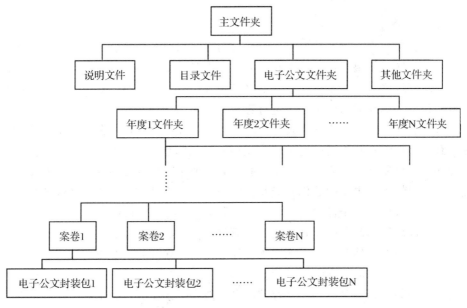

图8—4 载体内电子公文存储结构

注：出于成本考虑的因素，一张光盘可能存放多个类别的公文，有多个主文件夹。

（1）说明文件。每份载体都必须有一份说明文件来存放本张载体有关信息，存放于根目录下。具体内容包括：载体编号，即各单位为所保管的载体统一顺序编号；载体保管单位；载体制作单位；载体检查单位；阅读本载体内容所需要的软硬件环境；载体自身参数以及其他各种有助于说明本载体的信息。说明文件的格式为．TXT。

（2）目录文件，用来存放本载体内电子公文的目录信息。目录的每条记录对应一份文件，每条记录中包括公文的文件编号、题名、责任者、形成时间、保管期限、存放地址、备注等内容。各记录与文件应建立关联，通过记录可以查到对应的文件。目录文件的格式为．XML。

（3）电子公文文件夹命名为"电子公文"，按与纸质公文相对应的分类方案层级来设置子文件夹，用以存放电子公文及其元数据的封装包以及相关登记表、检验记录、迁移记录等。

（4）其他文件则是存放各种其他存入载体的文件。主要包括：所采用的元数据规范、数据封装规范、分类编号规则、文件命名规则、XML模式，等等。这些文件应采用．TXT或．XML格式。

此外需要注意的是，在向载体中存储数据的时候需要留一定的空间，保证移交以及日后管理中产生的新文件可以继续添加，倘若空间不足则可能需要重新转储或刻录。

4. 移交介质

电子公文的移交方式主要有离线移交与在线移交，两种移交方式对设备的要求不尽相同，需要根据不同的移交方式来准备移交设备。

（1）离线移交。离线移交主要依靠各种存储载体如光盘、磁盘等进行，所以存储载体的选择对保证移交质量有着至关重要的作用。

目前公文存储的主流介质是光盘、磁带、硬盘，但是电子公文移交的载体还是有与存储不完全相同的要求。公文存储对载体有较高的安全、稳定、读取速度和耐久性要求，对于便携性则没有太高的要求，而移交载体则需要对便携性、易读取性给予更多的考虑。光盘拥有磁带和磁盘不可比拟的优势，"它有广泛的用户基础——全世界有 40 亿部光驱"[①]，这有效地保证了绝大多数公文可以容易读取而不需要配置其他设备。而且移交还必然涉及运送，磁性记录的抗震效果比较差，倘若在搬运途中不慎摔落或其他碰撞将对数据造成极大的影响，而光盘在这方面就会略胜一筹。所以，作为移交的介质，光盘应该是较为合适的。为防止恶意篡改，公文存储光盘一般是一次写光盘，但是一次写光盘可以分为"以 CD－R（CD－Recordable）为代表的一写多读光盘"和"WORM（write once read many）技术写入的光盘"两种。[②] 前者采用分散式物理位址架构，在信息第一次写入后不封口就可以利用盘内剩余空间多次写入，但是不可改写，称 Multi－session；后者的数据只能一次写入且不可追加，比 CD－R 式光盘更有利于数据保护。

档案级光盘即 CD－R 和 DVD±R 光盘中，对于移交来说选择 DVD±R 光盘是比较合适的。首先 DVD±R 存储容量为 4.7GB，远远大于 CD－R700M 的容量，有利于大量数据的存储；其次 DVD±R 的兼容性要胜于 CD－R，无论是刻录设备还是读取设备都是 DVD±R 可以兼容 CD－R，但 CD－R 不一定能兼容 DVD±R。此外，就 DVD－R 与 DVD＋R 来说，二者的标准是由不同的标准组织所制定的因而相互之间并不兼容，DVD＋R 是至今为止唯一获得微软认证、并获得支持的盘片，它更注重盘片刻录速度以及刻录稳定性，所以在使用光盘记录信息的媒介中，DVD＋R 要比 DVD－R 的兼容性好，整体刻录质量也较好，但是就读取设备来说尽管目前绝大多数 DVD 光驱能够识别 DVD＋R 光盘，可总体上其兼容性还是略逊于 DVD－R，尤其是在一些早期的 DVD－ROM 光驱和 DVD 影碟机上。所以，档案室需要根据实际

[①] 张永洁，康惠清. 关于电子档案存储载体的思考 [J]. 山西档案，2002（5）.

[②] 张晶晶. 电子公文存储介质及格式研究 [D]. 苏州大学，2009.

情况来选择合适的移交载体。

光盘刻录需要按照一定的信息组织方式刻录存储，至少准备两套向档案馆（室）移交，一套用于封存保管、一套提供查阅使用。对于特别重要的归档电子公文还需要准备第三套光盘来用于异地保存。

（2）在线移交。在线移交的对象主要是电子政务系统形成的非保密文件。由于电子政务系统多在内网上，且机构的内网与外网是物理隔离的，这些非保密文件在系统内传送应当是安全的。但是需要注意的是，为防止传输过程中出现泄密的状况，保密的归档电子公文绝对不能进行在线移交，只能通过脱机载体实行离线移交。

在线移交的准备主要是进行网络和软硬件平台的搭建。移交传输网络可使用 VPN 专线或者 FTP 协议，线路的带宽应满足传输的数据量要求，并适当留有余地。为实现自动传输，档案馆（室）应当分别配置计算机服务器和移交接收软件，如有必要还应在服务器上安装加密设备和加密软件等以保证安全传输。

通过在线移交的电子公文，也要脱机保存一至两套，一套封存保管，一套提供查阅使用，必要时复制第三套进行异地保存。

5. 载体标签

载体上标签的主要作用是可以不依赖读取设备来直观表明载体内存储的内容，标签标注的规范有助于提高电子公文管理的效率，便于日常的维护和利用工作。载体上的标签可以参照如下标识。

载体上应当标注的信息有：公文分类号、电子公文类别代码、载体序号。

载体装具上标注：套别、公文大小、密级、保管期限、存入日期、操作环境。

（1）公文分类号是档案室根据公文内容按分类标准进行分类的代码，即载体内电子公文的分类号。

（2）电子公文类别代码是载体内存储的电子公文的类型，用字母表示：T——文本文件、I——图像文件、G——图形文件、A——声音文件、V——影像文件、H——超媒体链结文件、P——程序文件、D——数据库文件。若载体内存储有多种类别，应将所包含的类别均填上。

（3）载体序号是载体在档案室排列的顺序号，由阿拉伯数字组成。

（4）套别是归档电子公文套号，用大写英文字母 A、B、C 表示。A 表示封存保管，B 表示查阅利用，C 表示异地备份。

（5）公文大小是载体内存储全部公文所占用空间的总和。

（6）密级、保管期限以载体内所存储的电子公文的最高密级和最长保存时间标注。

（7）存入日期是将电子公文存至载体的日期，格式为年月日，如 2011 年 2 月 8 日即写为 20110208。

（8）操作环境即标注识别或运行载体内电子公文的软硬件平台。

标注标签时用可书写型油墨印刷，若需要在标签面书写，则必须使用专门的光盘标签笔即非溶剂基墨水的软性标签笔。印刷所使用的油墨应通过光盘耐候性试验，光盘标签笔初次使用也应通过光盘耐候性试验。由于粘贴剂会对光盘性质产生较大影响，所以禁止使用粘贴标签。

对照上述需要移交的材料与程序，移交单位需要进行自检，尤其是电子公文的内容、背景和结构元数据完整无缺失、真实无篡改、可读无障碍，主要检查内容包括真实性、完整性、有效性以及载体检查。只有检查通过后，方可正式移交。移交时，填写《电子公文移交、接收检验登记表》两份，待移交时经档案馆验收填写、签字盖章之后，回收一份留存。

第九章　公文安全管理

安全管理是管理的重要组成部分，是一门综合性的系统科学与动态的过程，它是为了控制人的不安全行为和机械的不安全状态，以知识、态度和能力为基础进行一系列综合活动①。据此可见，作为现代管理的重要组成部分，安全管理随着传统管理向现代管理的逐步转型，在整体管理活动中的地位也日益重要，在保证系统的正常运转、职能的合理分配、信息的正确表达等方面发挥着越来越大的作用。

第一节　公文安全管理概述

一、公文安全管理的定义

公文安全管理是指对公文实体及其信息采取有效保护措施，避免其受到自然灾害或人为侵害，并使其处于安全状态的管理工作。在实际管理过程中，它利用计划、组织、指挥、协调、控制等管理机能，控制和避免来自各方面的不安全因素和不安全行为，进而实现杜绝各类危害公文安全的事故发生，实现公文安全管理目的，即确保公文资料的实体与信息的安全。公文安全管理是一项长期的管理工作，它在一定程度上体现了单位或部门对其历史延续性和完整性的重视程度。在灾害事故给人类社会造成巨大灾难的同时，也敲响了公文安全的警钟，因而对公文的安全管理工作更显得日益迫切，制定相应的应急机制和防范措施，最大限度减少因自然灾害和突发事件等原因造成的公文原件的损失，采用多种方式和举措保障公文的安全，促进公文工作健康发展将是未来公文管理工作的重要组成部分。就管理内容而言，公文安全管理工作不仅要在平时防微杜渐，而且在重大灾难和突发情况来临时，更要加强公文的保护和管

---

① MBAlib. 安全管理 [EB/OL]. ［2012－5－4］, http://wiki. mbalib. com/wiki/％E5％AE％89％E5％85％A8％E7％AE％A1％E7％90％86.

理，力争将损坏降至最低，最大限度地保证各类公文的安全。

二、公文安全管理的影响因素

从载体看，公文可以分为纸质公文和电子公文两大类型，因而公文安全管理的影响因素也可相应地分为纸质公文安全管理的影响因素和电子公文安全管理的影响因素。这两个部分的影响因素，有些是相同的，但也存在差异。

（一）纸质公文安全管理的影响因素

纸质公文的制成材料是承受并反映公文内容的物质材料，它由承受公文内容的载体材料和反映公文内容的记录材料组成。由于纸质公文制成材料多种多样，影响纸质公文安全的表现主要体现在其材料的变化上，这些变化既包括宏观变化，如火烧、水淹、发霉、虫蛀、鼠咬等，也包括微观变化，如纸张的老化、字迹褪变等，它们既同时发生、又互相影响，进而导致纸质公文的损坏。究其原因，纸质公文安全管理的影响因素主要在于以下两个方面：

（1）内因，即纸质公文制成材料的耐久性。公文制成材料的质量好，耐久性就好，纸质公文的寿命也就长；反之，制成材料质量差，耐久性就差，纸质公文寿命就短。

（2）外因，即保管纸质公文的自然、社会环境与条件。"档案文献一旦制作完成，便离不开保管和利用的环境条件。因此，环境在档案文献保护中起着重要的作用。环境可以分为人为环境、自然环境两类。"[①] 人为环境包括移动、展览、撕毁、剪裁、盗窃等，自然环境包括温度、湿度、光线、水淹、火灾、灰尘污染、磁场、机械磨损和有害气体（SO_2、H_2S、NO_2）以及害虫、霉菌等因素。在这些因素的影响下，如果不采取积极的措施，纸质公文的寿命就会明显缩短。

纸质公文一经形成，公文制成材料的优劣已经很难改变，这时外因往往起决定性作用，保管条件是否适宜将直接关系到公文制成材料的寿命长短。可见，内因是纸质公文能否长期安全管理的决定因素，外因是纸质公文安全管理的重要因素。

（二）电子公文安全管理的影响因素

截至目前，专门探讨影响电子公文安全管理因素的文章并不多见，相关的研究主要见诸电子公文、电子文件等领域的研究成果中。例如，武丽早在2002年就将影响电子公文信息安全的因素归纳为"计算机系统的不安全性、

---

① 周耀林，戴旸，林明等. 档案文献遗产保护［M］. 武汉：武汉大学出版社，2012.

计算机系统对环境的要求、系统操作人员的素质"等三大类，其中计算机系统的不安全性表现为计算机系统的脆弱性、计算机系统安全功能的薄弱性、计算机病毒的危害性等。① 其后的几年间，相关内容的研究文章寥寥无几。直到2009 年，袁晓瑛提出，影响电子档案信息安全的因素主要有"理论因素、自然因素、环境因素、技术因素、管理因素、资金因素和人的因素。"② 李娟和邓玉在《电子公文馆信息安全防护思考》中将主要影响因素总结为以下四点："一、电子公文信息形成的环境存在安全隐患；二、电子公文信息传播途径缺乏有效监控，面临泄密风险；三、电子公文信息存储介质自身的不稳定性，造成信息丢失或无法使用；四、管理不善给电子公文信息安全带来的威胁。"③ 而刘琳玲在《电子公文信息安全防护浅析》中提出了和袁晓瑛类似的观点，即"电子公文信息自身的不安全因素、网络环境给电子公文信息带来的不安全、人为或管理不善所带来的不安全因素"。④ 这些作者都认为信息系统、信息环境、信息载体、管理水平是主要影响因素。据此，影响电子公文安全的因素主要包括：

1. 自然因素

自然因素包括自然灾害和档案载体的老化两方面：

（1）自然灾害主要是指如地震、泥石流、水灾、火灾等自然灾害，一旦发生类似汶川地震这种大规模、毁灭性的自然灾害，就极易造成载体、硬件设备的破坏，对电子公文信息而言将是毁灭性的打击，因而档案信息部门要做好电子公文信息的备份和定期移交工作。

（2）载体老化是指载体的自然老化。电子公文信息存储载体的物理寿命远远比不上纸质公文的长寿，也远远不如简牍、金石保存长久。举例来说，通常光盘的预计寿命仅有 5 年，磁带为 10 年，磁盘为 15 年，磁光盘为 30 年，这和纸寿千年的纸质公文相比，差距太大。

2. 环境因素

（1）系统环境指电子公文信息所依赖的操作系统、硬件因素、软件因素、设备更新换代以及数字编码因素等。电子公文信息一旦离开了计算机的软硬件系统，将不能存在。因此，电子公文信息对系统的这种依赖性也威胁到电子公文信息的安全。

---

① 武丽. 影响电子公文信息安全的因素 ［J］. 档案管理，2002（4）.
② 袁晓瑛. 浅论电子档案的信息安全保障 ［J］. 科技创新导报，2009（16）.
③ 李娟，邓玉. 电子公文馆信息安全防护思考 ［J］. 湖北档案，2010（10）.
④ 刘琳玲. 电子公文信息安全防护浅析 ［J］. 湖北档案，2011（3）.

（2）网络环境。电子公文信息是依靠计算机技术、网络环境进行传输的。它与计算机网络的安全密切相关，其传播途径主要有网络传输、即时通讯、打印、缩微和载体拷贝几种形式。特别是移动存储载体的拷贝，由于移动存储介质体积小、方便携带，人们不仅能轻而易举地将大量的、含有完整机密信息的电子文件传播出去，而且极易因内外网间交叉混用，遭受病毒、黑客或系统故障等的攻击，造成重要数据流失。①

3. 管理因素

（1）人的因素，主要是指管理人员的素质，包括管理人员的经验、专业素养、信息安全意识、计算机水平以及职业道德感，这些都会对数据档案信息安全产生影响。② 管理在电子公文安全保障中起着规范和制约的作用。先进的技术本身并不是电子档案信息安全发展过程中的支柱，而组织和管理者们完成安全工作的动机及承诺才是基础。科学的管理理念加上严格的管理制度才能最终保证电子公文信息的安全。③

（2）资金因素，"巧妇难为无米之炊"，数字信息安全保护，也需要投入大量的人力、物力、财力作为信息安全运营的后盾，因而需要国家和档案事业领导部门进行统筹规划和评估，按需分级提供保证资金，用来购置符合安全条件的新型机器设备，并组织专业人才进行理论创新、技术攻关。

4. 技术因素

技术因素在本课题组中特指能维护电子公文信息真实、完整、可用的保护技术，包括数字安全技术和网络技术两方面。

（1）数字安全技术主要是为了保障电子公文的安全存取，目前已被开发的安全保护技术主要包括仿真技术、迁移技术、保存技术、载体转换技术、标准化策略技术、数据备份与归档技术、数字加密和鉴别技术、数据通信安全技术等。

（2）网络技术主要是为了实现电子公文信息的保密和网络传输，网络技术包括防火墙技术、入侵检测技术、虚拟专用网络（VPN）技术、身份验证技术等。

技术因素是实现电子公文信息安全管理的关键和保障，可以说没有技术，电子公文信息安全便无从谈起。

---

① 李娟，邓玉. 电子公文馆信息安全防护思考 [J]. 湖北档案，2010（10）.
② 袁晓瑛. 浅论电子档案的信息安全保障 [J]. 科技创新导报，2009（16）.
③ 刘琳玲. 电子公文信息安全防护浅析 [J]. 湖北档案，2011（3）.

5. 法规与标准因素

电子公文信息多种多样、信息格式种类繁杂、信息安全技术各不相同，这些现状使得电子公文信息在归档、交流和统一过程中必然产生冲突和风险，法规与标准的制定与实施就显得十分迫切。

（1）安全法规，指由国家或领导部门制定并强制保证实施的，规定档案信息安全权利和义务的法律规章及条款，目的是使档案信息安全管理有法可依。

（2）安全标准，是指由领导部门或组织机构通过重复性实践活动总结出的，由安全责任方共同遵守的统一的行为规范和实践准则。安全管理标准按其对象可分为安全技术管理标准、安全制度标准、安全法规标准、安全人员管理标准、安全资金管理标准等。建立安全标准，有利于建立安全高效的管理秩序，有利于安全管理经验的归总、提升、普及和创新。

6. 机构和人员因素

（1）管理机构在安全管理过程中，起着指挥领导、统筹规划、提供资源的作用。安全机构是一个整体，当机构内的参与主体达到良性互动时，机构才能实现最大的效应。

（2）管理人员是实施安全管理方案、开发安全技术的智力支持者和最终行为者，是影响安全管理成败的最终关卡。因为即使技术成熟、制度健全，如果实施者理解不当或实施错误，都将带来重大损失。因此，在实现管理的过程中，要积极鼓励工作人员，发挥其主观能动性，并同时给予指导和培训。

总而言之，影响公文安全管理的因素由多方面组成。公文安全管理是一项复杂而庞大的系统工程，集成了信息系统、信息安全技术、管理者和管理环境等元素。安全技术是基础，但仅依靠技术是远远不够的，需要从整体的角度来建设，公文信息安全保障体系主要涉及技术体系、管理体系、人员体系等方面的建设。

第二节　纸质公文的安全管理

随着电子公文的不断普及和大规模应用，传统的公文安全管理正面临着两大挑战。第一，随着现代管理科学的全面发展和行政扁平化的发展趋势，传统纸质公文的安全管理工作将面临一系列挑战和变革；第二，随着电子计算机的大规模普及和电子公文的大范围应用，新兴电子公文的安全管理工作将越来越受到广泛关注①。现阶段甚至是今后相当长的一段时间内，纸质公文仍将在办公中占据重要地位。因此，加强纸质公文的安全管理是现在乃至今后相当长时间内必须认真对待的问题。

纸质公文安全管理就是从影响纸质公文安全的内因和外因两个方面着手，通过内因和外因的科学管理达到纸质公文安全管理的目的。

对于纸质公文而言，因为内因和外因涉及多个方面，因而这本身是一个复杂的问题。例如，就内因而言，从安全保管的角度出发，纸质公文就需要采取耐久性强的纸张材料和书写材料。这是档案文献遗产保护研究的重要方面。限于研究范围，本书不便赘述，请读者参看相关论著。

一、安全管理制度与标准

制度与标准是纸质公文安全管理需要强调的方面。现阶段，这些制度与标准主要体现在：

（一）建立公文安全管理的长效机制

公文安全管理体系建设，公文安全管理规章制度，办公室和档案馆的安全应急预案、安全责任制、危险源辨识及防控措施、消防安全制度等，都是建立公文安全管理长效机制的重要方面。如同档案的安全管理一样，这既保证了公文实体的安全，又保证了公文信息的安全；既保证了公文管理工作各操作环节上的安全，又保证了公文在提供利用各环节上的安全，使公文安全管理工作始终贯穿于公文安全管理工作的全过程。

（二）制定公文安全管理责任制

公文安全生产责任制是公文安全管理制度的核心。随着公文应用范围的扩大和深入，公文保管部门应结合纸质公文管理工作的实际情况，对有关公文安全方面的各项规章制度，不断地进行修改、补充并加以完善。公文安全生产责任制明确了各级领导及岗位人员在安全保管工作中应负的责任，要求保管人员认真贯彻落实"安全第一、预防为主、综合治理"的方针，正确处理安全保管与综合应用的关系。此外，还需确立层层负责的纸质公文安全管理网络，确保责任到人、措施到位、监管有力，抓严、抓实公文安全工作。确保公文安全责任落实到公文工作中的每一个岗位、工作和个人，把好纸质公文案卷质量关、进馆、出馆关，人防、机防和技防关。在公文的鉴定与销毁、公文数字化加工及扫描、公文公布、公文上网、公文宣传等工作上十分细致、谨慎地层层把好

---

① 赵国俊. 公文处理基础［M］. 中国城市出版社，2008.

公文内容审查的安全关，形成处处有责任、人人抓安全的局面①。

（三）遵循纸质公文安全保管的环境标准

按照《档案馆建筑设计规范》的基本要求，加强对防火、防盗等报警监控系统的维护和保养，实现对重要公文实体、库房与设备的全过程、全方位监控，并严格执行公文工作保密制度、公文借阅制度等管理制度，对重要公文要经有关领导审批同意后方可调卷，同时做好登记工作。坚持定期检查库房，一般情况下一年检查一次，如果发生意外事故、遇到特殊情况或公文管理人员调换时，要进行随时检查。在检查的过程中要做好记录，重点检查公文保管状况、库房管理状况、保密工作情况、借阅和利用情况。同时要写出检查报告，对检查中发现的问题，提出切实可行的改进意见和补救措施，发现破损和变质的公文，要及时采取措施进行修补和复制。库房例行检查过程中，做好安全检查记录，节假日进行巡查。同时，档案库房要有"八防"措施，库房内严禁吸烟及存放易燃、易爆、有毒物品；要保持库房清洁卫生，通风良好，随时对公文装具进行除尘，以防有害物质的侵蚀；做好日常温湿度记录，发现问题及时采取控制措施；公文库房要配备消防器材；下班前检查库房门窗、上锁，确保办公室或档案馆（库）藏公文的绝对安全②。

要不断提高公文安全管理的科技含量，运用现代化监控设备严密防范；改变借阅登记状况，对公文信息需求者、公文管理人员和公文工作流程可进行回溯性检查。对重要、珍贵公文文本采取特殊的安全防护措施。

二、统计

纸质公文统计工作的基本要求包括一般统计工作的基本要求和公文统计工作的专业要求。一般统计工作的基本要求是任何领域的统计工作都必须遵循的一些基本原则和基本技术规则，公文统计工作自然也应遵循；公文统计工作的专业要求主要是指公文管理专业领域中应用一般统计技术方法进行统计时，应注意把握的一些基本问题③。

一般统计工作的基本要求大致可归结为以下几点：

（一）重要性原则

重要性原则即统计对象和统计项目应有相当程度的重要性，或说应有对其进行统计的必要性。这一原则主要体现在统计对象及统计项目的选择确定上。

① 王智新. 试论高校档案馆的安全管理 [J]. 黑龙江史志，2009（08）.

② 郝文霞. 浅析档案安全管理的重要性 [J]. 兰台世界，2006（04）.

③ 裴传永，李晓波. 现代公文写作与公文处理基础教程 [M]. 中共中央党校出版社，2010.

即：将实施统计的领域、对象必须具有相当程度的重要意义；各统计领域中的具体统计项目必须是对说明、反映统计对象的状态、趋势、规律具有重要意义的因素。

（二）可量化原则

可量化原则即实施统计的重要领域及其重要因素，是可进行定量的描述与量化研究的对象。这些可以计量的公文，是管理的基础，也是保障公文安全的重要措施之一。

（三）科学化原则

它是统计工作技术规则方面的基本要求，其具体内容比较复杂。例如，统计项目（指标）名称应简明、准确；其计量单位应精确、具体；所获取的原始数据应真实、可靠；对原始数据的计算整理应合理、规范；对原始数据及整理出的系统数据的分析、研究应全面、深刻，力求揭示出统计对象真实的现实状态、发展趋势及运动规律等。总之，应使统计工作的一切方法、环节及其结果尽量符合、反映客观实际。

（四）真实性原则

它指统计工作所获取的各种原始数据及其整理、分析出的数据、结果必须真实可靠，具有客观真实性。从某种意义上说，这是整个统计工作的基础，是整个统计工作的"生命线"。为保证统计数据的真实可靠，《中华人民共和国统计法》特别规定："各行业、各部门必须如实填报各类统计数字，不得虚报、瞒报、拒报国家统计制度中规定的各种统计数据。任何虚报、瞒报、拒报行为都是违法行为。"

（五）规范化、体系化、制度化原则

规范化是指统计项目（指标）名称及其计量单位的使用、整理、分析所用的技术方法应尽可能统一、规范，以求统计工作的高效率和高可靠性；体系化是指统计工作无论在某一社会领域或整个社会生活中尽可能形成一个工作体系，以求统计工作能全面系统地覆盖社会生活的重要领域以及各领域的重要方面和层次；制度化是指在统计工作的组织实施及技术方法的应用等方面应形成制度，以保证统计工作的经常性、连续性、稳定性和可靠性。

具体地进行统计的时候，需要针对不同库房、全宗、案卷和件进行统计。

三、保管

按组织机构分类和按问题分类两种方法，各机关可以根据自身的具体情况来选择公文保管的方式，但一般应与本机关公文室的分类相适应，否则不利于归档后公文室对公文的编制整理。为了加强公文处理部门和公文部门的联系，使公文的整理归档统一起来，公文保管方式要遵循共同整理归档或者由公文部门指导整理归档的基本原则。

（一）平时归整

平时归整的实质就是在平时有计划地做好公文整理的基础工作，包括有计划地收集公文，并分门别类进行管理，既便于平时的查阅利用，又为最后的整理归档奠定了基础。应注意及时收集已经处理完毕的公文，保证归整公文的全面和完整。其中包括：及时归整已经处理完毕的公文；积极主动地催促承办人员清退办理完毕的公文；对外发文时，同时将定稿和一至二份存本归整；收文时结合催办工作，及时清退归整；及时登记和收集本机关内部使用的公文、会议公文、有关人员外出带回的公文；建立简便易行的交接手续，对承办人清退和借还公文进行登记。

（二）初步整理

初步整理即指平时归整，也就是公文处理部门在平时就要有计划地把本机关一年中逐步形成的应归档的公文逐步整理起来。公文工作人员应根据公文分类方案把已经处理完毕的公文材料，以“件”为单位进行装订，并按有关类目随时归整，装入“案盒”，到年终或第二年初再严格按归档的要求进行调整。详见第八章。

（三）定期检查

在平时归整工作中，还应建立定期检查的制度，如发现有的类别内公文数量较多，并有继续增加的趋势，可及时增添案盒并根据条目编写新号。一年的工作结束后，公文人员还应在平时归整的基础上，对公文进行系统整理和编制目录，以便于移交和以后对公文的管理和利用。这是定期检查、以防遗失的重要方面。相关内容见本书第八章。

（四）日常管理

公文安全还体现在日常管理过程中，包括公文保管环境的控制，不仅包括人为的和自然的因素的不利影响，也包括静态和动态过程中的安全管理等，详见相关论著[①]。

四、复制

纸质公文复制包括翻印或复印，即采用临摹、摄影、静电复印、缩微摄影、扫描等方法制成与公文原貌相一致的复制件的技术方法。目的是保护公文

---

① 周耀林. 档案文献遗产保护理论与实践［M］. 武汉：武汉大学出版社，2008.

原件，使其能永久或长期保存，并用复制件满足读者使用的需要。

（一）复制常用方法

纸质公文常用的复制方法包括：

1. 临摹

临摹是中国摹仿原件特征复制字、画的传统技术。应用于公文领域，是根据公文原件的特点，精心选择纸、墨、颜料等材料，在专门制作的器具上透印勾画（也有通过摄影）取得与原件特征一致的轮廓，然后细致描绘和"做旧"，制作成与原件形象逼真的复制件。临摹在公文复制中曾发挥过很好的作用，但由于它对材料、工艺要求高，速度慢，只能在特殊需要时用于少量公文的复制。

2. 摄影复制

摄影复制也叫照相复制，它是采用普通照相机将公文文件拍摄成负相胶片，再印制成以感光纸为材料的正相公文复制件，或通过对原件摄影制版，再印刷成复制件的方法。摄影复制的速度也较慢，一般只用于一些珍贵公文为展览、陈列等目的制作复制件，不作为大量公文的复制手段。

3. 静电复印

静电复印亦称电摄影，它是采用静电复印机将公文复制下来的方法，其方式有直接法和间接法两种。其中，通过曝光将原件影像投射在带有光敏材料的纸上，经过显影、定影制成复制件是直接法；此外，将原件影像投射在一定材料的光导体表面，经显影成像，再转印在普通纸上，经定影而获得复制件是间接法。20 世纪 80 年代，间接法的普通纸静电复印机已成为公文复制的主要设备。其优点是操作简便，速度快，复制件画面清晰。为避免公文频繁复印而过多受到强光和机械性损坏，应尽量减少复印次数。静电复印技术一般不宜用于大量公文复制，仅是公文部门为利用者服务的一种辅助手段。

4. 缩微摄影

缩微摄影是采用缩微摄影机将公文资料的影像缩小几倍、十几倍、几十倍甚至更多，记录在感光胶片上，经加工制成小型化、规格化的缩微品的方法。采用这种方法得到的复制品可使需要永久、长期保存的公文得到良好的保护，代替公文原件以供查阅。利用者通过一定设备可将缩微品放大从而阅读原件内容，或得到放大还原的复制件。缩微摄影是公文搜集、交换、传递的极好方法，并可与计算机等技术结合，实现公文存取和检索的机械化、自动化，还使公文管理逐步纳入信息自动化管理系统成为可能。

缩微摄影是世界上大多数国家复制公文的成熟技术，20 世纪 50 年代末，中国一些公文部门就开始应用，20 世纪 80 年代已普及到全国中央、省、自治区、直辖市公文馆以及不少专门公文馆和机关、企业等公文部门。2002年颁布的《档案缩微制品记录格式和要求》（DA/T29—2002）对采用缩微摄影保存公文已经作出了明确表述和要求。

本书前文关于模数转换的内容也涉及缩微摄影以及扫描方面的内容，故此处不再赘述。

（二）复制管理

纸质公文复制过程中，必须有一定的制度。现阶段，在电子政务信息公开的背景下，公众可以到电子政务信息预览室查阅相关文件，并遵照相关规定复制公文。这是对于公开的公文而言。但是，纸质公文复制与此不同，需要遵照相关的规定进行。

例如，上级机关公文，除绝密级和注明不准翻印的以外，机密级及其以下的公文都可以翻印。但翻印时要履行相应的批准手续，翻印上级党的机关的秘密公文，须经发文机关批准或者授权；翻印上级政府机关的秘密公文，须经本单位负责人或者办公厅（室）主任批准。翻印时要在文尾注明翻印机关名称、翻印时间、份数和印发范围。必须注意的是，翻印过程中一定要仔细校对，避免发生错漏，以确保公文质量。再如，复印上级机关秘密公文，也要履行相应的批准手续。绝密公文和发文部门规定不准翻印的公文，一般不得复印。工作紧迫确需复印时，必须经过发文机关负责同志批准。复印上级机关制发的机密和秘密公文，可由本机关主管领导或其他负责人审批，但要严格控制复印数量。复印件要加盖单位戳记或证明章，与原公文一起进行严格管理。严禁将秘密公文拿到营业性的文印社进行复印。

第三节　电子公文的安全管理

一、安全管理体系

如同纸质公文安全管理一样，电子公文安全管理也是一个非常复杂的问题。这不仅涉及信息及其载体问题，而且涉及技术、系统以及人员操作等问题。因此，加强电子公文安全管理，需要综合考虑这些方面，形成综合性的管理体系。这种综合性的管理体系主要表现在：

（一）技术体系

技术体系不是安全产品的简单堆积，而是一种有机结合，应实现从计算环境、网络基础设施、技术支撑几个层面构建保障公文信息安全的技术体系[①]。

1. 物理安全体系

物理安全体系，它一方面包括环境安全，建设合乎安全保护规范的计算机机房，配备全天候的视频监控系统，做好灾难恢复基础设施，建立公文信息资源异地备份体系，增强公文信息资源抵御外界环境的能力；另一方面还包括设备安全，避免硬件设施的损坏，维护硬件设备的正常运行，防止蓄意破坏，涉及设备的采购应把制造商的因素考虑进去，保证对引进设备的安全可控。

2. 网络基础设施

根据信息系统的任务、目标与重要程度，对信息系统实行分级防护。公文信息安全性能的设置必须以风险系数为依据，结合系统特定的安全防护需求，设计与系统安全等级相适应的信息安全保障体系。公文信息安全网络系统应当设置为涉密网、政务内网、外网三个独立的网络体系，实行物理隔离。涉密网存储、运行涉密公文数据，按照最高密级防护和最小授权管理的原则，把知悉范围控制在最小，把权限设置到最小；局域网接入政务内网运行，存放非密资料，保证办公自动化的需要，直接为上级机关或下属部门实现公文查询、利用服务；互联网与涉密网、政务内网实现严格物理隔离，设置可控的互联网接口，发布公共的公文目录与信息资源。不同网络之间通过安全 U 盘来实现信息的交换，形成与系统安全等级相适应的公文基础网络。

3. 系统安全

对公文系统进行风险评估，分析各种安全风险，主动防御。从过去的被动保护向预警、检测、反应、恢复的主动防御转变，主动发现和及时消除安全隐患，对系统的安全防护涉及防火墙技术、网络应急响应、病毒防治、防窃听电磁辐射等相关技术。系统安全与程序应用系统的运行安全关系密切，公文应用程序必须经过严格认真的测试才能安装到系统中运行，避免那些编程方法低劣、存在缺陷的软件在系统运行过程中引起意外修改、泄露或使敏感的公文信息遭到破坏。

4. 系统数据安全

系统的安全运行仅仅保护了系统服务的可用性，即提供了公文数据存储、处理和传输的必要条件，要确保公文数据的安全可靠必须保证合法用户以授权形式操作信息。通过加强密码的设置强度、权限设置与用户管理、后台数据库辅助管理等方法，建立监控系统，实现整个工作流程信息化，使公文信息始终

[①] 项文新. 档案信息安全保障体系框架研究 [J]. 档案学研究，2010 (2).

处于受控状态，记录进入系统访问公文信息的主体、方式、内容和过程的合理性，对特定的账户进行有效跟踪，追溯公文信息的流转状态，确保公文数据的完整性、真实性、保密性、可控性。与此同时，还需要加强电子公文的备份工作，国家档案局倡导的"异地异质"备份、不同档案局（馆）互结对子存放备份的方案，也是保证电子公文数据安全的重要手段。

（二）管理体系

公文信息安全是一项基于技术的管理工程，管理体系是技术体系充分发挥作用的基础。主要包括以下几个方面：

（1）成立相应的信息安全管理机构，分解安全管理职责。公文信息安全绝不是单个 IT 部门的事情，涉及单位最高管理者、行政、业务等各个部门，信息安全体系需要单位的顶层设计，完备的信息安全管理机构是公文信息安全的基础。

（2）优化公文工作安全流程。信息化建设助推公文工作流程持续改进，工作流程信息化、程序化，建立流程可追溯机制，开发日志记录功能，加强过程控制，避免出现公文信息安全漏洞。

（3）重点实施保密要害部门、部位的安全监管。保密要害部门、部位是公文信息安全管理最重要的阵地，也是最容易出现安全问题的地方。要制定相应的特别管理制度，多层次的监管措施，公文信息安全考核是岗位考核的重点。

（4）与公文工作人员签订保密协议，明确每个人员的责任。组织对信息安全相关法律法规的学习、宣传，建设良好的工作环境氛围，强化公文信息安全的法制防线。

（5）形成定期的公文信息安全评估机制，进行风险分析，适应环境与技术的变化，建立动态的防御体系。制定公文信息安全应急预案，应对可能发生的各种危及公文信息安全的状况。

（三）人员体系

技术与管理是公文信息安全综合防护的基本手段，都涉及一个关键的因素即是人的因素。随着经济社会的发展，公文资源的来源更多样化、内容更广泛、信息量跳跃性增加难以估算，电子公文特别是科技方面的公文涉及了跨学科、多专业、技术含量高，对公文信息管理人员提出了较高的技术素养要求。人员体系的建设决定了公文信息安全管理的效率和效果。人员的安全意识及对安全管理的重视程度，会对安全产生极大的影响。无论拥有多么完善的信息安全保障体系，只要人为的一时疏忽，就会功亏一篑。因此，加强人员体系建设是信息安全保障体系建设的重要环节。

（1）基于现有公文信息管理人员的培养提高，培养其现代信息素质与安全素养，更新观念，建立现代信息意识，提高驾驭信息管理的能力。培养的途径多样化，如短期培训、继续教育、鼓励年轻工作者到高校深造等，切实提高公文管理、信息服务、信息安全方面的素质和能力。

（2）吸引和用好高素质信息安全和基础人才，优化人员结构。调整队伍的知识结构，重点引进一些管理与技术兼备的复合型人才，使整个队伍的知识结构多样化，提高整个队伍的信息保障能力。

（3）加强安全人员的岗位和职责管理。公文信息安全的岗位涉及硬件安全岗位、软件安全岗位、数据安全岗位等，要针对不同的岗位进行细分，编制管理规则，在岗位设置上确定涉密人员最少化、责任具体化、权责相适应的岗位体系。

（4）对公文信息安全人员的使用必须考核其业务能力与品德素质，尤其对涉及关键岗位的人员。建立信息安全培训机制，对不同岗位的工作人员，开展多层次、多方位、有重点、有针对性的信息安全宣传、技能培训和考核，不断增强全体人员的安全防范意识、安全防护能力、道德品质和政治觉悟。

（5）形成良好的激励机制。公文信息管理工作更多时候是枯燥的、默默无闻的，需要一种奉献精神。应建立良好的用人机制，选拔能力强、综合素质高的复合型人才承担更重要的工作岗位，组成有激情、有创新活力的工作团队。因为公文信息安全工作对现代科学技术发展的追赶不仅仅是先进的设备，尖端的技术，更重要的是更新观念和打造一支能够抓住机遇、迎接挑战的新型人才队伍。

二、备份

备份的电子公文相当于纸质时代的副本。但它显然比纸质公文的副本具有更重要的意义，因为它不但复制成本低，而且能够完全保真。在电子公文复制过程中，要特别注意保持复制品与原件信息的一致性，严防信息丢失或发生变化。使用带校验的复制命令一般可达到这种一致。必要时也可将制成的复制件与原件进行相似性比较，如果发现有不符之处，及时查明原因，并作出相应的处理。

（一）备份方法

备份的方法主要可以分为三类：硬件级在机备份、软件级脱机备份和人工级手工备份。

硬件级的备份是指用多余的硬件来保证系统的连续运行，比如硬盘双工、双机容错等。如果某个硬件损坏，后备硬件马上能够接替其工作。但这种方式无法防止逻辑上的错误，如人为误操作、病毒、数据错误等。据有关资料统计，计算机系统中80％以上的错误属于人为误操作。当逻辑错误发生时，硬件备份只会将错误复制一遍，无法真正保护数据。硬件备份的作用实际上是保证系统在出现故障时能够连续运行，因而称为硬件容错更为恰当。这种方法对网络的不间断运行具有很大意义，但对保证电子公文数据的安全不具有完全意义。

软件级备份是指将系统数据保存到其他介质上，当系统出错时可以将系统恢复到备份时的状态。由于这种备份是由软件来完成的，所以称为软件备份（脱机备份）。用这种方法进行备份和数据恢复都要花费一定的时间，但可以完全防止逻辑错误，因为备份介质和计算机系统是分开的，错误不会复写到介质上。这意味着，只要有保存时间足够长的历史数据，就能够恢复正确的数据。

人工级的备份最为原始，也最简单。因为如果所有数据都有文字记录，显然可以恢复数据。但耗费的时间相当长，因而全部数据都用手工方式备份是不可取的。

理想的备份系统是软件备份和手工方式相结合。如果系统出错，备份之前的数据用软件方法恢复，备份之后的数据用手工方式恢复。采用这种结合方式，不仅能够有效地防止逻辑错误，还能够节省备份和恢复的时间。如果在备份系统的基础上再加上硬件容错系统，那就会更加安全可靠。

（二）网络备份

网络备份不仅是网络上各计算机的公文备份，实际上还包含了整个网络系统的一套备份体系。网络备份系统主要有四个功能：

1. 公文备份和恢复

优秀的网络备份方案能够在一台计算机上实现整个网络的公文备份，因为网络备份系统通常使用专用备份设备。网络上每台计算机都配置专用设备显然是不现实的，所以利用网络进行高速的备份是网络备份方案必需的功能。

2. 数据库备份和恢复

如果数据库是基于公文系统的，可以用备份公文的方法备份数据库。但数据库发展到今天已经相当复杂和庞大，再用公文备份的方式来备份数据库已不合适，能否将需要的数据从庞大的数据库公文中抽取出来进行备份，是网络备份系统是否先进的标志之一。

3. 系统灾难恢复

网络备份的最终目的是保障网络系统的顺利运行及网络中公文的数据安全。所以，优秀的网络备份方案能够备份系统的关键数据，在网络出现故障甚至损坏时，能够迅速地恢复网络系统。从发现故障到完全恢复系统，好的备份方案耗时不应超过半个工作日。

4. 备份任务管理

对于大多数机房管理人员来说，备份是一项繁重的任务，需要完成大量的数据操作，费时费力。如果网络备份能够实现定时自动备份，将大大减轻管理员的压力。对于网络备份，在以下几个问题上必须加以注意：

（1）备份不等于拷贝。拷贝是从源公文中读出数据，并将其写到含有不同于源公文所在的物理媒质上的过程，读出后源公文数据不变。备份不等于单纯的拷贝，因为管理也是备份重要的组成部分。管理包括备份的可计划性、磁带机等的自动化操作、历史记录的保存以及日志记录，等等。正是因为有了这些先进的管理功能，备份才变得像今天这样既轻松又可靠。因此，从这个意义上说，备份等于拷贝加管理。如果对这一问题没分辨清楚，就会只备份应用系统中的特定业务数据而对应用软件和一些重要的数据公文缺乏必要的记录，进而造成备份内容不完整。

（2）硬件备份不等于数据备份。硬件备份的最主要目的是保证系统的连续运行，对人为错误导致的数据丢失无能为力，无法有效地防止病毒入侵，对电源故障、天灾人祸等意外事件也无能为力。因此，硬件备份不能从根本上保证数据安全。硬件备份主要包括双机热备份、磁盘阵列与磁盘镜像。事实已经不止一次地证明，这些都不是很好的备份方案。以双机热备份为例，这种备份方案的前提是在某一时刻两台机器中只有一台发生故障，如果两台同时出现了故障，那么整个网络将陷入瘫痪状态。在现实环境中，许多无法预计的自然灾害，如洪水、建筑物坍塌，以及令人防不胜防的病毒都极有可能使两台机器同时出现故障。而且对于那些人为的错误（如误操作或恶意破坏）而引起的数据丢失，硬件备份根本无能为力。即便是没有这些天灾人祸，硬件备份也不是最佳的备份方案。仍以双机热备份为例，这种备份方式实际上等于牺牲了一台服务器，这就造成了成本的攀升与资源的浪费。因此，硬件备份并不能真正确保网络数据的万无一失，只有数据备份才能为我们提供百分之百的数据保护。

（3）备份不等于数据公文的备份。有人认为备份只是对数据文件的备份，系统文件和应用程序无需进行备份，因为它们可以通过安装盘重新进行安装，这也是对备份的误解。因为在网络环境中，系统文件和一些应用程序的安装相当麻烦，必须翻出所有的安装光盘、软盘，运行安装程序，然后再重新设置各种参数和地址等。这个过程需要时间。在此期间，原有的数据文件根本无法利用，因为这些数据文件所依赖的系统环境或应用程序还没有得到恢复。因此，最有效的备份是用一种容量大的设备对数个网络系统进行备份。这样，无论系统遭到什么程度的破坏，都可以很方便地将原来的系统恢复起来。

综上所述，网络用户的理想备份方案是用一种容量大、具有先进的自动管理功能、价格又相对较低的设备对整个网络系统数据进行备份。

此外，云存储备份的方法在商业部分得到了应用。档案部门也在开始探讨这种方法，这无疑促进了电子公文存储手段的多样化。

三、统计

电子公文统计工作的要求是要适应专业特点，切合工作实际，解决实际问题。实现这一总体要求需要在公文统计工作中注意把握以下问题：

（一）统计对象的选择

在统计对象选择的过程中，应选择足以反映公文管理整体状况的关键性因素制定相关统计表格，见表10—1。其主要内容包括公文、公文工作人员，公文工作机构的数量、质量、状态、发展变化趋势，公文工作设备、经费、工作水平与状况、社会效益，公文被利用的情况、在社会中发挥作用的情况等，都应成为实施统计的对象。这些信息采用分类表、数据库结构、记录格式、统计项目、报表格式等内容，由电子计算机进行保存。同时，声音、录像等多媒体文件也可存储于电子公文内容中，并将这些公文存储于光盘中，与 MSSQL ServerOracle、Sybase 等数据库直接连接，采用流行的 C/S（客户/服务器）结构，运行于 Windows98/NT 网络环境，与企业网和 Internet 相连，为用户提供统计查询服务。

表 10—1　　　　　　　　　　电子公文数量统计表

年度	文书公文案卷级				文书公文文件级				文书公文一文一件				会计公文案卷级					科技公文案卷级				业务公文案卷级				照片公文文件级			
	永久	30年	10年	小计	永久	30年	10年	小计	永久	30年	10年	小计	永久	25年	15年	其他	小计	永久	30年	10年	小计	永久	30年	10年	小计	永久	30年	10年	小计
2006																													
2007																													
小计																													
原文																													
总计	条目总计　　条，原文总计　　件。																												

（二）具体统计项目（指标）的设置、统计方法的应用

应力求对上述各方面情况有精确具体的描述。例如，公文数量的计量单位，在使用传统的"卷"的同时，又使用"米"（指排架长度），就可以较具体精确地反映其现有状态，为解决库房、装具的配备提供具体的数量概念；在统计公文利用情况时，不仅统计所利用公文的绝对数量，而且还统计其"有效

率"、"增长（变化）率"等相对性数量，可为客观评价、检验、改进公文利用服务工作乃至收集、鉴定工作等提供可靠依据等。

（三）对工作规模、类型及频率的控制

根据公文工作量大、工作周期长，各公文机构情况复杂、差别较大且相互独立性较强等特点，适当控制统计工作规模、类型及其频率。

从总体上说，应以公文保存机构的内部自我统计或小范围、专门性的统计为主，以大面积大范围的综合性统计为辅，减轻公文保管机构的工作压力。尤其应避免或减少重复统计、无效统计、为统计而统计等不良现象，使整个公文统计工作更具有效益。

四、保管

对于电子公文的保管而言，它是从数字信息的特征出发，保持信息的真实性、可靠性和长期可读性的重要工作。由于数字信息具有不可视性，信息与载体的可分离性以及信息利用、复制、传递的开放性和对生成系统的强烈依赖性。它通过计算机系统生成、识别、处理，并可在网络上传输，它的存储介质主要是磁性材料和光导材料。因此，对电子公文的保管，公文工作者的主要职责是保证电子公文的真实、可靠、可利用、可存取和可理解，为此，可以建立公文内容、背景信息、结构信息、外形特征信息的组合保管模式①。

电子公文保管必须为物理（存储介质）保管提供最佳条件，并且要考虑到大多数计算机系统的寿命为 15～20 年，更新换代之后旧的系统中生成的电子公文不具备可用性。电子公文的保管概念应从保护载体转向其内容，从保护公文的次序转向保护公文的完整性、可存取性和可理解性。目前，电子公文信息的保护有五种方法：①保护形成和存储公文的原始技术。②在新平台上仿真原始技术。③用迁移技术将电子公文转换到新系统之中。④将公文转换为最新格式。⑤将公文转换为标准格式。这五种方法各有利弊。电子公文保护的成功与否要看其能否以内容的可理解性和可存取性继续为其形成的活动提供真实凭证。

（一）确保载体质量

电子公文应使用较高质量的磁带、光盘作为存储介质，质量不好的存储介质有可能直接影响甚至危及电子公文信息的安全。磁带要有背涂层，无损坏污染，无皱折，缠绕在刚性轮毂上，且卷绕平整、松紧适度；光盘应清洁、光

---

① 刘萌. 信息化与电子文件管理［M］. 西南师范大学出版社，2002.

滑、无划痕。并且，在归档之前履行严格的载体状况检测程序。磁盘材料的氧化膜要平整均匀，无擦洗不掉的斑点，无小孔和残缺之处。有关磁性载体公文保管可参照执行国家档案局颁布的行业标准《磁性载体档案管理与保护规范》（DA/T15—95）中的有关规定执行。

（二）严格库房管理

（1）严格控制库房温湿度。根据《档案馆建筑设计规范》（JGJ25—2000），电子公文管理相关的载体主要是磁性载体和光盘。其中，磁性载体要求在环境温度 14℃～24℃、相对湿度 40%～60%；光盘保存的环境温度为 14℃～24℃，相对湿度是 45%～60%；不同类型的载体存储温湿度一定选定，在 24 小时内，温度变化不超过 ±2℃，相对湿度变化不超过 ±5%。

（2）严格执行防尘、防光、防火、防磁、防有害气体等环境标准。电子公文应放在一定的装具内，防尘、防紫外线、防火、远离热源和酸碱等有害气体。磁性信息在外界磁场作用下会发生损坏，因而磁盘必须防止外界磁场的影响。一方面应远离磁场源，如远离永久磁铁、扬声器、收音机、变压器、电视机和吸尘器等物体；一方面，磁盘应保存在具有防磁性能的装具内，我国已有专用的防磁公文装具，即特别制作的防磁装具。

（3）应保持库房清洁卫生。库房应定期打扫，提供一个无尘、无有害气体的环境。最好选择全封闭带空调的库房，便于控制库房内的各种存储条件。库房的内壁、地面要做到不吸尘，也不产生灰尘。不能用有挥发性气体的物质来装修库房。库房内应有除尘过滤装置及防火设备。建立库房管理制度，定期检查电线、插头、开关等，杜绝火灾隐患。

（4）应科学选择装具材料。磁性材料的装具，一般应选用专门的防磁金属柜架，不能用铁盒，以免引起磁带磁化，使存储的信息减弱或消失。

五、日常管理

在电子公文日常管理过程，需要注意如下方面：

（一）分库管理

双套归档制度下，电子公文与相应的纸质公文分别归档，但分库管理。

（二）分开存放

归档的两套电子公文应分开存放：一套封存；一套提供利用。当然，也有将三套分开存放的。这不仅是为了长期保存的需要，也是为了更好地提供利用。

（三）防止载体的变形

磁带（软磁盘）应放入盒中，垂直放置或一盘盘悬挂放置，不要平放，不能在上面放置重物。磁带要严密、防尘、不能带磁性。光盘片很薄，为防止变形，也以垂直存放为宜，不得擦洗、画刻、触摸盘片裸露处，不得弯曲、挤压、摔打盘片。

（四）按序排列

电子公文按其保管单位顺序号加以排列，每一盘与带的都要贴上标有盘、带号、保管单位名称的标签，以便存取。

（五）注意检查和保养

对磁性材料，应定期清洗磁带，平时发现问题，还应连同磁带盘、磁带盒一起清洗；一般每3～5年倒带一次，10年复制一次；每年按一定比例进行随机抽样读检，如发现问题应及时采取恢复措施；如发现光盘损坏或出现问题，应及时拷贝；如软、硬件平台发生改变，则应及时转换等。每一次检测都应有完整的书面记录。这些检查与保养方法在不同的单位具体实施过程中可能存在一些差异，但都是保证电子公文安全的基本方法。

当然，除了日常管理过程中需要注意电子公文载体与信息的安全外，还需要注意做好应急处理预案。针对自然灾害频发的地区，这种预案工作显得尤其重要。

参 考 文 献

王健. 文书学（第二版）［M］. 北京：中国人民大学出版社，2011.

倪丽娟. 文书学（第二版）［M］. 北京：高等教育出版社，2010.

白延庆. 公文写作教程［M］. 北京：对外经贸大学出版社，2010.

周耀林，张煜明，任汉中. 文书学教程［M］. 武汉：武汉大学出版社，2009.

岳海翔. 公文处理实用手册［M］. 北京：中国言实出版社，2009.

孙刚，李晓明. 归档文件整理操作指南［M］. 北京：中国档案出版社，2008.

李明华. 《机关文件材料归档范围和文书档案保管期限规定》问题解答［M］. 北京：中国档案出版社，2007.

松世勤. 文书学基础（修订本）［M］. 北京：中国人民大学出版社，2007.

赵映诚. 文书工作与档案管理［M］. 北京：高等教育出版社，2007.

曹润芳. 文书写作与处理［M］. 北京：中国档案出版社，2006.

王健. 文书学［M］. 北京：中国人民大学出版社，2005.

本书编写组编. 现代公文写作与公文处理简明教程［M］. 北京：中共中央党校出版社，2005.

姬瑞环，张虹. 公文写作与处理［M］. 北京：中国人大出版社，2005.

郭方忠，张蕊兰. 现代公文处理规范［M］. 兰州：甘肃文化出版社，2005.

张宇. 机关公文病误注析［M］. 北京：中国档案出版社，2004.

裴燕生，何庄，李祚明，杨若荷. 历史文书［M］. 北京：中国人民大学出版社，2003.

赵国俊. 公文处理基础［M］. 北京：中国城市出版社，2002.

松世勤. 文书学基础［M］. 北京：中国人民大学出版社，2002.

柳新华. 实用电子公文传输与处理［M］. 北京：中国人事出版社，2002.

闵庚尧. 中国公文研究［M］. 北京：中国社会科学出版社，2000.

王铭. 文书学理论与文书工作［M］. 武汉：武汉大学出版社，2000.

后　记

中共中央办公厅、国务院办公厅于 2012 年 4 月 16 日印发了《党政机关公文处理工作条例》（中办发〔2012〕14 号），这为本书的撰写提供了契机。与此同时，当代公文管理实践，尤其在纸质公文与电子公文共存共用的"双轨制"下，纸质公文与数字公文相互转化的事实，使得公文管理面临着一个崭新的局面。如何科学地管理公文，是当代文书工作者、秘书工作者面临的问题。

本书秉承务实的风格，结合当代公文管理新实践的需求编写。全书由周耀林、叶鹏、黄川川等编著。各部分内容分工如下：第一章由周耀林、严婷主笔；第二章由王倩倩主笔；第三章由司海杰、黄川川主笔；第四章由章小四主笔；第五章由王璐璐、周耀林主笔；第六章由严婷、黄顺进主笔；第七章由戴旸主笔；第八章由黄灵波、黄川川主笔；第九章由叶鹏、夏慧主笔。周耀林负责制定总体框架，并对各章内容提出了写作建议和修改意见。编写过程中，李姗姗、孙连峰、刘晓春、王玉珏、周春霞、涂英霞、童雁参与了书稿的讨论，提出了宝贵的修改意见；张露、宁优、朱倩、陈杨君参与了部分案例的编写工作；作者参考了相关论著和网站的内容。安徽宝葫芦信息科技集团股份有限公司提供了支持。在此，特向上述单位、被引作者和编辑表示感谢。尽管我们尽力顺应当代公文管理工作的实践需求进行编写，但实践工作仍在不断发展变化之中，这对理论研究工作会提出更高的要求，加之作者水平有限，书中错漏之处，敬请读者批评指正。

编著者

2013 年 1 月 8 日